恋文库

把知识带回来

教育社会学从社会建构主义到社会实在论的转向

BRINGING KNOWLEDGE BACK IN
FROM SOCIAL CONSTRUCTIVISM TO
SOCIAL REALISM IN THE SOCIOLOGY OF EDUCATION

[英] 迈克尔·扬 著

朱旭东 文雯 许甜 等 译

文雯 审校

教育科学出版社

·北 京·

译序

2010年初春，我陪同谢维和教授访问英国教育研究的学术重镇伦敦大学教育学院①，时任院长、教育社会学家杰夫·惠蒂教授热情款待了我们，并向我们赠送了其导师迈克尔·扬教授的新书《把知识带回来——教育社会学从社会建构主义到社会实在论的转向》（以下简称《把知识带回来》）。谢维和教授此前已经翻译了迈克尔·扬的另外两本代表性著作《知识与控制》和《未来的课程》，他在教育社会学、教育基本理论上的学术造诣深得扬的赏识。虽然二人见面次数并不多，但在学术上两位早已是惺惺相惜的知音之交。谢维和教授敏锐地把握到这本著作的理论分量，提议将这本著作翻译成中文，扬欣然答应，于是就有了这本译著的问世。

随着迈克尔·扬在其学术发展不同时期的三本著作的出版，我们得以比较客观与持续地研究他的思想发展脉络及其变化，并将他的教育思想较为系统地介绍给中国学界。这也是谢维和教授一贯坚持的治学路径，无论是在对外国理论的译介还是对博士论文的指导上，他都坚持对某位学者的学术

---

① 从2014年12月2日起，伦敦大学教育学院正式并入伦敦大学学院（University College London），更改为伦敦大学学院教育学院。

思想进行持续的研究，如此，我们才能够真正了解和认识某位思想家的观点，把握国外教育思潮的发展变化，避免只言片语或断章取义的现象。

而我们在学习、翻译迈克尔·扬从青年时期到耄耋之年的学术思想过程中，深刻体会到学者本人在学术生涯中思想理论的发展变化，往往比某个阶段的个别著述和观点更能够给读者以深入启发。他在 20 世纪 70 年代初《知识与控制》一书中，摆脱了传统实在论的桎梏，提出了教育的社会建构主义理论，指出了教育社会学发展的新方向应该是从教育分配的不平等转向教育内部的课程和教学问题，开启了教育社会学发展的"新教育社会学"时期。在 21 世纪初出版的《把知识带回来》一书中，他又针对社会建构主义理论在教育实践中出现的问题进行了深刻的反省和自我批判，又一次引领我们走出了社会建构主义所包含的现象学主义、相对主义与霸权主义，开辟了教育及课程领域中社会实在论的新视野。我们翻译此书的体会是，虽然扬的论述多少有些艰涩，但如果系统专注地阅读，并将其思想紧密结合教育改革的实际，就一定会感到观念的挑战与精神的激荡。

作为一位具有年轻人一般活跃思想的老一辈教育学家，迈克尔·扬总是不断挑战着社会和学术界中那些非常时髦和流行的观点，以及一些既定认识。也正是这种敏锐和不断反思，使他一直处于教育学和教育社会学，包括课程研究的前沿。正如巴斯大学教授休·劳德在本书序言中所说的那样，自从 1971 年《知识与控制》一书出版以来，迈克尔·扬就在教育社会学领域内的争论中扮演着主要角色。他的文章，不论是理论性的还是应用性的，都跨越了认识论与社会理论的边界。而这本《把知识带回来》，则是这种前沿性和引领性的又一次体现。

迈克尔·扬在其早期著作《知识与控制》一书中，极力倡导社会建构主义理论，提倡对我们视为理所当然的一切教育中的既定范畴、既定概念进行深思。他认为，知识并不是从既定中获取的（taking），而是被社会性、历史性地生产出来的（making）。我们应该充分肯定这种知识的社会建构性对教育所具有的意义，看到社会与人们对教育知识的主动创造，以此达到更大程度的教育解放和社会公平。然而，随着认识和研究的深入，特别是通过反思自己在南非和英国的教育实践，他逐渐认识到这种知识和课程的社会建构主义在现实中包含了非常大的"危险"，甚至可能导致"灾难"。在《知识与控制》一书的中文版序言以及《未来的课程》一书的序言中，他已经坦承了这种危险，并且已经在一定程度上对建构主义理论本身所蕴含的相对主义表示了怀疑和警惕，以至于在21世纪初出版的《把知识带回来》中，他对过去所倡导的社会建构主义理论进行了全面的批判、超越和进一步的修正，进而提出了社会实在论。

迈克尔·扬认为，社会建构主义和相对主义的理论蕴含了两个非常致命的危险。

第一，它将直接地导致知识的随意性，进而否定知识的客观性基础。这种随意性体现在两个方面，一是现象学的知识观点，即认为生活经验和课程知识之间没有明显的界线，暗含着高度情境化的生活经验不需要经过结构化的加工和去情境化过程，便可以随意进入课程和课堂。二是知识化约论，即认为知识可被化约为利益、立场或"知者"，暗含着所有人/群体的、所有类型的知识的"解放"的可能性。这类理论抓住了至少一部分真实，即知识本身的确具有一定的社会性，与人们的主动建构具有一定的关系。但是，如果过分强调这种建构，或者将知识的社会性夸大到不合理的程度，认为所有的知识都是不同个体和群体的社会建构，其后果是将彻底否定知识本身所具有的客观实在性。显然，如果将知识简单地归结为它的生产情境与利益相关者，无疑是否定了所有的知识和科学。而究竟应该教给我们的青少年一代什么东西，将成为一个大疑问。

第二，这种社会建构主义理论的相对主义也必然导致一种强势的知识导向。如果不加限制地放大社会建构主义理论，认为所有知识都是一种社会的建构，进而将教育中的学校知识和课程内容简单地化约为立场、利益和特定群体的某种偏好，那么教育或学校知识体系的确立依据以及课程内容的选择，都必将归结为具体社会环境中那些具有优势地位的社会阶层和利益群体的社会地位和权力。由于他们在社会文化的场域中占据了更加优势的地位，具有更大的话语权，因而，也必将对教育知识的建构和选择具有更大的优先性与权威性，同时否定或排斥其他社会群体和阶层的利益和价值。这显然是不公平的，也是不合理的。也正是出于这个考虑，迈克尔·扬提出要"从强势者的知识转变为强有力的知识"（from the knowledge of the powerful to the powerful knowledge）。

客观地说，在现实中确实存在话语权大小影响哪些知识能够作为课程内容的现象，在教育和课程知识的安排和决定中也的确存在不同利益群体的博弈。但是，人类在数千年的文明进化中所创造的知识，特别是体现人类共同价值和不同民族文化遗产的教育与课程知识，尽管它们也仍然会随着人类认识的进步而不断地发展和更新，其中仍然包含了许多客观的成分和永恒的内容。这些都是不以人的意志为转移的，当然也不由某些强势群体的意志所决定。这也是知识和文明的价值所在。

这种对社会建构主义理论的批评和超越，对中国教育改革和发展，尤其是课程改革，具有十分关键的意义。这些年，建构主义理论在中国的教育和课程改革领域可谓是"得意扬扬"。言必称"建构"，甚至成为一种教育界的时尚。课程是一种"建构"，教学必须是"建构"，教师的主体性反映了"建构"，学校的改革就是一场"建构"。似乎不谈"建构"，就是一种落后、保守或陈旧。实事求是地说，建构主义并非完全没有道理，它对于激发教师的主动性和创造性，高扬教师的主体地位，反映课程结构中的社会参与以及教育活动中的主观实践等，都具有重要的积极意义。但是，建构主义的这种积极意义也是有边界的，而知识的客观性则是这种边界的底线。任何否定知识客观性的逾越都将导致相对主义，而这恰恰是中国教育改革，特别是课程改革中潜在的风险。试想之，假如学校的知识没有了客观基础，课程的内容成为一种权力和利益的博弈，我们的教育和教师将成为什么？假如所有的知识都失去了客观性，整个社会将陷入混乱。

迈克尔·扬在批判社会建构主义的内在弊病的同时，也力图解决理性和知识的客观主张与它们不可摆脱的情境性和历史性特点之间的张力，即课程知识的客观性与社会性之间的矛盾，进而针对教育社会学和课程理论的发展，提出了"社会实在论的知识观"。

换句话说，学校的知识体系和课程内容本身包含一种内在的矛盾和张力。一方面，这种教育知识本身具有不可否定的客观性。否定和无视教育知识与课程内容的这种客观性，将直接导致对教育教学的否定，以及对真理性知识的否定。另一方面，这些知识也的确与人们的社会生产有一定的关系，具有一定的社会性、历史性。看不到知识的这种社会性和人在知识发展中的建构作用，必将陷入传统的机械实在论的泥沼。这显然是一个矛盾，也是教育学理论必须面对和解决的问题。迈克尔·扬对教育知识和课程内容的"客观与社会的二重性"有着十分清楚的认识，并且非常智慧和成功地超越了这种知识的二重性，超越传统实在论，提出了社会实在论。

他认为，在这种"社会实在论"中，所谓的"社会"，指的是知识生产过程中的人类能动性，反映的是教育知识或课程内容与特定情境的联系；而所谓的"实在"，则是强调知识本身的客观性，以及教育知识或课程内容相对于特定社会情境的独立性。而这也就是迈克尔·扬所认为的"课程中知识与常识的不连续性"，或者说，是教育和课程知识与日常经验的不同。对此，迈克尔·扬是这样说的：

它（社会实在论）否认知识是既定的且以某种方式独立于其所处社会和历史情境的保守观点。

它假定了一种知识观，认为知识是在特定历史背景下、在一个充满利益竞争和权力斗争的世界中，被社会性地生产和获取的。同时，它认为知识具有"浮现"属性，这种属性使知识超越对特定群体利益的维护。

它否认把知识仅仅看作是社会实践的一种的观点。它把不同知识领域之间以及理论知识和日常知识之间的分化看作教育目的的基础，即使分化的形式和内容并不固定，总是在改变。

　　这里，迈克尔首先批评了传统实在论的知识理论，他认
为，如果简单地承认知识的客观实在性，便"可能很容易从
为知识的权威性提供基础，滑向给知识发放独裁主义的证
照，并使其失去它宣称的批判性"。他充分肯定了知识与所
处社会和历史情境的联系，并且承认知识是在特定历史背景
下，通过利益竞争和权力斗争，而社会性地被生产和获取
的。但是，他也强调，这样的肯定和承认并不必然导致相对
主义。因为，即使知识本身具有这种社会性，但它同样具有
一种"浮现"的属性，即知识必定是某种内在的客观实在的
表现，进而具有一种超越特定群体利益和特定社会情境的客
观性。由此，他既避免了传统的机械实在论，也否定了知识
的相对主义。

　　特别值得注意的是，迈克尔·扬十分敏锐地指出了教育
和课程知识与日常经验和常识知识的分化和不同，而这常常
是我们忽视的地方。他十分明确地指出，课程知识与日常知
识之间的分化是教育和课程的基础。因为，如果否认了这种
差异，实际上也就否认了学校教育和课程的必要性和合理
性。为此，他指出，本书所提出的"社会性主义"的意思
是：存在一个"真实的"独立于社会学试图理解的社会的世
界。它将实在论范畴从物质世界和社会世界扩展到如下观
点：一些知识独立于其产生和起源的特定实践活动而成为知
识，它们在解释这个独立于我们思维的世界方面拥有一定的
实在性。这便是它们的"实在论"宣称，表明了我们"社
会性地建构"世界的认识论的局限。而且，为了进一步说明
这种社会实在论与社会建构主义的关系，他又指出，"社会

实在论其实也是一种社会建构主义的形式，只不过它认真对待外部世界的实在性以及作为这个世界一部分的知识的实在性。同时，这种知识又从来都不是固定的或既定的，它只是我们现有的最佳知识；不论多么困难，它总是开放的，时刻接受挑战与改变"。显然，这种观点也超越了传统的实在论，为解决知识发展中社会性与客观性之间的张力提供了一个非常适当的思路，既防止了知识的相对主义，又避免了知识的绝对论。它不仅为教育学提供了新的知识基础，同时也为整个社会科学的发展，为社会科学的科学性和客观性，赋予了新的更加广阔和深厚的基础和空间。

迈克尔·扬的这种教育和课程知识的"社会实在论"，对中国当前的教育和课程改革具有非常重要的意义与价值。当前中国教育和课程改革中强调学校课程知识与社会实际经验的结合，并且要求将学生的日常经验作为重要的课程资源等，是无可厚非的，也是课程改革的一个重要进步。但是，如果在这种结合和重视中忘记甚至否认日常经验与学校和课程知识的差别，看不到学校和课程知识本身的客观独立性和"浮现"／超越性，以至于力图以这些日常的社会生活经验取代学校和课程知识，那就不能不说是"过分"了。如果没有对理论知识、学校知识与日常知识、非学校知识的区分，教师的角色就可以被简化为不过是辅助者、支持者，而学校知识也将和网络搜索引擎上随处可得的"信息"毫无区别。我国中小学特级教师魏勇曾写过一篇文章，主题是"凡是能百度到的，一定不是教学的真正价值所在"。在这篇文章中，魏勇说道："我的体会是，历史教学的价值是百度不能解决的；凡是能百度到的，一定不是历史教学的真正价值所在。因此，我们教师的用力方向应该是电脑没法代替的方向，而不是跟百度、谷歌、维基百科比赛信息量。"可以认为，魏勇的观点指向的已经不是一个纯粹的理论和认识问题，而是教育中一个十分现实的危机。将学校和课程知识与日常生活经验混为一谈的做法不仅将导致对客观知识本身的轻视，对教育和教师的轻蔑，以及从实质上对学校和教育的取消和否定，更具危害性的是它将耽误一代儿童和青少年。

自不待言，这种新的社会实在论观点给教育赋予了更加扎实的客观基础，进而为建立教育学科的"语法"提供了坚实的根据。毋庸讳言，教育学科常常为知识界所诟病和轻侮，其主要原因正是它的"弱语法"或"半专业性"，也就是缺乏客观基础以及一以贯之的内在逻辑，以至于教育界的学者们常常不得不为自己学科的合法性而不断地辩护。的确，教育学具有很强的价值属性和情境属性，充满了各种各样的选择，也比较容易被权力和利益所渗透。但这些并不意味着教育和课程没有客观性。而教育和课程所具有的客观性之一正是它所包含和传授的知识。不同类型的知识决定了教育和课程的基本形态和传递方式，甚至教育和课程的组织形式与制度；而知识本身的发展变化也直接或间接地导致教育和课程的变化。更加重要的是，迈克尔·扬关于社会实在论的理论，实际上表明知识传递的活动本身也同样具有一种客观实在性，正如博耶（Boyer）认为教学活动也是一种学术那样。迈克尔·扬这个观点的价值无疑为教育学的语法建设和专业发展提供了一个非常坚实的客观基础。这一点也是他独特的学术贡献。

鉴于这本书理论性强，原文比较艰涩复杂，朱旭东、文雯、许甜、郭芳等人克服重重困难，坚持系统阅读和思考，参考和借鉴大量文献，最终得以完稿。其间许甜博士更专门到英国伦敦大学教育学院跟随迈克尔·扬学习、探讨与交流，就书中的一些疑难问题向他本人请教和沟通。参与翻译的人员还有北京师范大学的管延娥、康晓伟、毛菊、田甜、王金玲、王军、赵英和清华大学的胡轩、刘畅、胡蝶。其中北京师范大学团队主要负责第一部分的翻译工作，清华大学团队主要负责其他部分的翻译工作和全书的审校。从2011年至今，翻译团队对书稿进行了多次修改、打磨，但由于中西文化和教育语境的巨大差异，以及翻译团队各方面的不足，文中一些概念的译法等定有不完善之处，请各位读者不吝赐教。

本书翻译过程得到了迈克尔·扬本人的大力协助，在此向他致以崇高的敬意和深深的感谢！我们还要对教育科学出版社专注于学术著作的出版表示赞赏和由衷的敬佩，也感谢刘明堂先生对译稿的细心校对和编辑，使中文版能够顺利出版。

谢维和教授在此书的引进、翻译和审校过程中给予了翻译团队巨大的支持，在一些关键概念的译法上提出了至关重要的学术意见，但在最后成书时却坚持不留自己的名字。大师提携后辈、让贤之风范，堪称学术界的佳话。

文雯　谢维和

2019 年 3 月 1 日于清华文南楼

目录

第三部分　展　望

中文版序言

　　自己的著作被译为中文，特别是由谢维和教授领衔的团队所译，我感到非常荣幸。我有幸认识了谢教授团队中的一员——许甜，并和她在伦敦共同工作了六个月，因此，尽管自己并不懂中文，我仍对此译本很有信心。

　　此书收录了我 2000 年到 2007 年间的一些作品。在这段时期，由于实践及理论的双重原因（我在本书导论中解释了），我认为很有必要再次完整地思考我的教育社会学取向以及如何解决知识与课程问题。本书在前几章勾勒了理论，在后几章以一系列例子阐释了我所指的知识与课程的"社会实在论"取向的一些原则，并讨论了我借鉴的主要的知识资源。一些章节涉及我在南非的工作，至于收录它们的原因，我在最近的一本书中更详细地进行了解释。20 世纪 90 年代是南非经历重大政治改革的一段时期，而我亲身参与这些变革的经历使我认识到之前认同的社会学理论面临着一些重大挑战。

　　我经常发现本书的标题和副标题似乎并不像我想象的那样清晰，所以中国读者可能需要一些进一步的解释。"把知识带回来"到底是什么意思？带到哪里去？更一般的教育社会学或教育又怎样呢？还有，如果要带回来，那么知识到底去了哪里？

　　我预期本书有两大读者群：我的教育社会学家同行们，

他们中很多人仍对我的早期工作怀抱热情；以及更广泛的在相关领域，如课程研究和教师教育领域工作的学者。我的第一本书1971年出版于英国，它试图指出教育社会学研究及教学的新方向，关注点从传统上对大多数教育体系的特征——教育分配的不平等转向教育内部的课程和教学问题。它的起始问题是"什么知识"与"谁决定"，吸收了一些折中主义的知识社会学理论观点，如赖特·米尔斯（C. Wright Mills）的实用主义，艾尔弗雷德·舒茨（Alfred Schutz）、伯杰和勒克曼（Berger and Luckman）的社会现象学，以及马克斯·韦伯（Max Weber）的社会行动理论。然而，正如很多批评者［不只是我最近的同事罗伯特·穆尔（Robert Moore）］所指出的，对于世界的非批判的社会"建构性"观点带来了两个问题。第一个问题是一种"社会性主义"（sociologism）主张所有事物，甚至是人们习以为常的"什么是好的教育"，都是社会性地建构的。这没有为分析特定情况下到底什么正在被"建构"——外在于个体行为者的物质世界和社会世界——留下一丁点空间。这种社会学只铭记了马克思的著名论断的前半部分："人们自己创造自己的历史，但是他们并不是随心所欲地创造，并不是在他们自己选定的条件下创造。"

第二个问题是在阐释知识被"社会性地建构"时，知识被化约为"知者"的活动——因此否定了知识的超越属性。因此，以强调知识与课程的重要性为发端的"新教育社会学"成为一种形式的社会相对主义，即不能识别某些形式的知识可能比其他知识"更好"。这种相对主义及其后续的对知识以及知识如何分化的忽略成为很多课程研究和教育社会学研究的普遍特征。因此，最应关注不同课程提供的知识问题的教育学科，却如我最近所说，"失去了其对象"——即我们希望学校提供给所有学生的知识究竟是什么。

我并不多么寄望于第三个重要群体——教师及教师教育者能够读这本书；本书主要是为理论专家撰写的。然而，我曾遇到过一个读过这本书的大型中学的校长，她发现本书在提醒自己的课程领导者角色方面很有帮助，这使我非常兴奋。这次会面也导致我最新的一本书的出版——这是我与一位教师教育者和两位校长合作的结果，在此书中我试图论证，我们在教育中的所有事务都是围绕着知识问题这个中心的。因此本书标题"把知识带回来"是一个讯息，不仅针对教育社会学家，也针对教师们；不仅是有关课程的讯息，也是有关每个教师需要其学生做什么的讯息。教学和所有其他专业活动一样，是一种"知识密集型实践"；不是每个人都可以从事教学。教师如医生一样，也应基于其所掌握的专家知识而天然具有凌驾于学生的权威性及对家长提出建议的权威性地位。"把知识带回来"适用于进行研究的课程理论家，适用于作出学校课程决策的校长（及学校领导），也适用于反思自己的决策及其对学生的影响的教师。

本书的副标题是"教育社会学从社会建构主义到社会实在论的转向"。社会实在论是一个在社会科学领域内外被广泛使用的术语，然而，社会实在论在教育社会学及在本书中的使用较为狭窄，最远只能追溯到20世纪90年代。它更直接地与认识论相关，而非政治；它主要吸收了法国社会学家埃米尔·涂尔干（Émile Durkheim）的思想及英国教育社会学家巴兹尔·伯恩斯坦（Basil Bernstein）对涂尔干思想的阐释——尽管二者都没有使用这个术语。正如本书中解释的，这个术语最好被理解为一种对20世纪七八十年代的被滥用的教育社会学的（关于这一点，一些人如穆尔和穆勒比我更早看到）方法论的和理论的回应。正如我在导论中提到的，当时的"新教育社会学"后来被广泛地理解为强调世界的"建构性"以至于否认存在一个将要被建构的"世界"。本书则以另一种视角来看待这种"社会性主义"：即存在一个"真实的"、独立于社会学试图理解的社会的世界。它将实在论范畴从物质世界和社会世界扩展到了如下观点：一些知识独立于其产生和起源的特定实践活动而成为知识，并在解释这个独立于我们思维的世界方面拥有一定的实在性。这个观点认为，所有的体系化探究形式，不论是自然科学或社会科学，都试图理解世界，并因此都既非真也非假、既非对也非错。这些探究形式只不过是我们在特定历史阶段拥有的最佳知识形态；这便是它们的"实在论"论断，它表明了我们"社会性地建构"世界的"认识论"的局限。因此，这令知识问题（无论是研究生产出来的知识还是隐含在课程中的知识）成为教育社会学的核心问题。本书的副标题可能用"走向教育社会学的社会实在论"会更好。也就是说，我们不应该（像现在的副标题可能暗示的那样）以社会实在论来替代社会建构主义；社会实在论其实也是一种社会建构主义的形式，只不过它认真对待外部世界的实在性以及作为这个世界一部分的知识的实在性。同时，这种知识又从来都不是固定的或既定的，它只是我们现有的最佳知识；不论多么困难，它总是开放的，时刻接受挑战与改变。

自从本书 2007 年在英国出版以来，我与我的同事，南非开普敦大学的约翰·穆勒（Johan Muller）教授间的合作日益紧密，他与我合著了本书的最后一章。此后我们又将书中的观点进一步推进，合编了另一本有关专业知识的著作，并合著了另一本集合了我们在 2007—2015 年期间作品的专著，将于 2016 年出版。

本书出版至今已有八年，这期间发生了太多变化，不论是英国还是中国，不论是在教育社会学界还是在试图使课程与教学更加现代化的政策领域。这些政策越来越涉及建立国家资历体系，引入基于学习结果和一般性能力的课程，以及越来越强调测试与国际排名。这些政策是否导向了教育质量的真正提升与教育不公平的降低，抑或只是看起来很难被挑战的全球化风潮，还需拭目以待。它们很明显与本书的观点和理论相悖，并受到了本书的批评。将课程与能力或结果联系起来、强调学习者的经验而非他们需要掌握的知识是十分危险的，这是将所有国家持续扩张其学校体系的初衷抛诸脑后。我将学校知识视为潜在的"强有力的知识"，它与学生带到学校中的知识是有差异的。正如伯恩斯坦所说，拥有这些"强有力的知识"能使学生产生思考那些"不可想象的"以及"还未想过的"问题的潜力。

拥护社会实在论传统的群体自 2007 年以来扩大了很多，但它仍然只是一个少数派的观点。因关一些可理解的但很遗憾的原因，尽管目前它已经扩张到了英国之外，但这一群体仍主要是一个以英语为主要用语的群体，除了南非之外还包含了来自加拿大、澳大利亚和新西兰的研究者。同时，有迹象显示北欧国家，拉丁美洲国家如巴西、阿根廷、乌拉圭、哥伦比亚，新加坡，甚至是约翰·杜威（John Dewey）开启的传统仍在统治教育研究的美国，都对实在论产生了兴趣（尽管有的是批评）。

在英国出版之时，本书的目标之一是重振与卡尔·曼海姆（Karl Mannheim，1946 年伦敦大学教育学院教育社会学首席讲座讲授)、埃米尔·涂尔干（学科建立者，1917 年前索邦大学教育学与社会学教授)、巴兹尔·伯恩斯坦（任职于伦敦大学教育学院，第一位卡尔·曼海姆教育社会学教授）相关的教育社会学的更宽泛的传统。我希望本书在中国的出版能够启发出一种有中国特色的社会实在论，与孔子和马克思主义传统相结合的社会实在论的一种新的形式，以它来应对忘记过去的全球压力，并视之为对充满可能性和现实性的未来的一种真实和必要的想象，如同涂尔干在其《教育思想的演进》一书中生动描述的那样。

迈克尔·扬

伦敦大学学院教育学院教育学教授

2015 年 4 月

序言

    自从 1971 年《知识与控制》一书出版以来，迈克尔·扬就在教育社会学领域内的争论中扮演着主要角色。他的文章，不论是理论性的还是应用性的，都跨越了认识论与社会理论的边界。在本书中他处理了一些当代最重要的教育学问题：困扰教育学家和政策制定者已久的学术与职业的分野；资历体系的合法性；专业教育知识的本质；先前学习认可相关政策的地位与合法性；以及最重要的，在当今测试主导、能力本位的教育取向中知识与课程的角色。有时他会将一些主题如专业知识的本质与对测试和市场导向的教育（基于一种新的他称之为教育"国家化"的原因）的批判联系起来。本书也有他从对南非教育发展的研究中汲取的比较的视野。他曾是南非教育政策的积极观察者和参与者，本书探讨的主题也通过他的南非经历愈发清晰。

    从作者迈克尔·扬的角度，本讨论应确保此书被广泛阅读，但相比其雏形，这更是一本雄心勃勃的著作，因为他试图处理的问题后面潜存着一个普遍框架。同时，他早年被认为是一位相对主义者，视知识及课程为一种权力的体现，而非拥有坚固的知识观基础。他如今变了。他承认知识生产的社会性，但同时认为它也需要独立于社会利益及相关权力运作。为此，他提出了社会实在论的知识观：称之为"社会"，因为这一观点认识到了知识生产过程中的人类能动性；称之为"实在",因为他希望强调知识的情境独立性以及知识与常识的不连续性,后者在他的课程理论中尤为关键。

为了勾勒这种社会实在论的知识观,他需要解决一系列张力:首先是"社会性"与"实在性"之间的张力。因为社会性的世界是可变的,那么有关"什么构成了知识而非见解"的概念就也是可变的;这导致了确定知识标准的问题。同时,承认存在某种情境独立的知识(扬的术语是实在的知识)也表明,扬在经验基础主义与他之前赞成现在却反对的相对主义之间进行了一些巧妙的斡旋。这从本质上牵涉到静止与变化的张力。经验主义的知识观是静态的,因为知识基础根植于一种天真的观察以及一种延存真理的归纳与演绎的能力。一旦这种基础被认为站不住脚,关键的认识论问题就必须依赖于我们在不同的知识观点,或更精确地讲,不同的知识理论之间所作出的判断。

这是迈克尔·扬的领域,他回到了一些伟大的社会理论家和哲学家那里——涂尔干、维果斯基、卡西尔、伯恩斯坦——来超越这些张力,提出并捍卫他自己的观点。他有关涂尔干、维果斯基和知识本质的章节是利用20世纪早期理论来解决21世纪问题的典型案例。他不仅原创性地吸收了他们的观点来服务于自身,也提醒青年一代,困扰他的问题有着相当长的历史,超越了最近教育社会学界的时髦理论家们的视野。

确实,奠定了全书基调的第五章——"课程研究与知识问题"的副标题是"更新启蒙运动?",正是在此副标题中迈克尔·扬表明了其立场。与大部分后现代思想的相对主义和虚无主义相反,也与他认为知识和课程可能被强大利益所形塑的敏锐意识相反,他在此试图保留教育进步的理念,特别是与知识相关的部分。理论上,他非常关心知识进步的方式，以及为何一些探究领域如自然科学与社会科学的进步方式不同。实践中，他关注对采纳"常识"的课程的批判，认为这些课程剥夺了学生特别是来自弱势群体的学生获得体系化思维结构的机会，而这种思维才是区分知识、使人得以对自然和社会世界进行批判性理解的工具。

我们在教育领域中很难找到一本像本书这样既有理论深度又与实践相关的著作。本书应该受到重视，因为迈克尔·扬提出并回答了很多问题，他没有在自己设定的困难任务面前退缩，他邀请过去的理论家、当代的学者、政策制定者和教师们一起来进行必要的讨论。我相信，在回到教育基本问题方面，再没有比现在更迫切的了。

休·劳德

巴斯大学教育与政治经济学教授

致谢

　　本书的大部分篇幅是我在伦敦大学教育学院担任教育学荣誉教授时完成的。因此我首先要感谢（伦敦大学）教育学院，特别是院长杰夫·惠蒂（Geoff Whitty）——我和他有幸成为40年的同事和朋友；我要感谢我的系主任休·哈勒姆（Sue Hallam），以及伦敦知识实验室（London Knowledge Laboratory）的主管理查德·诺斯（Richard Noss）的支持。我极其有幸与教育学院的同事亲密共事，特别是戴维·吉尔（David Guile）、诺曼·卢卡斯（Norman Lucas）、简·德里（Jan Derry）、洛娜·昂温（Lorna Unwin）、朱迪·哈里斯（Judy Harris）以及迈克尔·巴尼特（Michael Barnett）。其他很多人，如佐伊·费恩利（Zoe Fearnley）、鲍勃·考恩（Bob Cowen）、英格丽德·伦特（Ingrid Lunt）、伊莱恩·昂特豪特（Elaine Unterhalter）、弗兰克·科菲尔德（Frank Coffield）、亚历克斯·穆尔（Alex Moore）、约翰·哈德卡斯尔（John Hardcastle）、帕迪·沃尔什（Paddy Walsh）和杰拉尔德·格雷斯（Gerald Grace）也都以不同方式表达了很大的支持。

　　自2006年9月起，我也在巴斯大学做兼职教授，同样很有幸结识了不少同事，特别是休·劳德（Hugh Lauder）、伊恩·贾米森（Ian Jamieson）、哈利·丹尼尔斯（Harry Daniels）、拉贾尼·奈杜（Rajani Naidoo）、玛丽亚·巴勒林

（Maria Ballerin）。他们非常欢迎我这个新同事。我尤其感激休·劳德，他不仅邀请我去巴斯大学工作，还欣然为本书作序。

　　与大部分知识社群一样，我共事的伙伴们跨越了一系列政策与学科边界，绝不局限于一个机构或一个国家。在英国，对我帮助最多的英国同事有伊恩·赫克斯托（Ian Hextall）、菲尔·霍金森（Phil Hodkinson）、理查德·温特（Richard Winter）、戴维·雷夫（David Raffe）、哈利·丹尼尔斯、彼得·梅德韦（Peter Medway）、约翰·贝克（John Beck）、罗布·穆尔（Rob Moore）、约翰·韦斯特（John West）、罗恩·塔克（Ron Tuck）以及基斯·布鲁克（Keith Brooker）。其他国家的学者则有南非的约翰·穆勒、彼得·卡拉维（Peter Kallaway）、珍妮·甘布尔（Jeanne Gamble）、安德烈·克拉克（Andre Kraak）、斯蒂芬妮·阿莱斯（Stephanie Allais）、派利维·罗瓦那（Peliwe Lolwana），澳大利亚的杰克·基廷（Jack Keating），挪威的卡伦·詹森（Karen Jensen），芬兰的阿里·安迪凯伦（Ari Antikainen），以及巴西的安东尼奥·弗拉维奥（Antonio Flavio）。

　　我也要特别感谢劳特里奇·法尔默出版社（Routledge Falmer）的安娜·克拉克森（Anna Clarkson），她为等待这份迟来的手稿付出了很多耐心；感谢她的同事艾米·克劳（Amy Crowle），她高效地将手稿变成了现在的书籍；感谢伦敦知识实验室的莉齐·安德鲁（Lizzie Andrew），她以非凡的平静和高效完成了文本的校对。我非常感谢我的朋友杰克·马林森（Jack Mallinson），他不仅向我建议了弗兰西斯·培根的名言，也不断提醒我，尽管教育社会学家可能需要发展新的概念，但这并不是模糊不清的借口。在此也要感谢夏米安（Charmian）和西里尔·坎农（Cyril Cannon）不断地询问我（但不是太频繁！）这本书究竟何时能完稿。

本书第二章最初是我与剑桥大学的罗布·穆尔合写的一篇文章（Moore and Young 2001），成书时经过了修改。第十章也吸收了我与剑桥大学的约翰·贝克合写的一篇文章的内容（Beck and Young 2005）。第十五章是与开普敦大学的约翰·穆勒合写的（Young and Muller 2007），原封不动地呈现在本书中。我对以上三位同事的感谢，远非在书中所能表达。我希望他们能感受到本书为我们的共同事业作出了一些贡献。

导　论

　　本书从一位在课程研究及教育研究领域工作多年的社会学家的视角出发，关注教育中知识的重要性。本书的论点是，"什么是有价值的知识"及"我们应该教什么"等问题对于所有与教育有关或对教育有兴趣的人而言都是非常重要的。随着政府一方面越来越关注教育机会，另一方面越来越关注由资历体系所定义的目标，知识的问题，或者说，什么才是学生应学习的重要的东西的问题，已经由此被教育政策制定者及教育研究者们忽略了。本书力图在克服这一忽略上有所突破。

　　《把知识带回来》紧随《未来的课程》(Young, 1998)，共同延续并推进了由1971年《知识与控制》所开启的知识旅程。然而从20世纪90年代末开始，这个旅程走入了一条非常不同于以往的道路：既不同于杰夫·惠蒂贴切形容的20世纪70年代的"新教育社会学"的"可行主义"(possibilitarianism)(Whitty 1985)；也不同于体现在《未来的课程》一书中的20世纪90年代的更加"政策导向"的乐观主义。与《未来的课程》不同，与时代的变化及（我希望的）自己见解的深化相一致，本书对于当前社会及经济变化的进步主义结果及其在短期内对教育的影响持更怀疑的态度。因此，本书更看重学者的发挥空间，及那些并不直接与特定政策或实践相关的教育研究的作用。如我在第五章所论，虽然我们所扮演的教育社会学家、教育研究共同体成员的角色在最广泛的意义上始终是政治性的，但仍要少参与职位谋取和政策宣传，而多进行学术研究、严谨分析。

　　本书主要篇章的草稿最初形成于我阅读并决定回应穆尔与穆勒对

"新教育社会学"的批评（Moore and Muller 1999）的那段时期（从1999年到2007年）。这些批评至少是部分指向我与相关学者在20世纪70年代的著作。本书第一章是我对这些批评的回应（Young 2000）的修订版。然而，虽然我赞同穆尔与穆勒的很多看法，但我也意识到自己可能对"新教育社会学"的正面成就不够公平。后知之明很容易，且常常并不是洞见的可靠来源。如果没有20世纪70年代"新教育社会学"带来的视野解放，以及它将知识本身及其在教育中的角色视为"问题"所取得的成功，本书所主张的社会实在论的知识观的发展与进步都将不可能。我逐渐意识到，如果教育的（及教育社会学的）解放视角不是为了带来虚无，那么它就必须承认而不是希望下列观点消失，即认识论约束的中心地位，以及获取与生产新知识从来都不简单这一无可逃避的现实，这也是本书试图表达的主要问题。

本书提出的知识取向很不同于《知识与控制》及"新教育社会学"，因此副标题才定为"教育社会学从社会建构主义到社会实在论的转向"。所以，我想首先概述本书的取向（对此第十五章也有更完整的论述）。

我认为，思考教育中的（以及更广义的）知识问题不应从知识本身或我们知道什么、如何知道等问题出发，而应从我们与所处世界的关系，及我们提出的感知这种关系、赋予这种关系以意义的符号系统（Cassirer 2000）出发。我们与世界关系的符号性本质是我们所拥有的知识的根源，也正是这种关系将我们这些创造与掌握知识的人类同动物区分开来。如与卡西尔（Cassirer）同期的阿比·瓦尔堡（Aby Warburg）所说："个人与外部世界之间有意识地制造出的距离应被视为文明的基础性行为"（引自 Habermas，2001：7）。这种符号性关系必然会通过政治的或教学的行为（我曾经以为这些行为可以是"建设性的方式"）约束特定时间下社会和教育可能向我们开放的空间。然而，这些约束并不仅仅是我们达到更好的世界、甚至是更好的理解而需要奋力跨越的障碍，它们也是任何教育、科学、政治或个人生活以及任何知识取得进步的基础。对这些基础性约束的双重角色的认识使我对教育中知识问题的取向发生了改变——开始走向本书所指的"社会实在论"的形式。全书的主要内容就是讨论这种取向的改变为何重要，以及探讨"我们教什么"的问题意味着什么。

在成书过程中，我发现教育中的知识问题比我一开始想的更为复杂。为何会如此？首先，知识的问题经常将我们带回到一些最基本的有关"教什么"的问题上去；它们在最广泛的意义上是关于"我们是谁""什么是有价值的知识"等的哲学和政治问题。这意味着在本书中，我为自己设置了最不可能达成的任务：在同一章节或不同章节糅合那些传统上分属不同的专门研究领域（如认识论、知识社会学、教育政策及实践）的问题，而这些领域通常几乎没有任何交集。这必然意味着我没有完整覆盖各个专门领域的复杂性及细节，因此可能会使一些读者对部分章节感到失望。对此我要说，首先，本书设定的主要读者群为教育研究领域的教师、学习者和研究者，他们中的很多人都碰到过相似问题；其次，我相信这些非议是值得承受的。想取得进步就必须对教育问题进行理论及实践方面的思考与论辩，不论这需要一个人面临怎样的困顿。我能做到的，就是勇敢尝试，清楚了解自己要做的事情、为何要做这些事情，并期待能引起大家对那些非常重要但一直无人问津的教育问题展开论辩。另一个不那么直接的目标是希望知识社会学或认识论领域的学者能够像埃米尔·涂尔干那样看到重视教育问题的重要性。

关注知识问题会使一个人不断注意到自身知识的局限性。考虑到有关广义的知识（区别于不同的专门学科的知识）的思想历来一直是哲学家的专属领地，作为一个社会学家，我如何能宣称自己有就知识问题写作的权威呢？我将对此提出两点评论。第一，社会学也有以知识的根源问题为核心议题的传统，即一个世纪前由埃米尔·涂尔干与卡尔·曼海姆奠基的知识社会学。而且，涂尔干身兼巴黎大学的教育学及社会学教授，这一事实与本书的主题不无相关。更重要的是，他有关知识社会学的演讲（出版于1983年的《实用主义与社会学》）一开始是给那些选修研究生同等学历教育学课程的学生们讲授的。他一定十分肯定地认为，让未来的教师思考认识论问题是非常重要的。值得反思的是，如果他今天仍然在世，一定不可能成为教师发展机构的标准咨询委员！

举涂尔干的例子不是为了否定知识社会学常陷入知识相对主义的死胡同的事实。但值得一提的是，在他去世近一个世纪之后，认识知识的社会基础的重要性仍然在被不断论证，最近的例子是柯林斯（Randall Collins）的巨著《哲学社会学》（*The Sociology of Philosophies*，1998）及伯恩斯坦的与教育相关的最后一本著作《教育、符号控制与认同》（*Pedagogy, Symbolic Control and Identity*，2000）。我的第二个评论是，在有关人类（及因此而来的知识）的社会性本质的问题上，社会学与哲学越来越有融合的趋势（Cassirer 2000；Bakhurst 1995）。

社会学家在论证"知识的社会学理论是任何完备的教育理论不可或缺的部分"时面临两个特别的难题。其中之一是滑入某种形式的化约论的危险。持知识化约主义的社会理论有一种肤浅的吸引力，特别是对左派人士。知识被化约为利益、立场或"知者"（knowers），暗含着所有类型的解放的可能性。这类理论抓住了至少一部分真实，但社会化约主义太容易使课程相关问题失去其具体性并简化为政治问题。摒弃教育的具体性也是"新教育社会学"常常掉入的陷阱。

本书提出了化约论的替代方案，即追随涂尔干的观点，认为社会理论中蕴含着我们获取关于世界的客观知识的可能性。然而，这种立场也有危险，可能很容易从为知识的权威性提供基础，滑向给知识发放独裁主义的证照，并使其失去它宣称的批判性（Ballarin，2007）。在接下来的章节将可以看到，这些困境并不容易解决。

我发现伯纳德·威廉斯（Bernard Williams）在其专著《真理与真诚》（*Truth and Truthfulness*，2002）中表述了这些困境。他问道，对真理的必要怀疑怎样才能做到既避免傲慢自大（声称自己对专门领域的知识比那些领域的学者还多），又不堕入虚无主义［如理查德·罗蒂（Richard Rorty）所称的那些"否定真理者"那样］？威廉斯的答案是，严肃的怀疑必须对自己的怀疑设限，换句话说，它必须是暗含了某种真理概念的怀疑论："你竭尽全力去获取真实的信念，而你所言恰揭示了你所信"（Williams 2002：11）。对威廉斯来说，这是所有学者具备权威性的基础，也是教师具备权威性的基础；他在英国科学院的一次有关其著作的研讨会上问道："如果一个人拒绝承认历史真实的可能性，他又怎么能教授历史呢？"这是一个粗糙的阐释，但我还没有找到更好的。

　　本书标题"把知识带回来"最初是我的一篇论述终身学习政策忽视课程的文章的标题（Young 2000）。此标题但绝不是内容，借鉴了美国社会学家乔治·霍曼斯（George Homans）的文章《把人带回来》（*Bringing men back in*，1964）。副标题"教育社会学从社会建构主义到社会实在论的转向"表达了我自己思想的变化——这种变化是从我2000年的一篇文章（修改后作为本书第一章）开始的。

　　本书主要分为两大部分："理论问题"与"应用研究"。但很明显，这种区分并不严格，虽然第一、二、八章的写作时间比其他章早几年，但每一部分的各章并不是严格按照其最初的写作顺序来排列的，读者可以按照不同的次序来阅读。

　　第一部分关注的是教育社会学及教育研究中的知识问题。第一章是对穆尔和穆勒（Moore and Muller 1999）的文章的回应，最初是为了区分不同的知识社会学理论而写的。第二章最初是一篇与罗布·穆尔合写的论文（Moore and Young 2001），成书时作了修改。它探讨了教育社会学中社会实在论的知识观及其对课程的潜在含义。第三、四章受我的同事哈利·丹尼尔斯的启发，他向我介绍了维果斯基（Lev Vygotsky）的著作；其中第三章呈现了维果斯基的观点及其与同时代的涂尔干的观点之间的相近之处，指出了课程中知识的角色及知识应采纳的形式。这两章贯穿两大主题：一是探索维果斯基的辩证主义取向如何帮助我们克服涂尔干所持的那种静态的、不能适切地处理历史变迁的社会实在论的理论趋势；二是探讨为何大量植根于维果斯基观点的行为理论的研究传统却忽视了知识的问题，特别是忽视了维果斯基暗示的且十分关键的对理论概念与日常概念的区分的理论。第五章获益于在伦敦大学教育学院开设的主题为"课程研究再思考"的一系列研讨会，一开始是为了探讨第三章所提出的知识取向对课程研究有何意义。第六章采取了一种相当不同的取向，将教育社会学中的两条过去几乎没有交集的主线融合了起来：一条是私有化和国家角色，另一条是知识和课程。此章认为，教育政策的近期发展趋势可以被实用地视为一种"教育知识的国家化"形式。第七章对第一部分作了总结，反思了我自己试图影响英国和南非的教育政策的经历，以及由此带来的教育社会学的政治作用的问题。

第二部分将第一部分讨论的有关知识的一般性问题带入具体的课程议题领域——其中大部分是后义务教育领域。第八章是唯一不直接与教育中的知识问题相关的，但是，它关注政府是怎样越来越倾向于利用资历体系来驱动教育改革，为随后的几章预设了政策背景。第九章对职业知识的论述最初发表在经济与社会研究理事会（Economic and Social Research Council，ESRC）的一次关于工作场所学习的工作坊中。它阐述了现代职业教育的双重目的，并在论证职业课程的再概念化时参考了知识社会学理论中的一些观点。第十章吸收了伯恩斯坦少为人知的一些观点，来思考专业（professionals）的知识基础逐渐被当前越来越强的管制与市场化趋势所削弱的现实。第十一章关注后义务教育课程中的"学术/职业"分野问题，并对我及其他学者在20世纪90年代所论证的统整化进行了批判性的反思。第十二到十四章基于我在南非的工作经历（Kraak and Young 2001；Young and Gamble 2006），也回应了第七章提出的一些问题。它们都有更具体的政策指向，同时也与前面章节之间保持了在"知识/教育"主题上的联系。第十二章关注南非继续教育与培训院校的职业型教师的知识基础，并对比了英国的一些相似情况。第十三章解决先前学习认可的问题。此问题不但是南非非常关注的，同时也有更广泛的潜在意涵。此章暗含的议题是，如何使之前（南非）种族隔离时代被剥夺了正规教育机会的成年人通过获取与自身经验相匹配的正式资格证书的方式得到补偿。第十四章提出了南非教育之争中的一些更一般性的问题，指出了本书的知识与教育的大主题同南非教育政策制定者、实践者们面临的挑战之间的关联。

第三部分只有一章，是与开普敦大学的约翰·穆勒最近合写的一篇论文。它首先指出 20 世纪 70 年代"新教育社会学"的沉浮对我们的启示，接着追踪了另一种从涂尔干到伯恩斯坦的知识取向的流派渊源，并探讨了借鉴卡西尔的符号形式观点的可能性。

伯恩斯坦对我的学术生涯影响甚巨，他既是我的老师，也是与我共事的前辈。我近些年的研究与写作在很大程度上获益于对他的部分观点的再思考。因此，我感到在本书的结语中向他致谢是非常应当的，这篇结语曾于 2011 年在伦敦大学教育学院发表。

本书大部分篇章都是以我从 1999 年以来发表在学术期刊或相关论著中的论文为基础的，部分章节修改了多次。在将这些原本是为了不同受众而写作的文章结集成书时，不可避免会有一些观点的重叠或重复。尤其是第三、四章中对涂尔干和维果斯基的观点的讨论有交叉之处，其他章节对知识的社会建构主义和社会实在论的论述也有一些重复。我希望章节连贯的优点可以盖过这些重叠重复的缺点。

第一部分　理论问题

第一章　从意见话语的极端中解救
教育知识社会学

导　言

　　本章是基于我对穆尔和穆勒（Moore and Muller 1999）的一篇被广泛引用的文章的回应。他们认为，无论是早期源于马克斯·韦伯和符号互动论者的思想而形成的新教育社会学（Young 1971），还是后来受到福柯（Michel Foucault）和利奥塔（Jean-Francois Lyotard）等学者影响的后结构主义变体，都是将知识化约为知者及其立场和兴趣的"意见话语"（voice discourse）形式。阅读他们的文章对我来说是一种重构性的体验，因为它挑战了我早期的一些基本假设。它迫使我追问自己所主张的"知识是社会性的"到底意味着什么，是不是的确像穆尔和穆勒在那篇文章中所说的，会不可避免地寻致相对主义，因此对课程知识选择的决策没有意义？本章试图形成一种替代性的社会理论，它不会将知识化约为知者的实践。这是我第一次努力阐明社会实在论的知识观并挖掘其意义。本书后面的章节则通过分析由法国伟大的社会学家埃米尔·涂尔干提出，在20世纪后半叶又由巴兹尔·伯恩斯坦发展却久被忽视的社会知识论，来进一步论证这一观点。

　　穆尔和穆勒（Moore and Muller 1999）发表于《英国教育社会学》上的文章对以下社会学观点进行了有力抨击，即拒绝承认知识或真理具有认识论基础且认为这种认识论充其量不过是特定（总是占据主导地位的）社会群体的立场或视角。穆尔和穆勒的论证是很重要的，其大部分的批评也是有道理的。然而，无论是有意还是无意，他们以对所谓话语的极端形式的批判为开端，实际上却拒绝了任何对知识的社会学分析，而这些分析有的并不仅仅将知识看作一种"占位策略"①（positioning strategy）。尽管我确信这不是他们的本意，但结果却是将教育社会学束缚在 20 世纪 60 年代以前所关注的问题与方法上，那时的教育社会学不过是对社会流动、分层和生活机会分配的研究的拓展。

我希望在回应他们文章的基础上来完成几件事。首先，我将总结他们反对"意见话语"的论证，继而指出他们论证中因为过于好辩的立场而产生的一些问题：实际上他们并不像自己认为的那样从本质上反对知识是一种意见话语形式。最后，我会基于他们文章中隐含的一些观点提出建议，建议一种能够对教育社会学，特别是对课程研究作出积极贡献的知识社会学方法。

穆尔和穆勒反对"意见话语"的观点

穆尔和穆勒以艾尔弗雷德·舒茨和赖特·米尔斯的现象学和实用主义为理论基础，追溯并揭示了从 20 世纪 70 年代以来教育社会学的早期表述，到近年来福柯和利奥塔著作中后现代主义（Usher and Edwards 1994）所涉及的认识论。他们正确地指出这种知识社会学方法与我和其他人赞同的多种激进政治传统之间的联系：我们采纳的激进政治传统在 20 世纪 70 年代很大程度上表现为民粹主义（Young and Whitty 1977；Whitty and Young 1976）。

近年来针对认识论的社会学批判有两种路径：一种强调回避任何特定政治（Usher and Edwards 1994）；另一种是女性主义者和后殖民主义者所采取的路径，试图对西方、白人、男性的知识以及专业技能"去合

---

① "占位策略"指的是（通常是）某知识领域的新成员或边缘成员使用某些观点，并以之宣称自己有权与领域内的老牌大人物被同等对待的方式。——译者注

法化"（Lather 1991）。穆尔和穆勒认为这些统称为"意见话语"的方式是基于许多站不住脚的假设的。第一，"意见话语"主张可以没有认识论或知识论，因为从根本上说，在判断事物是否真实时，我们最终依靠的只有经验，而不是知识、科学或专业技能。第二，穆尔和穆勒认为"意见话语"方式所认同的科学真理只不过是科学家们在某一特定时间被认为是正确的说法，这是误用了库恩（Kuhn 1970）等科学史学家的观点。第三，他们认为那些像厄舍和爱德华兹（Usher and Edwards 1994）等采取后现代主义立场的人误将科学的观点等同于被普遍质疑的实证主义哲学。正如穆尔和穆勒所指出的，这些作者看来忽视了科学哲学家最近的研究（Papineau 1996；Toulmin 1996）——科学哲学家已经清醒地意识到后现代主义者们提出的问题，并拒绝了他们的相对主义结论。

穆尔和穆勒认为，上述这些错误导致的结果便是"意见话语"支持者发现自己处于两种相关的矛盾中，一种是理论的，一种是实践的，两种矛盾都会对教育社会学的研究及教育政策和实践产生重大的消极影响。他们指出，"意见话语"在理论上导致了否认所有认识论的相对主义；同时，"意见话语"否定任何客观知识的可能性，但在对自己的立场问题上又远没有采取相对主义的态度。这样一个拒绝所有知识的主张，所带来的实践性后果和政治性后果是：意见话语是自我矛盾的。它们否认附属群体，却宣称要找出有可能克服这些群体的附属地位的任何知识。对于意见话语而言，知识不存在，只存在把自己的经验算作知识的某些群体的权力。

如果像穆尔和穆勒所认为的那样：这些观念（意见话语理论）的缺陷是如此明显，并且很早就被认识到了，甚至在实践中这些观念也并未对它们认同的群体提供什么帮助，那为什么它们还依旧存在？穆尔和穆勒认为对认识论的攻击能得到支持并不是因为它在知识或政治上有优势（它们显然没有），而是因为其社会学优势。事实上，它们普遍的论证都是关于意识形态的——本质上存在缺陷的理论也能够存在，是由于在社会中它们有强大的社会功能。任何理论，无论有何缺陷，例如法西斯主义和种族主义等，都对某些社会群体有一定功能。同样，在教育的狭义语境中，理论和方法论能够存在，是由于它们反映了特定知识领域人员的专业兴趣。批判占统治地位的知识观是年青一代在知识领域确立自己的权威，甚至取代现有领导者的一种方式。穆尔和穆勒指出，教育社会学薄弱的知识基础，以及与社会学中知识基础更为深厚的次级学科之间的相对隔绝，使教育社会学在这种占位策略上不堪一击。

毫无疑问，像穆尔和穆勒所认为的，对知识的社会学分析在 20 世纪 70 年代的教育社会学中确实起到重要的占位作用，并与学院和大学教育系新兴一代教育社会学家的定位相关，他们肩负着培训教师的职责（Young 1971；Young 1998）。与后来为人们所熟知的"新教育社会学"相联系的知识社会学的方法不仅挑战了旧教育社会学以及与之相联系的有政治经济学传统的政策取向的教育研究，也挑战了长期占主导地位的文法学校和公立学校以及大学的通识性学术课程的知识基础。这种知识社会学方法在解释大量来自工人阶级背景的学生持续的学业失败时，清楚地表明了它的激进主义倾向。与当时的主流研究者所持的工人阶级学生在学术课程中失败了的观点所不同，从知识社会学的视角来看，恰恰是历史地建构并维持阶级社会现状的学术课程，才系统化地导致了大多数工人阶层学生的失败。

对这种阴谋论过于简单化的阐释，以及将知识的合法性完全等同于知识生产者社会地位的论证的误导性，我已经在别处评论过（Young 1998）。穆尔和穆勒通过指出对认识论的批判的阶段性特征，为这种论证提供了一个有价值的扩充。他们指出，在过去的几十年里，这种知识社会学的批判有规律地反复出现在不同的时期，并使用不同的、甚至往往是对立的理论。他们举例说明 20 世纪 80 年代和 90 年代的后现代主义如何起到与 70 年代的现象学等相类似的社会功能；同时，每一个传统都是建立在对其他传统进行猛烈批判的基础上。穆尔和穆勒利用厄舍和爱德华兹（Usher and Edwards 1994）成人教育方面的研究作为案例，认为其研究就是一种与 70 年代的早期"新教育社会学"有着十分不同的知识传统和政治关切的知识社会学取向。确实，在穆尔和穆勒看来，由于厄舍和爱德华兹的立场没有特定的政治承诺或政策影响，其立场比 70 年代的"新"教育社会学家更具有逻辑一致性——"新"教育社会学家则将自己对认识论的批判赋予政治解放的功用（至少是原则上的）。正如沃德（Ward 1996）所指出的，一些如鲍德里亚（Baudrillard）的后现代主义者进一步发展了厄舍和爱德华兹对知识的立场，认为任何社会科学或哲学都是没有意义的，还不如写小说或诗歌。然而，这样的立场似乎从未考虑到科学知识（甚至在一个更有限的意义上说是社会科学的知识）的实践功效使得它从根本上区别于完全基于经验的知识；也没有考虑到写好小说或诗歌是困难的，可以说比写后现代主义的批判更难。换句话说，后现代主义并没有逃离众所周知的相对主义困境。不论相对主义观点如何，在所有社会中，人们都会对什么是好的或坏的文学作品以及什么是对自然现象的好的或坏的解释作出判断，并对作出这种判断的标准进行辩论。当然，这也是科学家和社会科学家的工作，尽管他们的判断和标准是不同的。

穆尔和穆勒对意见话语将知识化约为各类不同经验的批判十分令人信服，也符合基本常识的诉求。有很多例子都可以用来证明他们的观点，有些知识毫无疑问比其他知识更强有力，断言所有知识不过是宣称知识拥有者的经验是荒谬的。这里有两个例子：

1. 完全不依赖欧姆定律来设计家庭照明系统，或不懂得流体动力学规律来设计一架飞机。在这两件事上世界上所有的经验都帮不了你，除非你遵循的规则不只是由经验产生的。
2. 几年前，两位科学家声称他们发现了如何在试管中通过氢"冷聚变"制造能量。当时他们声称已经进行了重复实验，但他们的研究结果不能被复制，他们是不诚实的或糟糕的科学家。我们必须认定他们的声明是假的，就像之前的炼金术士一样。从既有的科学角度来看，氢的冷聚变，无论多么令人向往，也不可能是"知识"。

穆尔和穆勒正确地指出了后现代主义论点中的缺陷，并阐释像厄舍和爱德华兹这样的学者如何将科学建构为"假想敌";为了显示其站不住脚,他们(厄舍和爱德华兹)将它命名为实证主义,作为代表客观的巅峰。科学不是,也确实不能按照实证主义者声称的方式去运行,但这丝毫不影响科学概念的解释力。后现代主义批判实证主义的科学概念,却对科学论之甚少,而更多关注批判者自身。他们最多不过是反对社会科学沿用自然科学的数学形式,但缺乏概念基础,形不成什么新观点。

穆尔和穆勒另一个更有力的论证是反对意见话语把经验作为所有知识基础的方式,因此也反对将所有知识或关于知识的论断视为同等:不论是源于常识、民间传统,还是源于以实验为基础的科学研究或者系统的学科知识。我们并不需要诋毁人们从经验中获取的知识,也不需要否认抽象知识中都有经验元素,就能认识到在判定某物是否"真实"的问题上,经验往往是极不可靠的基础。

穆尔和穆勒的论点是很重要的,意见话语无论是隐藏在后现代主义晦涩的术语中,还是隐没于不加批判地认同从属群体经验的政治正确中,都是教育社会学的死胡同。但在为教育社会学未来发展提供建设性的基础方面,他们的论文并没有多大作为。在本章的下一节中,我想尝试解释其原因,并以提出一种替代方式为开端,从意见话语泛滥的相对主义中,从穆尔与穆勒所陷入的某种局限中,拯救知识社会学。我将评论他们论文中出现的三个论题,包括:(1)知识社会学作为一种占位策略的作用;(2)教育社会学与学术研究的其他"强势"领域相对隔绝到底意味着什么;(3)教育研究的理论和实践问题。

超越意见话语的极端性和"非社会"的实在论

第一个论题与穆尔和穆勒所借鉴的伯恩斯坦(Bernstein 1971,2000)的社会学论点相关。他们试图根据知识社会学在一个孤立于其他相关并具有更可靠知识的学科的薄弱知识领域中所起到的"占位策略"的作用,来解释在教育社会学中知识社会学取向的持久性。当然,他们的确有一定道理:第一,教育社会学与一般的教育研究一样,一直都是薄弱的知识领域，伯恩斯坦（Bernstein 2000）称之为"弱语法"或一系列描述它试图解释的现象的规则。此外，至少在20世纪70年代，当认识论的社会学批判应用于课程之时，主要设在大学教育学院的教育社会学与主流的社会学以及其他社会科学相对隔绝。正如伯恩斯坦也指出的，在70年代，英国的"新""旧"教育社会学之争的确有代际斗争的因素。在90年代，女性主义、后殖民主义和后现代主义也提出类似观点，试图以经验来反对知识。然而，社会学立场并不是此问题的终点。其他学科领域中对认识论的真理基础的可能性的批判已经得到认同，远比教育社会学更接近所谓知识的主流。自从20世纪初尼采的作品流行之后这种状况就一直在持续。

穆尔和穆勒所谓对知识真相的揭示在哲学上产生了重大影响。图尔明（Toulmin 1996）指出了认识论、文学和文化研究的危机，认为这一危机远远不止于学术及社会隔绝。隔绝的论断之所以彻底失败，是因为它并不能解释为何那些和教育社会学很不一样的知识领域中也盛行着相同观点。如果我们排除隔绝的观点，就会在社会学和哲学上对于知识产生更大的疑问，这个问题穆尔和穆勒并没有探讨，但却一直困扰着知识分子们，沃德（Ward 1996）的精彩著作以及图尔明（Toulmin 1996）简洁凝练的文章都对它进行了清晰的描述。

沃德和图尔明都指出，知识具有认识论根基的观点，至少是知识具有强有力根基的观点，不再有任何知识上的可信度。图尔明（Toulmin 1996）在"知识作为共享程序"一文中指出，认识论危机始于20世纪。他认为从胡塞尔到罗蒂的哲学家们已经破坏了笛卡尔及其后继者们从1630年以来为寻找人类知识不可动摇的根基所做的工作（Toulmin 1996）。

图尔明指出早期认识论的论点是有缺陷的，这是由于他们执着于个体如何获取关于世界的某种知识，似乎这只是个知识问题。而科学的（或平等的、公正的）程序的理性并不仅仅是清晰、独特或者逻辑一致，因此也并不仅仅是认识论问题。它同样依赖于既定学科在历史演进过程中形成这些程序的方式，换言之，这也是一个社会学问题。

当穆尔和穆勒在他们文章的后半部分指出"后经验主义认识论"时，似乎抓住了图尔明的观点。然而，我认为他们没有抓住它所隐含的意义，特别是以下三种不同观点之间的重要区别。他们将前两种观点等同，并没有考虑到第三种观点。这些观点是：

后现代主义观点，它在区分知识与经验方面最多只有实用主义基础；在后现代主义这里，被通常用作指代真实事物意义上的知识是不可能存在的。

意见话语观点，认为知识就是占统治地位群体的政治主张。意见话语立场从后现代主义观点而来。它认为在某种客观意义上知识独立于知者社会立场的主张是站不住脚的，由此，知识和经验没有区别，所有群体的视角同样有效，不管他们是不是专家。

多维观点，认为真理是否客观总是依赖于：（1）外在效度——即以令人信服的方式解释事物；（2）内部一致性——即它们是一致的；（3）获取某个特定专家团体的支持以及更广泛的合法性的能力。

在前面提及的氢"冷聚变"的例子中，两位科学家的主张至少无法达到多维观点的标准（1）和（3）。在很多情况下，特别在社会科学和教育科学中，问题可能没有这个例子这么清晰，在特定共同体内部可能会有分歧，共同体合法性也可能受到质疑，譬如日益增长的环境和健康问题。

本章采用多维观点。它并不是相对主义。然而它允许，确实也需要对以下问题进行社会学和历史的研究：不同情境中知识的发展与应用，知识共同体（专家或非专家，与学科相关的专业人士及跨学科人士的共同体）的变革，知识共同体如何建构、挑战与修正知识，以及知识共同体受到的内外部挑战。在这个过程中，我们可以不把科目和学科看作完全是由专家共同体（不管其专长是历史、地理、化学还是文学）的理论和实践构建的，而去重新构建科目、学科和课程的起源和历史。"完全"的社会建构主义与李森科（Lysenko）的生物学环保主义者观点有一样的缺陷（Lecourt 1977）。李森科认为自然是可以无限改造的，但他最终没能说出任何关于自然的有用的或新的观点。

穆尔和穆勒提出的另一个重要问题，即理论与实践的关系问题，并没有在文章中得到深入阐述。至少在短期内，从实践或政策的视角来看，哲学、文学或文化研究是否采用否定所有真理和知识的后现代主义视角，可能并不那么重要。然而，如果未来的教师在培训期间通过学习认为所有的课程知识不仅是社会建构的，而且不可避免地反映了统治阶层的价值观和利益，那么就可能会产生严重的后果。例如，街道市场中的日常数学看起来似乎与教科书中的数学遵循相同的规律。从后现代主义视角来看，这两种类型的数学知识的唯一区别是后者反映了专业教师和数学家的主导视角。范围有限的"街道"数学，或有时被称为"民族数学"（ethno-mathematics），至少在特定情境之外几乎是被无视的。这种看待数学的社会学取向很容易为那些试图破坏正规数学教学的课程基础的人所利用（Bramall 2000）。这一问题当然并不只涉及数学，而涉及所有课程科目。如果在文学或媒体研究中，学生所学到的是没有标准可以判定简·奥斯汀小说的文学性比"老大哥"（美国真人秀节目——译者注）或"霍尔比市"（英国的系列电视剧——译者注）这样的电视节目要优秀，那么英语文学课程选择课文的基础就变成要么是中产阶级、白人、教师或课程政策制定者的偏见，要么是学生想要什么就学什么——消费主义的一种。正是这种理论和实践之间可能存在的联系，以及知识社会学观点可能影响教师自我角色认知的事实，使得知识问题在教育社会学中比在文学和文化研究领域中更为复杂——文学和文化研究与外部实践更为绝缘。然而，只有在基于我前面所提到的知识的相对主义观点时，知识的社会学观点和实践之间的联系才成为一个问题。在本章后面我会谈到，知识社会学和相对主义之间的这种联系比穆尔和穆勒指出的联系更为复杂，在日益增长的知识经济中，在一种更强调教师作为专业人士的观点中，我们可以将这种联系理解为一个建设性元素。

穆尔和穆勒的文章存在的一个问题是，尽管他们有时反对将知识化约为关系或过程的知识社会学取向，但有时他们的立场又更加微妙。他们揭露厄舍和爱德华兹后现代主义论点的缺陷，反对看待知识时简单粗暴地将"社会的"观点与"认识论的"观点两极化；但从总体来看，他们论证的要点似乎暗指所有社会学解释都趋向于极端的意见话语。正如他们所说，意见话语的方式不允许科学宣扬不绝对的真理。从意见话语的视角来看，如果科学和理性不是绝对的，那么它们也就不可能是客观的。而我建议发展一条中间道路作为辩护的立场，即将知识社会学与主张真理的认识论结合起来。然而，这将意味着要看到穆尔、穆勒与非后现代主义、非意见话语的知识社会学方式之间更多的共同点，而不是只看到他们表面上的尖锐批判。因此，我的观点是穆尔和穆勒对我们所谓的"意见"和"非意见"两种知识社会学并没有进行明确区分，这使得他们自身暴露在他们所批判的其他人如厄舍和爱德华兹的相同的批判之中。正如穆尔和穆勒所认为的，厄舍和爱德华兹没有区分作为科学家实践的科学、科学哲学家理论化的科学和他们都批判的科学假想敌。穆尔和穆勒所做的是，选择一种极端和幼稚的知识社会学方法（Usher and Edwards 1994），指出其缺陷，并将这些缺陷与应用于教育研究的整个知识社会学理论传统联系起来。同样，他们将知识的某些女性主义、后女性主义和后殖民主义观点的意见话语取向，等同于所有探讨社会知识论的实践与政治意义、探讨知识的不同概念如何与社会利益关联的努力。结果是，他们留给我们的关于教育社会学特别是课程社会学的观点几乎没有什么价值。穆尔和穆勒对最近教育研究中忽视结构层面的不公平的担心是正确的。然而，这个问题很可能是因为目前政府和研究资助者对研究的角色抱有极其狭隘的看法，即认为研究是为政策提供支持，而不是为了知识社会学的持续发展。穆尔和穆勒的教育社会学研究大概可以回溯到 20 世纪 60 年代，那时社会学家清楚自己在学术劳动分工中的位置，他们的作用是呈现教育机会分配不均的现状。可是为何经过几十年的教育改革之后，他们依然在做同样的事？像教育的目的之类的基本问题一样，这也要留给哲学家和政治家去回答了。

下面总结一下我的观点：穆尔和穆勒对意见话语泛滥的批判是正确的，特别是指出以下观点的危险，即反对专门知识，反对科学或其他领域的专业知识，一味强调生活经验知识。尽管在实践中知识社会学方法与穆尔和穆勒所描述的意见话语之间并不一一对应，而且这是一种周期性出现的现象，我还是认为这是一个可以避免的过程。此外，从他们的讨论中并不能得出这样的结论，即社会学分析不能被应用到知识和真理的问题中，或不能对更为普遍的课程和教育政策产生影响。

知识社会学提醒我们，历史和经验不可避免地涉入所有形式的知识，不论它是否由特定学科的专家生产。在生产新知识的过程中经验的作用往往被否认，这种现象本身无论对于社会学还是认识论都是一个问题，这个问题或许有或许没有实践的意义。然而，用经验（即使是最抽象的）在知识形式中扮演的作用作为手段来消解这种知识所提供的客观性的程度与形式，则是另外一回事；而这就是意见话语所做的。对教育而言，按照知识社会学更为普遍的观点，我们必须接受这样的假设，即社会阶层、性别和种族不平等，以及各种专业利益，都不同程度地嵌入在学校课程组织、学术学科以及其他获取和生产新知识的结构中。但是，我们也必须认识到，这种嵌入在特定情况下如何发生，以及会产生什么样的后果，还并不明朗。进一步而言，知识社会学的这些结论并未给出拒绝知识组织的特定形式的根据。关于社会利益嵌入不同形式的知识组织的争论充其量只是一个有待探索的假设；它们本身绝不会成为支持（或反对）特定课程的理由。

是哲学而不是社会学，特别是维特根斯坦后期关于知识通过生活形式获得意义的思想，在20世纪70年代和80年代开始引领知识社会学超越卡尔·曼海姆为它设定的狭隘束缚，并终止了传统意义上的认识论。然而，尽管维特根斯坦提出的知识社会学理论能够提供一些新的民族志（Knorr-Cetina 1999）观点以及说理充分的立场辩护（Bloor 1991），但在探讨支撑学科、领域或学校科目的集体活动或生活形式的本质方面贡献并不大。它也不能指出，教师接受"课程科目不是既定的，而是由社会塑造的，因而是学科专家自身实践的产物"这一观点将有怎样的实践意义。

社会学家，尤其是那些想让社会学在克服社会不平等方面起到直接政治作用的社会学家们，过于急迫地想从维特根斯坦的哲学原则跳到关于特定生活方式的具体结论。他们逐渐认识到维特根斯坦的观点只不过是知识（或课程）社会学的一个前提，并不是取代课程的社会学取向的替代品。即使我们接受知识从其所存在的生活方式中获得意义这一观点，也不能给我们带来这样的结论：某一群体——某个专家群、某个社会阶层、某一性别范畴、某个种族群体或残疾群体——的具体的生活方式就是维特根斯坦意义上的一种赋予知识以特定意义的生活方式。嵌入或赋予知识意义的过程比这微妙与复杂得多；分析要从实际群体的具体案例开始，也要考虑形成特殊群体的更为广泛的社会和历史背景。因此，为知识的民族志方法辩护的社会学家至少部分是正确的，并获得了哲学家图尔明的支持。图尔明的观点是，如果我们认同知识在某种意义上是特定专业或其他群体共享的过程，那么我们需要描述在这些群体中知识产生的特殊过程，这是形成（不管是关于自然还是社会的）普遍真理以及客观性的基础。图尔明提醒人们，要提防在社会科学中过早得出理论的趋势，我们最好聚焦于"那些正确描述人类行为的更谦卑的工作，（这可能帮助我们判断何时）形式理论会对我们有用"（Toulmin 1996）。他没有进一步说明的是，给出正确描述并不像他想的那么简单，无论是民族志学者还是他们的研究对象都不是生活在缺乏历史和更广泛背景的实验室中。

一种替代方法

知识和真理总是在一定程度上植根于社会活动、生活或实践方式中，这种认识对教育社会学研究有很大意义。为总结本章并回应穆尔和穆勒，我会逐一进行简要讨论。首先，卡布尔和哈尔西（Karabel and Halsey 1977）及其他学者认为在以教师培训的实践活动为主导的机构中教育社会学处于弱势地位，我的观点与此相反，我反而认为它或许可以处于优势地位。按照图尔明的观点，社会科学中存在某种独立于政策和实践的最好的"理论"这一观点是错误的。^① 在学习与教学这样的人类活动中，如果敏锐而准确地描述实践可以至少部分地构成我们有关人类活动（如教与学）的知识基础，那么教育研究人员如教育社会学家就必须像图尔明所说的那样，"弄脏自己的手，与他们所研究的机构（教育）的专业人士一起并肩工作"。其次，隐含在维特根斯坦命题中的社会知识论包含两个彼此依赖的步骤。如图尔明所说，"所有的意义都产生于公共领域之中，产生于集体情境与活动的背景之中"。此外，他还指出，这些意义由个人内化在"学习过程中，通过学习过程，我们掌握日常用语以及随之而来的更为复杂的事务等概念化内容（如科学、诗歌或管理）"（着重号以及括号中的内容为笔者所加）。教育社会学的关键是两种类型的学习过程之间的关系问题。从本质上讲，它们的区别与隐性知识和显性知识之间的区别类似，隐性知识嵌入每一种实践活动之中（当然是以人生来所处的共同体的语言），而显性知识则因各种不同目的从实践活动中抽象而来，诸如学校课程中的学科知识。也就是说，正如知识社会学与学习社会学不可分割一样，课程研究与学习和教学的研究也是紧密相关的。

关于第三个论题，我虽然并不认同他们得出的具体结论，但部分地同意图尔明以及穆尔和穆勒的观点。穆尔和穆勒认为"意见话语"理论家对经验的错误运用导致他们将社会学研究降低为民族志的描述，从而回避了从 19 世纪教育体系初步形成时直到今天一直主导大众教育体系的重大结构性问题——不平等。相反，图尔明认为理解人类活动必须避免概括和理论，要关注对实践的细致描述，这种逻辑不会关注"结构性"问题。因此在本质上，图尔明的观点与意见话语理论家如出一辙，这些意见话语理论家的政治目标是主张所有的知识都可以化约为经验——形成不同类型实践的情境消失了，只剩下对实践的描述，似乎它们从来没有任何情境。图尔明认为草率得出理论是危险的，在

---

① 在第五章中，我部分修正了这个观点。教育通常根本上是一种实践活动，但它是一种高度复杂的实践形式，有着多种决定因素，且我认为，教育理论中存在着一种重要的空间，不能被立即定位到实践中。

社会科学中试图获得如牛顿物理学那样的抽象理论结构是荒谬的，我赞同他的这些观点。尽管意见话语理论者对科学持后现代主义式的否定态度，但在运用"主导/从属群体"二分法来削弱科学或其他专业知识形式的合法性方面，意见话语隐含着非常类似的"结构"模式。

至少从社会学视角来看，图尔明观点走得太远了，因为他拒绝建立概念来解释塑造实践和"生活方式"的情境。在赋予这些概念客观性（它们本身并不保证有这种客观性）时我们必须非常谨慎。然而，如果否认诸如社会阶层、异化、意识形态和科层体制，以及涂尔干的两种劳动分工类型等概念能赋予我们超越常识和它们所生成的情境的概念化力量，也同样是错误的。

为明确图尔明的方法与我的方法之间的不同，我认为有必要区分两种既独立又相关，且都将知识理解为具有社会性的观点。我称之为人类学的（广义上的人类活动，而不是指人类学专门学科）观点和社会学的观点。第一种是人类学意义的知识社会学理论，是指图尔明这样的哲学家所采取的观点，这种观点补充或是像有些人认为的取代了传统认识论关注的焦点。这种观点正是通过维特根斯坦后期著作确立其地位的，并且与涂尔干的早期著作也有一些共同点，涂尔干认为即便是原因和时间这样最基本的思想范畴在起源上也是社会性的。这种知识观是一种关于知识的社会性质的概念性陈述，因而并不阐述不同的社会实在如何塑造知识的结构与内容。它断言任何知识都以某种社会观念为前提，在这个意义上，它是社会性的。第二种是社会学意义的知识社会学理论，它依赖于第一种；但是，由于它有不同的目的，因此它更加雄心勃勃，也更为温和。一方面，它的雄心勃勃体现在它超越了知识在起源上是社会性的这一一般原则，认为找出社会利益塑造知识结构的特定方式也是十分重要的。一直以来，社会学家的任务都是探讨权力和利益等社会关系在知识组织中得以表达的程度，以及在特定情况下是否与环境、健康、电子设备或课程相关联。另一方面，这种知识社会学方法的温和体现在它既意识到在特定时间内"什么被定义为知识"并不仅仅反映权力与社会利益分配，也意识到"不同类

型的社会利益以何种方式、在多大程度上塑造知识"的问题必须在具
体情形中探讨。但我们不能超越其人类学基础而创造出某种知识社会
学的一般或普遍规律。

意　义

在我 20 世纪 90 年代所做的课程社会学的研究中（Young 1998），
我关注与知识生产和劳动分工相关的专门化形式的变化问题，我认为
专门化形式的变化是外部情境塑造知识生产（Gibbons et al. 1994）与
课程组织的一种方式。我提出孤立专门化和联结专门化的区分捕捉到
了当代课程争论中某种潜在的紧张与冲突，这种区分能够将课程争论
和外部劳动分工的变化联系起来。然而，这并不是说"联结专门化"
是某种宏大的、可以自动解释当前课程的变化的理论，也不是将之作
为教师能够或应该在实践中应用的课程原则。它有一些更温和的目的。
首先，对两种专门化形式的区分，提供了一种赋予当前课程争论以意
义的方式，特别是但不仅仅限于 16 岁之后的教育阶段。其次，在英国
16 岁后课程的具体案例中，它提供了批判性分析英国高中课程（A-
levels）的未来的基础（Young 1998）。但很难质疑的是，孤立专门化确
实是对传统高中课程的一种准确描述，它的基础是相互隔离的科目群；
联结专门化也并没有建议废除科目，但要求从课程的整体目的的角度
来重新界定科目的角色。

我认为（Young 1998）孤立专门化和联结专门化的区别可以被应
用到课程的诸多方面，例如：

- 学习者带入课程的日常常识知识与课程本身的组织之间的关系；
- 学习者在任何情境下（包括学校）获取的隐性知识和与课程相
  关的概念性或显性知识之间的关系；
- 课程（学科或职业学习领域）的构成要素与课程整体之间的
  关系；
- 学校知识与学生通过工作经验、兼职或实习获取的工作场所的

知识之间的关系（Griffiths and Guile 2001）。

在每对关系中，我们都能追踪到一种在大众教育的历史中一直存在的张力：一边是课程（及更一般的工作和知识）追求更强（或更为孤立）的专门化的趋势，一边是近来试图联结不同类型的知识与学习的努力。①

结　论

在对穆尔和穆勒论文的回应中，第一，我指出在教育社会学中，我们需要认真对待他们对知识和认识论的某些趋势的批评；第二，我认为虽然他们的批评很有价值，但是他们扩大了攻击范围，有效性被削弱；第三，我试图从意见话语和后现代主义的相对主义的极端中拯救社会知识论；第四，我以图尔明关于社会知识论的维特根斯坦式观点的局限性为基础，指出区分有关知识的社会基础的人类学观点和社会学观点是有益的；第五，我指出在教育社会学中，关注知识专门化以及它与权力分配、体制作用之间关系的研究是如何弥补图尔明的局限的人类学意义上的社会学观点的。

最后，当在城市内学校不断失败，好校长因疲惫而辞职的时候，询问这些有点深奥的知识问题是合情合理的。真正的问题难道不是那些反复出现的问题吗？即政府不愿花费必要的资金改进课程。当每个人都在追逐经费支持以开展关于学习时间的研究，以及其他一些声称是循证的政策研究时，谁还会花工夫关注知识问题？

本章是基于我写的一篇论文，最初写作的原因是，我认为不仅是对社会学家，而且对任何对教育感兴趣的人来说，穆尔和穆勒所提出的问题都非常重要，尽管我并不同意他们的观点。多年后，我之所以仍然保持这种观点，并将那篇文章的基本内容作为本书的第一章，有

---

①　尽管我仍然认为孤立专门化与联结专门化的区分能持续为课程变革提供启示，但我更加意识到它的弱点，特别是它不能与任何一种知识论建立明确联系这一点。在第十一章中，我采用此观点对联结作为课程原则的观点作了批判分析，并探讨了其含义。

以下几个原因。首先，应当明确指出意见话语理论家的知识欺骗性和潜在破坏性，这种破坏性可能会危及处于最脆弱处境的人们。意见话语理论家是聪明的，他们对经验的尊崇及对专业知识的批判，在表面看来都是民主的，甚至是民粹的，很有诱惑力，尤其是对那些在现存体系中不断失败的最沮丧的人来说。他们拒绝任何形式的对客观知识的主张，其立场的逻辑顶多是虚无主义。这或导致社会科学家的玩世不恭，不相信自己的实践有任何根据，或就像鲍德里亚一样，干脆放弃了社会科学。如果认真对待，就像生机论哲学家如海德格尔在德国所做的那样（Loft 2000；Cassirer 2000），否认知识可能会导致更为糟糕的结果——即得出唯一的问题是谁拥有权力的观点。令人不安的是那些与真正处于从属地位的少数群体或被排斥群体有最密切联系的人也会持有这样的论点。其次，穆尔和穆勒对社会知识论的批评本身也需要被质疑，它剥夺了社会学家所需要的一些工具，这些工具既可以用于揭露官方政策的虚伪和矛盾，也可以帮助提出现实可行的替代标准。在揭露标准、目标和质量保证的花言巧语（当然所有原则都是好的，但很容易被滥用），以及它们如何自成目的，而不是为实现更广泛目的方面，社会知识论是很重要的。

这并不是说教育社会学就是应该批判任何由政府提出的政策建议，且总是站在反对的立场，事实远非如此。我们更倾向于这样的观点，如果教育社会学家和其他教育研究者在有关教育政策方面要起到更有效的作用，他们需要从这样一个立场出发，即那些被视为理所当然的既定的政策中有许多应该被重新思考。过去 30 年的教育社会学给予我们的教训并不是说知识社会学的起始假设是错误的，而是说它们经常被片面地，粗暴地使用。需要重新审视这些假设，知识社会学理论需要更多地考虑教育政策和实践的现实条件和制约。

知识社会学面对理论挑战无法避免激进。然而，这并不能成为它不顾及认识论限制的理由，也不能忽视这样的事实，即知识社会学的任务之一就是确认知识的边界，如果学习者要获取真正的知识，就不能模糊知识的边界。教育政策和实践就像人类所有的产物一样，是为了特定目的而有意或无意识地发展起来的。知识社会学作为一套重要的概念工具，可以防止我们纠缠于具体政策的细枝末节，并提醒我们，促进公平的大问题与知识的结构化不是互不相关的，我们也需要追问知识获取所需的条件。但是，就像穆尔和穆勒清楚地在他们的论文中所表明的，知识社会学很容易被随口、不负责任地使用。我认为，这些可能性不是知识社会学内在固有的，只是反映了以前它在教育社会学中是如何被使用的，以及在不同时期我们中的很多人是如何看待自己的角色的。由此导致的一个结果是意见话语以及早期"新教育社会学"那样的理论过度政治化，还有一个可能结果是不为某种理论产生的后果负责任。近几十年来，教育理论家的著作中都可以发现这两种现象，它们都对教育社会学的地位和成就产生了负面后果。但这两种可能性都不能作为在严肃的教育研究中否定知识社会学的必要作用的理由，无论这对于政府来说有多么不适，无论这将使研究者经受多少学术和道德上的困难。本书的其余章节力图（并不总能成功地）将两种争论糅合到一起：一种是发生在有关知识的社会基础的不同观点之间；另一种则是有关这些争论对课程和教学决策的意义。

第二章　教育社会学中的知识和课程

导　言

政治家说我们已经身处或者即将进入"知识社会"，越来越多的工作需要"知识工人"（knowledge workers）。与此同时，政府的政策文件对于"知识"是什么却缄口不言（Department for Education and Employment 1998，1999）。它更多的是指传统学科知识，还是指一种新的更为流动的、本土化的跨学科知识（Gibbons et al. 1994；Muller，2000）？这个问题的答案应该是教育社会学的核心，但令人奇怪的是直到最近还未受到关注（Moore and Muller 1999；Muller 2000；Moore 2004）。本章有两个目的：第一，澄清此问题的本质；第二，以第一章为基础，提出教育社会学未来的理论基础。在论证的过程中，这一章要研究课程知识的问题，同时对于教育社会学如何更一般化地处理知识问题提出一些疑问。我们还要讨论教育社会学的当代趋势并没能很好地应对过去10年全球化（Castells 1998）和后义务教育大众化（Scott 2000）对课程的影响。

本章将首先描述和比较关于知识和课程的两类主要假设，即"新保守传统主义"和"技术－工具主义"及其在当代课程政策中的体现；进而审视已经在教育社会学中形成的对这两类假设的后现代主义批判（Hartley 1997；Moore 2000）。尽管后现代主义站在批判的立场，本章认为隐含在政府政策之中的这两类假设与后现代主义批判之间其实存在基本的相似之处。两者都以各自的方式排除了知识本身作为范畴的争论。① 而目前关于课程的争论所缺少的正是知识论，这也正是教育社会学中最重要的、迫切需要讨论的问题。公正地说，后现代主义的观点虽然并没有占据霸权地位（Hartley 1997），但已经根深蒂固地扎根于教育社会学。此外，它们的支持者采取与新保守主义和工具主义相对的批判立场（Griffith 2000）。在这一点上，教育社会学中的后现代主义者打着过去进步主义和某种批判理论的当代幌子。尽管从理论根据上，后现代主义者既批判进步主义教育家的儿童要素主义模式，也批判经济决定论，他们却采纳了进步主义知识观的"经验"基础。另外，后现代主义者将知识现象学理论中固有的相对主义发展成为一个基本原则。尽管在意识形态方面后现代主义是对新保守主义和技术－工具主义课程观的批判，但在对知识的假设方面，三者的相似性比它们之间的区别更明显。而且，本章将指出，知识的相对主义化不仅使得后现代主义的批判弱化，同时也损害了它们寻找现实课程的有效替代方案的能力。

这个论点的意义在于它为我们引出第四个潜在的立场（本章中所提出的观点），能够将知识本身带回到课程讨论中，又不必从根本上否定知识的社会和历史基础。然而，这个立场需要教育社会学发展一种知识论，在接受知识是社会和历史的产物的同时，还要防止陷入后现代主义的相对主义和视角主义（perspectivism）（Usher and Edwards 1994）。

本章有三个主要部分。第一，指出相关的学术领域（尤其是科学社会学和科学哲学）的重要发展能够为提出新观点提供依据。第二，虽然什么是学校知识一直存在争议，但必须看到，学校知识不只是社会利益斗争的权力游戏，必须考虑知识是如何在特定认识论共同体或"文化"中形成的（Hoskyns 1993；Collins 1998；Knorr-Cetina 1999）。

---

① 这里讨论的争论指的是 1997 年到 2000 年，很多具体问题都已经时过境迁了。但没有证据表明 10 年后潜在的假设已经发生改变。

第三，本章认为知识争论的结果不仅仅是学术问题。它们直接影响学生的学习机会，并将通过知识的社会分配原则产生更广泛的影响。

政 策 争 论

　　最近，有两种相互矛盾的规则或意识形态在影响课程政策的制定：一种相当隐蔽但植根于权威的教育机构，另一种则更为公开并且愈来愈成为政府言论的主导。第一种可以称之为"新保守传统主义"。这种把课程看作是学校有责任传递给学生的既定知识体系的观点与教育机构本身一样古老。只有当传统知识体系受到挑战时，它才会变得十分清晰（Woodhead 2001）。一个明显的例子就是过去20年间英国历届政府对改革甚至取消高中课程提议的回应。① 对于新保守派（最近的例子是工党政府）而言（DfES 2005），高中课程代表着"黄金标准"，其他课程必须以它为标准来评价。对于他们而言，真正的学习本质上仍然是一个扎根于修道传统的沉思过程。课程和考试的作用是要尊重任何权威经典的文本。因此新保守派认为具有永久性价值的不仅仅是特定篇目（例如某些英语文学著名作者的作品），还有对既定知识体系的尊重。换句话说，重要的是臣服于一门科目规训的经历，以及成为它要你成为的那种人。长久以来，我们根据传统的知识中心/儿童中心以及传统/进步的二分法形成关于课程的争论，必须强调的是新保守主义并不以认识论关切为基本动机，而是强调学习传统学科能够为权威赢得恰当的尊重以及保护传统价值观（更加清晰的论证例子见 Scruton 1991）。

　　新保守主义对特定知识重要性的忽视与英国特有的轻智主义相关（Wellens 1970），同时也与人们热衷于将专家知识业余化和持怀疑论相关，这种情况至今仍塑造着高级官员和工商业高层人士的世界观（Wilkinson 1970）。"有教养的通才"观念的典型体现是英国第六级教

---

　　① 这个问题将在第十一章中详细讨论。

育课程①，它按照传统允许学生从一系列科目中选择，并且越来越多地涵盖"现代"科目。在 19 世纪这些课程包括英语文学、现代外语、地理和科学，20 世纪开始将社会科学纳入选课范围（Young 1998）。然而，第六级教育课程的内容多样性与社会变革或者知识本身的发展联系并不多。在英国高中课程实施的 50 年里，它的基本结构一直没发生太大变化，而知识却产生了大量全新领域，经济和社会也发生了翻天覆地的变化。另外，到 20 世纪 80 年代，随着大部分聘用 16 岁孩子的工作消失，参加高中课程的学生数量增加了 10 倍多；到 20 世纪 90 年代中期，16 岁以上的全日制学生数量持续增长，达到 80 年代时的两倍。②

　　雷蒙德·威廉斯（Williams 1961）提到的"工业培训者"，在本文中指更广泛意义上的"技术－工具主义者"，他们不断挑战着新保守派的教育观点，成为目前在政策制定方面的主要决策群体。对于他们而言，课程规则并不是为了传统意义上的教育的目的，而是为了直接满足经济的需要。在 20 世纪 90 年代后期，这一点被表达成为全球化以及竞争更加激烈的知识经济做准备（Department for Education and Employment 1998，1999）。这种观点与最近关于未来教育的《福斯特报告》（Foster Report 2005）以及关于技能的《利奇报告》（Leitch Report 2006）具有很强的一致性。从这个观点来看，教育、课程甚至知识本身都成为达到某种目的的手段，而并不是目的本身。这一观点首先强调的是课程在服务社会方面的作用；其次才看到课程塑造的是人，且只有当他们显示出未来"知识社会"所需要的可训练性和可塑

----

　　① 第六级教育（sixth form education）是英国学术型的高中教育，通常是 16—18 岁的学生就读，主要目的是为了参加全国考试以获得高中课程证书（是报考大学的入门要求）。——译者注

　　② 本篇初稿完成八年以后，有三点值得一提：一、尽管高中课程体系仍然依赖于个体选择，但由于六模块结构的引入，它已经显著地扩展了；二、在此期间，选择科学和外语的学生数量仍然持续下降；三、持续到 20 世纪 90 年代中期的 16 岁学生继续学习的人数的扩张没有持续。其他欧洲国家的后义务教育阶段参与率的相反情况提醒我们，英国社会的这种结构性特征需要社会学家作出谨慎分析。

性品质时。

正如最近发布的《高等教育白皮书》（DfES 2003）所示，在过去10年里，课程和知识的工具主义观点的视域发生了变化。20世纪70年代之前，它们主要局限于职业教育和培训（因此威廉斯称之为"工业培训者"）领域，尽管下述假设也体现了工具主义取向：每届毕业学生中有20%没有得到任何资格证书，他们需要一种更实用导向的、与工作相关的课程。然而，在过去的15年里，尤其是自从两份《迪林报告》，即关于16—19岁学生的资格证书的报告（Dearing 1996）和关于高等教育的报告（National Committee of Inquiry into Higher Education 1997）出台以来，在提高所有学生的就业能力的幌子下，工具主义已经延伸至16—19岁学生的学术课程，甚至到达学术学习的顶峰——大学。所有的学生都被鼓励将学术科目和职业科目结合起来，大学里面开设的所有学科，从艺术到理论数学，都被期望教授核心技能并且向学生们传授如何应用知识（Bridges 2000）。学科专家不仅被要求详细阐述他们的学科如何与其他学科建立联系，而且被要求阐明学科如何促进诸如团队合作、交流或者数字技能之类的与工作相关的一般技能的提高。技术－工具主义者还强加给教育机构一些管理规则，这些规则与绩效指标、目标设定和排行榜等具体措施结合在一起。虽然在决定大学课程形式上还保留着学术自由，但资金紧张的大学不可避免会以追求拨款为动机，而拨款资金则与扩招和提高就业能力等政府目标的实现程度相关。

这两种模式之间的张力对课程发展的影响超过了一个世纪之久。然而，特别是在过去的10年里，技术－工具主义者主导着变化和影响巨大的变革话语。两种模式通过识别现有教育制度的不足，不断进行"诊断"和调整。新保守主义者坚持认为只有降低过去（"黄金岁月"）建立的优秀标准才有可能实现后义务教育阶段的重大扩张。相反，工具主义者认为扩招的压力与维持课程学术标准之间的妥协已经导致课程不能满足日益发展的经济对技能和知识的需要。在这两种模式中，对课程的认识都融入了对特定的社会变化史的叙述（Moore 2000）。

由于政府不能够解决这两个规则之间的矛盾，课程政策以及实施出现的混乱状况就不足为奇了。一些学校和大学正在为明确提出一个未来更广泛课程的愿景作出勇敢的努力，其他一些学校正在尽最大可能去适应异想天开的学生的选择和高等教育招生指导者的癖好，所以不断出现新的学科分支也一点不奇怪。在最成功的机构里（例如许多第六级学院和私立学校），学生们（至少在他们后 16 岁学习的第一年）要选择四门甚至五门高中课程，重点大学则在加强学位课程。相比之下，在 16 岁（或 14 岁）取得低水平成绩的学生被认为是"非学术的"，他们获得雇主主导的新的毕业文凭，但这种文凭却被认为并不是职业取向的。

新保守主义和工具主义观点都受到了社会理论家的挑战。然而，我认为，由于这些挑战没有提供一种方式来讨论任何严肃的课程辩论都逃不开的核心问题，即知识问题，因此陷入了与他们所反对的观点一样的困境。这并没有听起来那么简单，因为从后现代主义者的观点看，其批判都显示自己是以知识问题为中心的。这些批判主要关注学术课程，宣称学术课程在本质上依赖于对知识和文化的随意预设（最中立和细致的解释可参看 Hartley 1997），进而，在他们看来，既然课程的既定性（givenness）是随意的，那么课程就要维系对社会不平等负责。

后现代主义者假定所有的知识都植根于特定的"知者"群体的利益，这似乎为不管是种族、性别还是（虽然越来越少论及的）社会阶层上的弱势群体的文化需求提供了强有力的支持。然而，由于认为知识不可能脱离它被建构的场景，他们不可避免地得出这样的结论：所有的知识都具有同等的价值，不管它们是专业的专门知识、研究，还是特定群体的经验。也就是说，当生产知识的群体利益和立场被确认后，所有要做的解释在根本上都已经得到了解释。后现代主义者及其反对者之间的争论几乎变成了应该用谁的经验支撑课程，社会理论的目的变成了对与学科和科目相关的占主导地位的知识形式的批判性解构。如果所有的标准和准则都被化约为观点和立场，那么就没有什么根据来决定教什么、不教什么（或者什么都教）。因此不足为奇，无论这些理论对知识分子多么有吸引力，都不会对课程政策作出贡献。更糟糕的是，在为知识社会提供如何思考知识的理论，以及这些理论可能会对课程产生哪些影响方面，社会学的作用被边缘亿了。

后现代主义知识观不仅被用来作为批判传统主义课程的基础，还被用来挑战现行政府政策中普遍的工具主义（Usher and Edwards 1994）。然而，由于它们没有系统的知识论，因此只能揭露出课程政策一直暗含着权力关系，且仅止于此。另外，由于后现代主义者依赖的是经验不可化约的观点，因此他们忽视了经验的不均衡分配问题，而课程需要考虑的则是来自不同背景的学生是否都有机会获取他们经验以外的知识。

后现代主义知识批判存在的问题

为什么后现代主义者考虑知识和课程的时候反而忽略了他们打算解决的问题？一个原因是他们批评新保守主义和工具主义的时候，将二者极端化了，认为他们批评的每一个立场都不存在一点真理。新保守主义的立场可能有瑕疵，但它并不是错误的。它提醒我们：（1）教育自身应该被看作是目的，而不仅仅是达成目的的手段（工具主义者的立场）。（2）传统虽然能够维持既定利益，但同时也是维护与发展学校学习标准的关键，还是一种创新和生产新知识的条件。用马修·阿诺德（Matthew Arnold）的话来说，新保守主义提醒我们，课程必须努力使"最好的思想和知识"遍布世界每一个角落（Arnold，1960：70）。

我们仍旧有充分的理由希望年轻人阅读简·奥斯汀的小说，并没有因为她描述的故事背景过于狭窄就弃之于旁。奥斯汀的小说扎根于她所生活的时代和情境之中，但在道德和情感关系问题方面的探索却是超越时空的。同样，我们也有理由在科学教育中保留牛顿运动定律和门捷列夫的元素周期表；两者都是强有力的、超越其产生的特定社会情境的知识典范。

　　像阿诺德这样的新保守主义者存在的问题是，把"最好的"看成是既定的，而不是外部社会变化和学科内部争论的结果。他们不看重知识的社会性和历史性，因此并不认为需要有一种理论来说明课程应该包含或不包含什么，无论是特定的小说还是新的科目。对于他们而言，经典文学和传统学校科目的"正典"地位是不证自明的；它们界定了什么是课程。至少到最近为止，新保守主义一直是主导性观点，这导致实际课程的变化总是临时性的、讲究实效的。

　　与新保守主义者相反，工具主义者提醒我们，课程即便是选择性的，也一直与经济变化和学生未来的就业能力紧密相连，尽管这与自由主义教育者的主张相违背。第二次世界大战之后学习物理和化学的人数大量增加绝非偶然，而且，中小学和大学即使被描述为采用以学科为基础的课程，也从来没有和外部社会绝缘过。工具主义者没有解决的问题是知识的产生和获取需要什么样的条件，为什么经济现实不能作为课程的唯一标准。相比较而言，社会知识论，无论是人文主义，还是最近的后现代主义，都明确了知识的社会性和历史性，并且认为知识至少在某种程度上是"一部分人的知识"。然而，在明确知识的这些特征的过程中，这些理论往往以声称知识仅仅是一部分人的知识而告终——再没有别的了。

　　后现代主义理论的第二个问题是：它们暗示社会知识论不可避免地会导致相对主义，并且否认知识的客观性。从 20 世纪 70 年代开始关于相对主义的争论就主导和扭曲了教育社会学的研究（Moore and Muller 1999），这种方式严重地阻碍了可能会解决许多急迫课程问题的理论的发展。大部分社会知识论过于抽象以至于不能对课程产生任何明确意义，即便是女性主义的某些理论，虽然并不抽象，但也并未提出有力的观点来佐证知识与特定社会利益之间的联系。本章将提出知识的"社会实在论"观点，这个观点源于涂尔干（Durkheim 1995），经柯林斯（Collins 1998）、亚历山大（Alexander 1995）和伯恩斯坦（Bernstein 1996；Bernstein 2000）发展而成。与后现代主义理论相反，这些学者认为正是知识的社会属性为其客观性和真理宣称提供了部分根据。本章的最后部分讨论了知识的社会实在论取向对课程争论的意义，以及它如何超越盛行的新保守主义、工具主义和批评它们的后现代主义。

认识论的两难困境

在提出一种理论替代相对主义时，值得注意的是为何一开始竟会有人持相对主义的立场，这太怪异了。在学术共同体中，对相对主义的反对一直都存在且广为人知（Gellner 1974；Gellner 1992；Fay 1996；Harre and Krausz 1996）。另外，从常识意义上看，相对主义的倡导者能够在现实中秉持一种相对主义者的生活方式是不可思议的。他们可能"在理论上"倡导一种个人主义立场的独特性，但是在日常生活中，他们不可避免需要作出一些超越个体立场独特性的假定。问题依然没有解决——为何相对主义那么有吸引力，特别在教育社会学领域？

相对主义在教育社会学领域呈现出不同形式。作为一种方法论，相对主义是指任何探究开始时的批判质疑，在教育社会学中体现在质疑课程的形式和内容，质疑关于什么是知识的想当然的假设以及质疑支持这些假设的社会条件。然而，相对主义从来都不只是一种方法论策略。它有关于知识的社会基础的理论主张，也有关于特定知识论的后果（涉及更广泛的权力与不平等问题）的政治宣称。由于相对主义坚持认为所有知识都源于片面的、自我利益的立场，因此它被看作是对现有的占主导地位的知识形式发起的看起来强有力的挑战。相对主义者攻击主流知识形式的客观性，言下之意是为被拒绝和被隐蔽的声音辩护。正是方法论和政治的结合导致了20世纪70年代对相对主义的追捧以及反对（Gould 1977）。然而，就像相对主义的有些支持者十分天真一样，其批评者也几乎是偏执狂。除了大学里教育社会学的教学之外，实际上相对主义的政治和教育影响十分微弱。这主要是因为相对主义在理论方面很薄弱，尤其是其最近的后现代主义形式。作为一种理论，相对主义最终不能解释任何东西。通过把主流知识形式与"沉默的"其他知识形式对立起来，后现代主义达到了激进的目的，即不参考任何既定的学术传统。从定义上看，所有的学术理论都排除了"沉默的"其他理论。然而，后现代主义彻底忽略其他理论，而不是与之展开对话；它排除了存在其他知识论的可能性，只保留了将所有知识都化约为知者的经验或陈述的化约论（Maton 2000）。对后现代主义者来说，关于知识的争论已经成为压迫者与被压迫者（或者那些主张保护自身利益的人）攻击与自卫的形式。同时，通过对个体经验独特性的强调，后现代主义其实否定了被压迫群体超越自身经验获取知识的可能性，而这种知识或许可以帮助他们反抗压迫。

过度的二分法倾向有深层次的原因，涉及社会理论领域中的"语言学转向"。语言不被视作社会秩序的一个方面或者描述社会关系的有用隐喻，而是我们展现社会关系的唯一方式（Gellner 1992）。根据二分法，知识要想获得主导地位（例如被纳入课程），需要排除非主导或者从属的知识。按此逻辑，社会分析的唯一任务是指出谁才是占主导地位的知识的生产者（Moore 2000）。

一些评论者注意到，后现代主义者总是批评实证主义的知识观（Alexander 1995：Chapter 3）。受到攻击的典型实证主义版本是：真理是外在于社会的，可通过作为外部世界的直接呈现的"中立"语言来获得真理。知识与知者不可分离的后现代主义观点常常被用来挑战自然科学，自然科学认为它能够提供在某种意义上外在于社会和历史的真理。亚历山大将后现代主义与科学实证主义的对立称为"认识论困境"，他总结道：

> 知识……与知者的社会立场和利益无关，在此情况下一般理论和普遍性知识是有望实现的，或者受知识与知者的关系的影响，在此情况下相对主义和个体知识就成为仅有的结果。这的确是一个困境，因为这是要在两个都同样令人不快的选项中作出选择。然而，和实证主义相对的不是相对主义，和相对主义相对的也不

是实证主义。理论知识从来都是扎根于社会历史中的。但是，这一社会特征并没有否定开发概括性分类或者日益分科的、客观的及批判性的评估模式的可能性。

（Alexander 1995：9）

本章稍后将详细讨论关于亚历山大所清晰阐述的后现代主义与科学实证主义对立的另一种解释。作为一种批判社会理论，后现代主义有其他的问题，特别是在知识的概念方面。

后现代主义将知识化约为简单的统一整体形式，并视之为霸权。然而，柯林斯（Collins 1998）在他的著作《哲学社会学》中提出，在任何知识领域，处于霸权地位的某种唯一真理是非常罕见的，在极个别情况下才有可能出现。[①] 他指出知识领域是被竞争性的传统和立场所建构的，某种知识的主导地位也一定是片面的和暂时的。事实上对柯林斯来说，竞争性传统是知识客观性的条件之一。相反，后现代主义将在场和不在场两极化，不可避免地导致知识观的概略和片面。一个典型的例子就是，尽管实证主义（至少其粗糙形式）从未被作为一种科学理论而广泛接受，但后现代主义者却将科学等同于实证主义。20世纪70年代以来，像图尔明（在第一章讨论过）这样的哲学家以及社会学家，都认为确立知识的社会性不一定会导致真理和客观性的丧失。这就为超越亚历山大的"认识论困境"提供了可能。

截至目前本章的观点是，后现代主义把知识化约为特定立场，遵循化约论逻辑，将主导性知识与它所排除的不在场的或沉默的知识两极化。主导性知识对非主导性知识的排斥反映了更为广泛的社会权力的不平等状况。然而，将知识化约为立场的做法会影响社会学在课程争论方面的贡献。以下影响值得探讨：

- 起源论谬误：如果把知识化约为生产它的条件，就等于拒绝了

---

① 认为知识很少或者根本不是"铁板一块"的观点与批判实在论者如罗伊·哈斯卡（Bhaskar 1975）的分层或多维世界（及知识）的观点有一些类似之处。

它的内在自主性，不管是它本身作为一种社会制度，还是一种可用于课程争论的独立真理标准。

- 过度简化知识领域的本质：如果知识被化约为某一社会群体的立场，受时间、情境限制的复杂性就被忽视了。主导和排斥最多只是解释知识领域的动态时非常片面的分类。应用到课程分析中，这种对立观点不能回答为何有些知识被纳入了课程，有些却没有。

- 将知识化约为经验：立场分析将知识化约为不同群体及其不同经验之间的权力关系。因此，留给我们的仅是知者的社会学，而不是知识和课程的社会学。

- 拒绝承认存在超越经验的知识类型的可能性：把知识等同于知者的经验，意味着研究只能得出不可一般化的结论，而课程也只能是本土主义的不同呈现方式。

不难看出，如果后现代主义者的论证逻辑被接受的话，社会学作为批判理论的基础就出现了问题。只有在识别那些宣称公正无私的事物背后的可能利益方面，后现代主义才具有批判性。知识和客观性的宣称可能是与社会利益相关（教育测试的历史就是一个众所周知的例子），但当知识被视为"总是"或"仅仅"与利益相一致时，问题就产生了。因为如果这样的话，就只存在不同的利益，而没有充分的理由认为某一利益更优于另一利益。它是一种"头脑里的批判"或者"椅子里的批判"——一种对任何人都没有结果的学术激进主义。无怪乎有人呼吁（尽管被误导了）要把用于教育研究的资源挪作他用。如果所有的知识都来源于某个立场，没有独立于立场的判断标准，那么"社会正义"或者"公共利益"这类的呼吁就也只是另一种立场而已。那么，类似地，为维护客观性和标准而存在的同行评审就不过是一种专业霸权形式而已。相反，我的观点是，尽管同行评审并不可靠（有时会出错），但它对客观性的宣称在不同知识领域的准则、传统和讨论中都存在客观基础，它超越了任何特定学术同行的个人与群体利益，具有一定程度的自主性。而后现代主义则正如我们先前所论述的，竭力坚持客观性只能来自站不住脚的、非社会性的实证主义，并深陷其中不能自拔。

教育的两难困境

教育社会学面临的问题是双重的。第一，至少在过去的 10 年中，对知识问题的探讨大都是后现代主义者提出的，前面已经讨论了他们的观点所带来的后果。第二，教育社会学将知识置于课程中心位置的努力很容易退回到不受信任的新保守主义传统的立场，这在本章早些时候论述过。这就是我们所说的"教育的两难困境"——课程要么是既定的，要么完全是持有不同主张的利益群体间权力斗争的结果，这些利益群体圈定以及合法化他们各自的知识，并且排除其他的知识形态。这可以看作是前面论述的"认识论的两难困境"的具体例子（Alexander 1995）。本章的下一部分将引入知识的社会实在论来解决这一困境。

知识的社会实在论

到目前为止的争论可以概括为以下四点：

- 知识的"社会"理论不一定都导致相对主义。相反，通过识别知识生产的不同"准则与实践"，社会理论可以成为真理和客观性的基础。
- 社会理论必须意识到一些知识通过超越生产它的历史条件而实现其客观性（比如欧几里得几何和牛顿物理学）。
- 寻找知识与社会利益关系的社会理论必须区分两种利益类型。（1）"外部"利益或者情境利益，它们可能反映了社会的广泛分工；（2）与知识自身生产和获取条件相关的"内部"认知利益。直到目前，知识社会学总是困扰于处理外部利益以及广泛的社会基础，很少关注到内部认知利益形式；这一点在后面还会详述。

- 与后现代主义理论倾向于使用如主导与排斥这样的二分法相反，更恰当的社会理论必须看到，知识"极少或根本不是"完全统一的。这使得详细的历史研究和人类学研究变得很有价值，它们能够清楚地辨析知识领域的竞争性特性［例如夏平（Shapin）对 17 世纪物理学的产生所作的解释］。

最近许多社会理论的政治观点假设：（1）支撑知识的社会利益等同于更广泛的社会阶层不平等，特别是最近提出的性别和种族不平等；（2）社会利益通常是扭曲的，涉及来自各方的偏见。本章并不否认社会利益可能会引入偏见，并导致优势与劣势的不公平分配。但是，这并不意味着在知识的生产和获取中，这种可能性是不可避免的，也不意味着这些外部利益就是唯一的或在具体知识领域中是界定知识的主导者。以此为条件，本章的下一部分将描述知识的社会实在论的要素和它解决认识论困境和教育困境的方式。最后一部分将提出建议，指出该理论对当前课程争论的影响和意义，并特别指出，需要一种新的理论取向来替代化约论以及从根本上毫无逻辑的后现代主义社会批判理论。从本质上说，这意味着建立一种以知识为基础的课程模型，从而取代新保守主义。像这样的模型需要审视知识的结构与课程的内容，既要承认知识结构与课程内容的社会历史根源，也要承认知识结构和课程内容超越其社会历史根源的能力（或缺乏这种能力）。

不同形式的知识社会学化约论者以"利益"和"视角"等术语来描述知识，对知识进行批判。沃尔特·施马乌斯（Walter Schmaus）指出，这意味着认知目标没有包含对行动和信念的解释。他认为"利益关系理论"没有看到，对知识的追求和动机是等同于对权力、地位、金钱或者性的追求的（Schmaus 1994：262）。他继续质疑将认知目标化约为属于一个特定社会群体的观点。他认为知识依赖于自身的集体的社会形成形式，而不仅仅是其他社会权力关系的反映（Schmaus 1994）。关键不是必须给认知利益以首要地位，而是要意识到它们也具备社会特征，拥有不同于其他社会利益关系的自主建构原则。正如施马乌斯对科学的讨论（虽然他的观点蕴含的意义非常宽泛）：

> 像任何其他社会制度一样，科学是从控制它的规范和价值方面加以界定的。科学的目的在于知识的生产，以认知规范和认知价值为特征。认知价值使科学目的具体化，同时认知规范使实现这些目标的手段具体化。认知价值和认知规范涵盖的范围较广。认知价值可能包括一切事物，从科学家对不可观测事物的本体论地位的探讨，到解决具体问题或者解释具体事实的努力。认知规范则包括在期刊论文中捍卫某人理论观点的说服论证形式、在实验室中操作设备的程序等。说认知因素应该在科学知识社会学中扮演重要角色，不是意味着所有的科学活动都必须只能解释为认知因素。毫无疑问，科学家可以而且已经被许多非认知利益关系所影响。然而，这并不是说总是要把认知目标化约为非认知目标和利益关系。
>
> （Schmaus 1994：263）

施马乌斯强调，他并不是暗示认知价值和认知规范只能够采用一种社会形式；科学共同体可以采纳各种不同形式。他的主要观点是：（1）采纳与权力和声望相关的利益化约论、排除认知利益是武断的；（2）认知利益植根于具体社会生活或集体生活方式中，有自己独特的"联系规范"（Ward 1996）。事实上，所有的知识都是被社会性地生产出来的并都可以定位于一定的历史中这一主张（所有知识社会学传统都认同这一点），并不能为区分什么是"社会的"与什么是知识确定恰当的标准。尽管实证主义者以及他们的后现代主义批判者执意认为知识要成为知识，必须处于历史之外，但他们紧接着就对在现实中这一点是否可能得出了截然相反的结论。

立场和利益关系理论排除了认知利益，意味着它要时刻准备可能被其他利益所取代（Mill 1998：402），比如权力和控制的局部利益关系。这种替代使"知识生产"或"知识传播"群体作为一种独特的专家共同体其社会形式被隐没了，仅仅被视为类同于其他社会关系（比如统治阶级与被统治阶级、男人与女人、黑人与白人，等等）。这种化约掩盖了认知利益与其他利益之间的不同：知识的社会建构是通过超越其他拥有价值、规范、程序的利益，并采用特定的、必要的实践与社会关系而集体实现的。然而，从社会实在论观点来看，认识论划界准则并不关注在知识论中进行"社会的"与"非社会的"区分。它们感兴趣的是探索在越来越全球化的范围内社会组织的独特形式，在这样的社会组织内，知识生产和获取所需的强有力的符码和程序已经发展起来了（Ziman 2000）。

与知识生产相关的符码和程序反映在研究传统和课程中，同时也反映在全球范围内越来越明显的社会分化以及不平等中，并被这种社会分化和不平等所塑造。这些符码和程序体现了一种惯性和对变化的抵制，这些变化仅有一部分源自认知。然而，这些符码和程序不能在任何意义上被化约为特殊社会阶级、性别、民族或者族群的利益。准确地说，教育社会学关注的焦点应该是知识生产（研究）、知识获取（教和学）的集合符码及它们与所处的外部社会的变化之间的关系。①

知识的社会实在论通过论证（与实证主义和后现代主义相反）知识的社会特征是其客观性必不可少的基础，而不是否定知识客观性的条件（Shapin 1994；Collins 1998），走出了亚历山大所说的"认识论困境"。更一般地说，知识的社会实在论观点对于我们理解"知识社会"的理念有启发意义。本章在前面就指出，在任何意义上，不管是新保守主义传统、技术－工具主义还是后现代批判主义都没有一种恰当的知识论。因此，准确地说知识是在知识社会学及其教育意义的争论中被忽视的核心范畴。本章强调以下几点：（1）知识生产本质上具有社会的和集体的特性；（2）知识领域和知识生产与传播过程具有复杂性；（3）知识获取和生产所涉及的认知利益与其他利益具有不等同性。这些观点将知

---

① 有关吸收诺尔（Knorr-Cetina）的"认识论社区"的概念对这些观点进行的深入讨论，详见 Guile 2006.

识问题带入未来知识社会与广义上知识的社会组织及社会结构的关系的核心（Young 1998；Moore 2000）。这绝不是否认知识生产与传播总是与相互竞争的社会利益和权力关系的复杂体纠缠在一起。然而，各种大的社会趋势总是与知识生产的社会结构相互作用，这些社会趋势包括卡斯特（Castells 1998）所谓的"网络化社会"的出现、结构性不平等的存续甚至某种方式上的深化（Ward 1996）。只有当卷入到知识生产中的认知利益和卷入到知识传播中的教学利益被赋予它们应得的重视时，社会知识论才能避免陷入轻率的化约论。社会实在论的两个基本目标是：（1）正确揭示外部权力关系影响研究及课程中的知识的方式；（2）探索源自"认知"利益的社会组织形式如何影响社会本身的组织。

知识的社会实在论对课程的意义

根据沃德（Ward 1996；Ward 1997）、夏平（Shapin 1994）、柯林斯（Collins 1998）和亚历山大（Alexander 1995）的观点，我们认为知识的客观性在一定程度上处于知识生产者长时间不断建构的社会网络、制度和实践符码之中。正是这些社会关系网络确保了真理并给予了知识走出其生产情境的"超越的力量"，这一点至关重要。在过去两个世纪中，作为社会整体转型的一部分，这些网络的结构发生了十分复杂的变化，任何试图描述这些变化的努力都面临简单化的风险。接下来的讨论都不过是以尝试的和暂时的方式来探索这种变化是如何影响知识生产和传播的。

随着 19 世纪知识的剧增，知识生产的网络开始扩张，知识开始根据学科来整合，而学科之间则开始相对隔离（Hoskyns 1993；Collins 1998；以及本书第十章和第十一章）。这一过程与作为年轻人社会化的重要机制的学科本位的学校课程的出现相伴而生（Young 1998）。自然科学以及后来的社会科学不断巩固的公共合法性与客观性是由沃德（Ward 1996）所称的"关联符码"（codes of association）所支撑的，但这一观点并未得到应有的认可。这些符码始终在以下机构中被奉为圭臬：大学各科系、与知识生产相关的专业和学术组织、关注何为学校知识及如何对其评估和监测的中小学学科协会（Layton 1984）。尽管在过去的几个世纪中知识有了重要的扩张与多样化，这些社会组织的专门化形式仍然保持着那种确保知识的客观性和成就标准的社会基础，尽管每一年参加考试的中小学学生比例都在不断增加。

毫不奇怪的是，作为知识社会组织主导形式的课程，其内容以及学科（disciplines）和科目（subjects）的关系，早该引起人们的质疑。正如本章前面所说，它们被视为既定的、维护新保守主义捍卫的传统课程。另一方面，它们的出现和扩张毫无疑问与不同社会阶级之间的教育机会的不平等历史性地联系在一起，而这种不平等是上个时代遗留下来的。正是这种学术专门化与社会不平等之间的关联，为针对学科本位课程的猛烈批判提供了基础，这种批判常常得到左翼后现代主义的对认识论的攻击的支持。从本章的观点来看，这样的批判是错误的。事实上我们很难像后现代主义者主张和暗示的那样阐明课程专门化和社会不平等的历史联系在起源上具有因果关系。同样站不住脚的是新保守主义的非历史观，这种观点认为既存的学术专门化必须被视为是既定的、某种自然演化形式的结果。专门化的学科模式现在受到挑战主要不是出于认识论的原因，而是技术－工具主义反对传统学科模式的拒绝变化和对传统权威的不加批判的捍卫。新保守主义模式越来越被视为：（1）知识生产过于缓慢；（2）效率过于低下和过于精英化，不能确保社会中绝大多数人获取他们需要的技能和资历；（3）与我们身处的竞争日益激烈的全球社会太过脱节（Gibbons et al. 1994，2000）。结果，大学迫于压力从对学科的依赖转向知识生产的跨学科模式，中小学校则被鼓励从学科本位的课程转向模块化课程，整合学术与职业学习、通用技能（Qualifications and Curriculum Authority 1999）。

新保守主义与工具主义的冲突可视为知识生产和课程组织的不同模式之间的冲突，这表现为以下几个方面：

- 学科与科目之间、知识与其应用之间从隔离到联结；
- 一般的知识与学习同职业的知识与学习从分离到整合；
- 课程原则从线性次序到模块选择；
- 教学法从等级化到支持性或合作性。

新保守主义者倾向于以上每一个方面的前一半观点，想当然地认为知识通过隔离的、专门化的、线性的、等级化的模式才能得到最好的生产和传播。与此同时，新保守主义者忽视政治和经济的变化，而正是这些变化在质疑这些原则以及与之相关的结果和途径的不平等。技术－工具主义者则相反，他们支持更加联结的、整合的、模块化的课程和更便利的教学方法。与新保守主义者不同，他们清楚地意识到全球经济的变化及其影响，并且根据雇主对技术本位课程的诉求来阐释知识和学习的需要（Royal Society of Arts 1998）。然而，技术－工具主义者的课程建议缺乏对认知与教学利益的关注，我们在前面已经讨论过这种认知与教学利益是支撑着知识的生产与获取的。结果，他们的课程建议引发了对标准的怀疑，并无意中支持了新保守主义（Woodhead 2004）。从本章所论述的社会实在论角度来看，这两种取向都存在不足。一方面新保守主义所捍卫的"过去的课程"（Young 1998，1999）没有考虑到课程所处的不断变化的社会背景。另一方面，所谓的"未来的课程"忽视了课程要成为获取新知识的基础取决于认知利益，这种认知利益体现在专家实践的社会网络、信任圈、符码之中，赋予知识以客观性与标准。传统课程确实是精英主义的，但工具主义者和后现代主义者的批评都只关注精英主义及它对变革的排斥，没有意识到学科和科目的社会组织作为知识生产和获取的基础，已经超越了其精英式的起源。一门新课程如果没有这样的实践网络和符码，就将丧失新保守主义模式的恩泽（尽管它是为少数人的），而不能为多数人带来任何收益。并没有多少迹象表明维持着学科标准的传统的学科专家群体加入了多学科课程所需要的新型专家教师网络。另外，即使有这样的网络，他们也很少表达代表认知利益的观点。[①]

后现代主义的批判与以往一样倾向于指出新课程模式中沉默的声音。然而，这是一个之前讨论过的过于二分化批判的例子，只不过表明任何课程都具备某种程度的缄默（或者用不那么情感化的用语，都具备某种"选择"）特征。从这个角度来看，什么样的选择和什么样的学习是最重要的还尚未解决。通过再次强调知识的"超越"特性及广泛的社会基础应该同时受到重视，知识的社会实在论为教育社会学和课程研究提供了一个可能路径。[②]

结　论

本章提出的社会实在论认为，知识的社会属性是内在于其认识论状态的，因为真理的逻辑重构总是在特定集体符码和价值观情境中与他者对话的结果（Collins 1998）。这对避免传统主义和工具主义二选一的"教育困境"，以及避免批判它们的（所谓"进步主义的"）后现代主义来说，具有重要意义。例如，社会实在论为以下观点提供理论依据：

- 避免新保守主义的非历史的既定论以及在课程决策时对相关性、学习者中心、经验等观念的依赖；
- 维护课程独立于工具主义的经济或政治需求的自主性；
- 评估课程规划是否平衡了以下两个方面：一方面是克服社会排斥、扩大入学机会等目标，另一方面是同样重要的涉及知识生产、获取与传播的"认知利益"；
- 重新引导对课程标准的讨论，从将学习成果具体化与拓展测试，转向识别认知利益以及建设必要的支持性专家共同体、网络以

---

① 显著的例外是由艺术委员会支持的 ASDAN 青年奖与新三一学院/伦敦市政厅社区艺术奖，但值得注意的是，它们都是位于课程的相对边缘位置的。

② 第六章提出了此观点。

及实践符码。

从社会学观点来看，社会实在论的以上四个意义超越了两个正统观点之争以及针对它们的后现代主义批评，将知识作为历史性的人类创造力的集体成就带回到了课程讨论之中，带回到了教育社会学领域。

第三章　涂尔干、维果斯基与未来的课程

只有教会拥有艺术。它自己就能给予我们些许安慰并将我们与世界隔离。……在祭礼学者和神学家面前，我们都是孩子，……最伟大的（人物）……都是在模仿他们。

（Paul Valery 1991）

经典人文的规则以其专制本性教导我们，从我们的日常需要、情感和经验中产生的思想仅仅是我们能拥有的思想的一小部分。

（Paul Valery 1991）

导　言

未来的课程应当基于什么原则？第一，课程将继续基于在学校获取的理论知识与人们在日常生活中获取的实践知识之间的清晰的分隔吗？第二，课程将继续采取 19 世纪就已经确立的学科形式，还是应该更多地强调实践性的、社会性的技能和知识？许多人认为这种技能和知识很可能是成人在竞争性的全球经济中所需要的（RSA 1998）。回答这些问题取决于，或至少部分取决于对知识本质所作的假设，知识如何改变，以及如何（和应当如何）对作为课程基础的知识与基于共同体及工作场所的日常知识进行区分。除了关注这些问题之外，本章继续讨论这本书更为广泛的目标，通过与他人合作（见 Muller 2000；Moore 2004；Muller 2007；及本书第二章和第十五章）为教育社会学提供一个更为充分的基础。它也为我作为一个社会学家讨论心理学家维

50

果斯基的著作开辟了新天地。维果斯基的两个观点对我而言特别重要。第一个观点是他在"一个人自己所能学会的"与"一个人在老师指导下所能学会的"之间所作的区别，这在其"最近发展区"的概念中进行了表述。第二个观点是他所提到的理论和日常概念之间的关系，这是教学和课程的核心。

通过课程获取的知识在认知上是（或者至少应该是）优于人们的日常知识的，这一信念是过去两个世纪以来正规教育大规模扩张，以及最近对只基于工作场所学习的职业项目进行改革的基本原理。然而，激进教育家，包括19世纪的社会主义者、20世纪的浪漫主义者以及21世纪的成人教育者，都重视个人经验的教育潜力，对知识的基础和正规课程的教育潜力的质疑由来已久。在过去十多年中，针对传统课程的批评获得了一种新的更广泛的可信性。成功的发达经济体——有人称之为"快速资本主义"——的创新所需要的流动性和开放性，与学校中不同的学科、科目之间相对僵化的分隔的持续性之间的张力，以及一般课程知识与人们在工作及更为广泛的成人生活中所使用的日常知识之间不断强化的张力已经变得十分明显。一方面，似乎难以想象的是，课程不应该受到社会变迁的影响，也不应受到知识生产的模式和场所改变的影响（Gibbons et al. 1994）。另一方面，将学科之间的分隔制度化、将课程与日常知识的分隔制度化的传统课程，几乎是教育体系的一个普遍特征，并与过去两个世纪中知识的大规模扩张以及经济增长相联系。换句话说，我们要描述的是上一章介绍过的"保守－传统主义者"与"工具－理性主义者"之间的区别。

穆勒（Muller 2000）通过对比孤立性原则和混合性原则，描述了过去的课程和未来可能的课程之间的张力，从而清晰地阐述了课程设计者面对的困境，并赋予其更强烈的分析特征。孤立性原则强调各种知识类型之间的差异而非连续性。孤立性原则反对这样的假设，即知识类型间的区别和分类仅仅是从中世纪时代继承而来的传统的反映，而且它们在很大程度上是为维护现存专业利益和权力关系的正当性而得以保持的。孤立性原则认为，这些分类拥有认识论和教学的意义；

51

换句话说，这些分类与人们如何学习以及如何生产新知识的基本方式有关。孤立性原则主张，生产和获取知识的需求限制着课程创新的可能性——特别是学科专业界限的交叉与理论知识和实用性技能的融合。不考虑这样的界限将付出教学（以及与研究相关的认识论）的代价。毋庸置疑，孤立性原则有时被用来支持极度保守的信条，不但维护课程现状，而且支持这样的观点，即尽管取得更高水平学历的人数稳步上升，但是中学和大学的标准却在下降（Woodhead 2002）。然而，支持孤立性原则的论点既是认识论的也是政治性的。前者基于一种知识观——知识与事实、观点及实用性专门技能之间的区分，与知识生产或获取的历史及社会组织无关。正如笛卡尔大约在四个世纪前所提出的，真正的知识是超越所有"习俗和个例"的。

混合性原则是一种相对较新的观点。它反对这样的主张，即课程的界限和分类反映了知识本身的特征，而不仅仅是一种历史的产物。这种观点强调的不是知识的形式和种类的差异，而是它们在根本上的一致性和连续性……（以及）分类边界的渗透性（着重号为笔者所加）（Muller 2000）。混合性原则并不主要以教育学或认识论为基础，而主要基于它与现代经济不断强化的"去边界"特征所具有的一致性（Reich 1991）。基于混合性原则的课程被视为提供了一条克服学校或学术知识的传统边界性或"封闭性"（Engestrom 1991）的途径。

混合性概念中暗含的社会建构主义知识观与课程观，往往被激进者们视为揭示与既定边界的普遍性相关的潜藏利益的基础而受到追捧。这些观点受到追随尼采的后现代主义者的青睐，他们认为这样的争论是一个老话题，而混合性原则也仅在表面上是一个新思想；对他们而言，不管认识论还是教学的标准都只不过是掩盖权力和利益问题的方式而已。

然而，基于混合性原则的课程受到教育政策制定者的欢迎是有其实际原因的；它看起来与社会融合和问责的新政策目标相结合。社会融合的压力要求课程超越传统学科边界，并承认那些传统上被正规教育排除的知识和经验。与此类似，更强烈的问责压力限制了专业知识生产者的自主权。在这两方面，学术知识的孤立性与社会和经济所要求的"回应性"课程相悖，而这种"回应性"课程是超越当前学科边界和学术/职业分化的新型知识和技能的基础。混合性原则否定专门的知识分类与教学要求或认识论原则之间的任何联系，并支持这样的信念，即课程决策应该最终依靠市场压力和政治优先权。高等教育中以吸引更多学生为首要目标的课程的不断增长就是很好的例子。①

　　这两种原则之间对立的结果在目前似乎指向两个方向。一个方向是趋向进步主义学科课程逐渐消失或被取代，以及教育机构自治的、批判性的作用在减弱。另一方向是在继续保持学科课程的精英机构（包括学校和大学）与课程更加满足当下经济和政治需求的大众机构之间出现新的分化。本章继续讨论前面章节已提出的论题。其目的是为课程寻找知识基础，既避免重新回到学科传统模式的保守主义立场，也避免混合性原则带来的不确定后果，以及它最终对任何教学或认识论标准的拒绝。为此，本章讨论和比较了涂尔干和维果斯基的社会和教育观点，还有一些学者在他们思想基础上建构了自己的观点。两位理论家，虽然方式不同，但都优先关注知识的分化，特别是理论知识和日常知识的差异，而不是其一致性。与此类似，两位理论家都试图在有关高级思维形式起源的社会理论中来定位知识的分化。

　　本章下一部分描述涂尔干（Durkheim 1995）著作中阐述"孤立性"的理论基础，伯恩斯坦（Bernstein 1971，2000）对此作了进一步的拓展。这一部分概述涂尔干和伯恩斯坦对意义的"神圣"原则与"世俗"原则的区分，以及"垂直的"和"水平的"话语和知识结构的区分。作为一种课程模式的基础，涂尔干的方法的优点在于，它认识到尽管知识是一种社会和人类的产物，但也正是这种社会属性赋予了知识超越与其获取和生产有关的社会过程的客观性。但涂尔干用二分法（或者对于伯恩斯坦来说，是若干碎片化相关的二方法）来区分

――――――――

　　① 我并不是要反对中小学、学院和大学试图吸引新学生的举措，而是质疑这本身是否能成为"课程"的标准。

知识，他的分析在很大程度上是非历史的、静态的。换句话说，他们描述了不同知识类型及其社会基础的特征，但是却很少关注二者之间的关系如何随时间而改变。[①] 因此，尽管涂尔干的方法在大体上为区分课程和日常知识提供了标准，但是却没有能找到这些标准的表达形式的历史根源。因此，它在概念化新的知识分类以及课程形成过程，或评价课程和日常知识的不同区分方式方面存在局限性。另外，我认为涂尔干在将知识的基础或可能性置于社会之中（一种社会学的康德主义）的做法方面，他的方法更多是社会哲学的而不是历史社会学的。我们再来看伯恩斯坦对涂尔干方法的发展，我认为，虽然他仍局限于涂尔干分类的非历史性特征，但是在两个方面超越了涂尔干。首先，他说明了知识发展的不同形式如何能被概念化；其次，他为分析课程和日常知识的不同区分方式提供了一种框架。

本章随后将对涂尔干和维果斯基著作中思想和知识的社会根源进行比较，特别是关注他们在解释现代科学思维的进化时所采用的非常不同的原始社会人种志方法的意义。本章进而阐释教学在他们的社会理论中的中心角色。接着我将讨论维果斯基研究知识分化的路径，以此为基础描述区分科学概念与日常概念的两种截然不同的方法。第一种方法认为维果斯基的二分法与涂尔干关于"神圣"与"世俗"的区分有类似之处。这种方法受到许多新维果斯基主义者的追随。它认为，维果斯基关注两种概念之间的关系以及如何用它们分析学习过程。相反，涂尔干很少关注不同类型概念之间的关系，但是对于科学概念自身不同的社会根源的论述却更清晰（Durkheim 1983）。第二种方法是由恩格斯托姆（Engestrom 1991）所提出的，他辩证地阐释了维果斯基在人的总体发展理论上所作的区分。科学概念与日常概念之间的区分不再仅仅是一种二分法，甚至不再是一种对学习和发展过程的解释。它成为一种新的研究取向的一部分：这种取向分析随着人类社会变迁

---

① 我在本章后面会提到，涂尔干和伯恩斯坦都认识到了知识变化的问题，但他们的讨论都不是其整体知识社会学的中心。

而发生的知识的历史发展过程，以及这种过程是如何与个人的学习和发展过程相联系的。这种取向隐含地提供了一种超越涂尔干和维果斯基的分析的方式，将知识和课程置于更为广阔的社会变革理论之中。不管怎样，我认为尽管维果斯基克服了涂尔干的非历史分析的问题，但辩证法带来了靠其自身力量不能解决的新问题。

涂尔干、知识和课程

　　涂尔干没有明确地将他对知识和概念发展的分析收入其教育理论中。只是在最近，由于伯恩斯坦的贡献，其课程观点的重要性才被认识到。对于涂尔干而言，提出知识社会学有两方面目的。第一，涂尔干关注的是在更广泛意义上确立社会学作为一种具有普遍适用性的社会科学的独特角色，知识社会学是其中的一部分。第二，他想为科学和真理确立一种合理的基础（对他而言，必须是社会学的），这将克服他所处时代的哲学的根本弱点，以及打破理性主义和经验主义的统治地位（Ward 1996）①。课程理论家们忽视涂尔干的知识社会学，至少有两个可能的原因。一是他关注的焦点不是像自然科学或社会科学那样的具体知识领域，而是提供一种关于知识与真理的一般社会学理论。第二，涂尔干的一般社会知识论并不像其著名的自杀研究那样基于同时代的数据，而是基于对没有正规教育机构的社会中的宗教进行人种志分析而作出的推断。

　　涂尔干对原始社会分析的起点是其宗教的社会实在；他视宗教为"集体表征"（collective representation）的最好例子。对于涂尔干而言，集体表征不是源于个体的心智；集体表征产生于共同体的"集体欢腾"（collective effervescence），是诸如起因、时间、地点以及不同宗教的具体分类和仪式实践等人类思想最基本范畴的源头。另外，他认为这些集体表征尽管最初在原始社会中其内容是宗教性的，却是所有理论知

---

① 第四章将进一步讨论这一点。

识高级形式的范例。他对宗教以及一般意义上集体表征出现的解释的关键是对意义的"神圣"法则和"世俗"法则的区分，他认为这种区分是他研究的所有原始社会的特征。① 对于涂尔干而言，这种区分是绝对的："在所有人类思想史中，没有其他任何事物的两种分类是如此泾渭分明，或者彻底地彼此相对"（Durkheim 1995：53）。

在涂尔干看来，所谓的世俗指的是人们如何以实践的、即时的和特定的方式回应其日常世界。他将"世俗的"日常世界与"神圣的"宗教世界区别开来，"神圣的"宗教世界是被创造的、任意的（在不与特定的目标和事件相关联的意义上），同时也是集体的。神圣由相互关联但不可观测的概念体系构成。对于涂尔干而言，这些概念体系与具体的观察或经验无关，它们拥有一种客观性，这种客观性源自其共享的社会性特征，源自它们外在于个体观念的事实。另外，由于它们并非源于个体，神圣概念相对固定不变，并表现出知识和真理的一个显著特征——个体迫于外在压力而接受它们。对于涂尔干而言，当真理和知识处于危险之中时，就不会出现选择的问题。

宗教之所以对涂尔干是重要的，并不是因为宗教是上帝存在的证据，而是两个其他的原因。第一，作为一种可共享的集体表征体系，宗教在维持社会连带方面具有整合功能②；第二，他将宗教视为所有由不可观测概念构成的其他类型的抽象思维比如现代科学的典范。换句话说，对于涂尔干而言，原住民的图腾与物理学家的气体定律至少在形式上是相同的。他提出"实现的能力"（the faculty of realization）概括"神圣"的两个关键特征，这两个特征赋予"神圣"以未来知识基础的范式地位。第一，由于"神圣"由一组共同体共享的概念构成，而与具体物体或事件无关，因此它能使人们在日常经验中看似不关联的物体和事件之间建立联系。这种"联系"能力对于科学家是重要的，

---

① 社会人类学家罗宾·霍顿（Horton 1974）认为，神圣和世俗的区分到底在多大程度上延续到了现代社会，涂尔干在这个问题上有些矛盾。

② 涂尔干并不关心宗教在挑起争端方面的作用，也没关注当时国家间的关系（宗教在其中的角色远非整合性的）。

并且对于那些原始社会中的人也是同等重要的，他们把经历的大多数自然事件作为几乎不能控制的外在力量。第二，正是因为与日常世界无关，"神圣"能使人们超越现在设计可能的未来。以原始社会为例，这种设计能力指人们想象某种超越其无能为力的日常世界的"来世生活"的能力。与之相对照的是，在现代社会中，这种能力变成基于科学假设和证据的预测潜能，更广泛地说是设想社会的替代形式。对涂尔干而言，这些特征都将"理论"知识（在由概念体系所构成的知识的意义上），无论是宗教的还是科学的，与日常知识区分开来。与此同时，对于涂尔干而言，这种区分不是一种关于某种类型的知识优于另一种类型知识的判断；重点在于它们的区别是什么。正如他所指出的，如果我们仅仅依靠理论知识，无论是宗教的还是科学的，日常生活将不可能。而如果我们的思维局限于"世俗的"或日常的，那么我们思考世界的方式也将非常局限。另外，应付具体情境的日常思维不能作为超越这些情境、发展关于这个世界的客观知识的基础。涂尔干认为所有社会都有对这两类知识的某种程度的专门化。区分不同社会的不是专门化本身，或者抽象的、不可观测的概念的可得性，而是专门化的范围、概念的本质[1]以及它们被经验检验、批判的程度。

盖尔纳（Gellner 1992）认为，涂尔干的知识社会学的意义在于他为理性或抽象思维的社会（与个人相对）根源提出了有力的例证；因此他不同于笛卡尔以及（尽管更为含糊的）康德[2]的个人主义，与涂尔干所称的黑格尔的抽象理想主义也划清了界限。对于涂尔干来说，抽象或理论性的思维并不是特定个体的特性或能力，而是所有社会的一个特征。[3] 在说明抽象思维的特征，特别是其范围及其体系化特征如何与社会活动的根源相关联方面，涂尔干的知识社会学是静态的，不

---

① 例如，它们是否能被数学化地表达（Collins 1998）。

② 最近一些对康德的阐释者（如 Garnham 2000）认为他的哲学是一种暗隐的社会理论，他经常认为理性（不管多么抽象表达的）必须解决社群内的争端。在加纳姆看来，这一点最好地表达在康德对人的"非社会的社会性"（a-social sociality）的看法上。

③ 这源自涂尔干的观点：抽象思维的能力不是不均匀分配的个体能力，而是作为一个社会成员的一项属性。

考虑历史变化的；它将知识或概念视为社会中的人们聚集在一起时产生的集体表征。他的理论不足之处在于不能为现代社会中抽象思维的分化和扩张，以及它与经验法和批判性分析的具体形式的联系提供历时性解释。盖尔纳（Gellner 1992）提出了一个有趣的建议，即如果我们要对知识的增长拥有一个全面的理解，涂尔干的理论需要补充进韦伯对 17 世纪新教伦理（特别是宿命论）作为一种特定的"神圣"（知识）如何为不同科学学科的出现以及这其中所涉及的甘冒风险的创业精神提供社会基础的解释。然而，进一步研究盖尔纳的建议超出了本章的范围。涂尔干为知识的分化确认了原动力，似乎就是人口的扩张决定了劳动力分工的广泛变革；然而，他没有将这种观点与知识分类的变化直接相关联。涂尔干解释的另一个问题是，他没有关注到社会中知识的内部分层。[①] 看起来这种忽视部分地是由于涂尔干的知识社会学依赖于对几乎不分层的小规模社会的研究而造成的。从对原始社会的研究进行推断导致的问题是，涂尔干的知识社会学没有探讨权力关系（诸如脑力劳动和体力劳动分工中所表达的权力关系）在多大程度上塑造着不同类型知识之间的关系并将之层级化（Young 1998；本书第一章）。另外，涂尔干对于他所研究的社会中的不同类型知识之间差异的强调，忽视了现代社会中主张某些世俗知识取得神圣地位的倾向。这种对于权力和知识之间联系的忽视，正是对涂尔干的某些激进的和后现代主义的批评所强调的。然而，在这些批评中，正如第二章所述，批评者自身倾向于将知识的讨论归结为权力的问题，忽视的恰恰是涂尔干所关注的知识问题。

现将涂尔干关于知识的社会起源的观点总结如下：

- 所有社会都区分了神圣和世俗，以及常识（我们对事件的日常反应）和理论（我们不可观测的概念体系）的不同。
- 正是这些不可观测的概念（不管是科学的还是宗教的）的社会

---

① 如果表达为涂尔干分析社会劳动分工的术语，这种知识分层将是他所指的"强制性"劳动分工的例子（Durkheim 1964）。

实在赋予了它们相对于常识概念的权力（以及宣称客观性和真理的权力），并使它们超越日常生活的具体情况和不境。

- 涂尔干的著作没有关注知识的发展。他的观点可以描述为将抽象思维和日常思维的连续性与从原初宗教形式到当代科学形式的抽象思维的进化结合了起来（Horton 1974）。

对于涂尔干而言，连续性指所有社会中理论和常识的区分，进化指宗教（作为基于不可观测的概念的理论的首要形式）变为科学的社会基础的过程。他反对霍顿（Horton 1974）所称的列维－布留尔（Levy-Bruhl）的对比/相反模式，这种模式强调了原始社会神秘思维与现代社会理性思维之间的不同。涂尔干和维果斯基在这里有一个重要的不同，维果斯基受到列维－布留尔的许多影响，批判地吸收后形成了他对于思维高级形式的社会根源的解释（Vygotsky 1987；Luria and Vygotsky 1992）。这是我在本章以及第四章所要讨论的。

涂尔干的社会知识论的一个主要问题是，尽管暗含知识的进化发展，但是并没有谈及过程。他的理论在区分理论和常识以及指出意义的神圣法则与世俗法则相分离的根源方面，是强有力的。然而，它没有谈及一种不可观测的概念（例如，作为神秘观念或图腾的力量）类型如何进化为另一种类型（作为科学观念如重力的力量）。如同他所在时代的大多数知识分子，涂尔干理所当然地将科学作为知识的典范，因此实际上将二者等同。涂尔干的科学观最为突出的一点是，他强调科学的概念基础而不是经验基础，以及他认为这一概念基础具有社会根源，并对此进行了论证。不管怎样，我接下来将转向对涂尔干的主要追随者，英国的伯恩斯坦（Basil Bernstein），简要评论他是如何拓展涂尔干的观念，并将其应用于课程的。

伯恩斯坦关于"垂直"知识结构和"水平"知识结构的区分（Bernstein 2000）是由其早期关于知识分类的观念（Bernstein 1971）以及涂尔干应用于课程的神圣/世俗的区分发展而来的。他把涂尔干关于理论和常识观点的区分与神圣和世俗的区分分离开来，其中后者是前者的基础。他也打破涂尔干的二分法，并探究理论性概念的不同形式，如垂直话语与水平话语、金字塔形知识结构与片段式知识结构、弱语法与强语法、显性的传播模式和缄默的传播模式。结果是，我们得到了一个分析性极强的看待当代课程的知识基础的方法。尽管这无疑是对涂尔干理论的拓展，但涂尔干的理论体系的不足和长处还都保留着。就像涂尔干一样，伯恩斯坦也在很大程度上从非历史性的角度看待其分类，它们彼此之间的关系及其发展依然不清晰。知识变化的观点似乎仅是他的整个理论的提示性注脚。[①] 不管怎样，他关于不同类型知识结构的区分为分析当前课程发展的一些新趋势提供了一个有价值的框架，如试图以从工作经验中获得的缄默技能作为职业课程的基础（见第九章）。但他的理论没有（至少是没有明确地）解释知识范畴是如何历史地变化的，因此很难看到它自身如何成为界定"未来课程"的基础。

相对于涂尔干对于神圣或科学的界定，伯恩斯坦按照彼此等级性相关的可推论性的原则体系，更为精确地界定了作为知识基本性质的垂直性。然而，他对垂直性的分析似乎过度依赖下列因素：（1）理想化的（事实上可能远非他所假设的那样）呈金字塔形的物理学（Knorr-Cetina 1999）；（2）一种片段化的社会学结构。这种结构正如穆尔和穆勒（Moore and Muller 2002）指出的那样，似乎使得伯恩斯坦的著作不能提供一种非描述性的解释。这一点将在第五章有更为详细的讨论。

为了寻找一个更强调历史性和动态性的知识方法，同时能够考虑到社会变迁对课程知识基础的影响，我接下来将讨论心理学家和社会理论家维果斯基的著作。涂尔干理论中的科学（或理论）思维与常识思维之间的区分是维果斯基的社会和教育理论的核心。然而，这两个理论家的差异和相似之处都是重要的，特别是这些差异与他们解释其思想在原始社会中的根源相关。

---

① 在一项对涂尔干关于中世纪大学的分析的讨论中，伯恩斯坦指出了"了解自己"与"了解世界"之间的渐进的错位（Bernstein 2000；及本书第十一章）。

维果斯基与涂尔干关于知识及思想的社会根源的观点

作为一个第一次接触维果斯基著作的社会学家，我最初的深刻印象是维果斯基关于科学概念和日常概念的区分与涂尔干关于神圣和世俗的区分是多么惊人地相似。① 然而，尽管毫无疑问维果斯基十分熟悉涂尔干的著作，我在其写作中却没有发现多少对涂尔干的明确引用，至少在译为英文的作品中是这样的。② 在他的文集（Vygotsky 1987）中关于科学概念和日常概念的关键章节，多次提到皮亚杰（Piaget）关于自发概念和科学概念之间的区分，但却根本没有明确提到涂尔干。③

虽然维果斯基没有明确地提到涂尔干，但在他们关于思维高级形式的社会根源（或起源）的讨论方法上再一次出现类似之处。维果斯基在他解释思维的社会根源（或起源）时，明确运用了涂尔干的法国同事、社会人类学家列维－布留尔的作品。维果斯基对提出一种人的发展理论很感兴趣，这种理论认为人类和自然之间的关系并不是唯一变化之处。人类自身也在改变和发展。人的本性已经（在历史的过程中）被改变了（Luria and Vygotsky 1992：41；着重号为笔者所加）。正是为了避免对人类本性持要素主义的、非历史的看法，维果斯基对人类心理学的历史发展产生了兴趣，带着这个目标，他致力于对所谓"原始"人群的研究，特别是列维－布留尔的著作。维果斯基从列维－布留尔那里吸取了两个重要的观点。第一，列维－布留尔关于思维的非个体主义的理论。维果斯基同意列维－布留尔的说法，"个体心理学的规则……不能为出现在任何社会的信念提供解释……"第二，列维－布留尔在寻找一种强调思维形式如何随时间而变化的发展的理论。

① 正如丹尼尔（Daniels 2001）所指出的，（它们）与伯恩斯坦的垂直知识结构和水平知识结构也有相似之处。

② 一个例子是维果斯基写道，"哲学上，这个观点（逻辑思想与对真理的知识的需求本身源于儿童的意识与他者的意识的交互作用）是对涂尔干的怀旧"（Vygotsky 1987：85）。

③ 这可能是一种有策略的政治决定，考虑到当时很多苏联作者将引用涂尔干的观点视为一种中产阶级的修正主义。

因此，对于维果斯基而言，列维－布留尔的观点的重要性在于"不同的社会类型与不同的人类心理类型相联系"。

维果斯基指出，对于列维－布留尔来说，"原始人的高级心理功能与文明人的高级心理功能有着显著不同，……特定的思维形式……是……一种历史变量"（Luria and Vygotsky 1992：44）。维果斯基并没有批判列维－布留尔将原始思维特征总结为前逻辑的或神秘的这一观点，他指出列维－布留尔忽略了原始社会生活的实践性层面。维果斯基的观点是，即使是原始人，在其行为目的直接指向适应自然时，也有能力运用"客观逻辑思维"（Luria and Vygotsky 1992：45）。

维果斯基去世很久以后，列维－布留尔在他最后的著作中，部分修正了他早期观点的极端二分法，并承认原始社会中实践性、非神秘思维的作用，同时也认识到在现代社会中仍然存在着神秘主义（Horton 1974）。然而，他一方面保留了常识和科学之间的区分，另一方面也承认神秘主义，这种做法与涂尔干立场完全相反。

与涂尔干不同，维果斯基接受了列维－布留尔关于原始思维和现代思维的区分，并将其视为人类思维因不同社会而多样、因时间发展而改变的典型范例。维果斯基赞扬列维－布留尔，认为他是第一位"说明思维类型本质上不是一个常量，而是一个变量，且始终在历史中发展变化"的学者（Luria and Vygotsky 1992：46）。另一方面，维果斯基似乎将原始思维的发展潜能等同于列维－布留尔并未关注的那些直接适应自然的行为。

维果斯基似乎没有，至少是没有明确意识到涂尔干对原始思维截然不同的分析。霍顿（Horton 1974）在讨论涂尔干对列维－布留尔的《低级社会中的智力机能》的评论时，写道：

> 涂尔干和列维－布留尔都致力于探求那些普遍认为的"原始的"思维和"现代的"思维的区别，二者在所有思维的社会决定因素及"原始"思维的宗教本质方面达成了一致。
>
> ——霍顿（Horton 1974：267）

然而，正如霍顿继续指出的，"列维－布留尔将'原始的'思维和'现代的'思维看作对立的，……而涂尔干……看到了从原始到现代的改变是一个完整进化过程中的不同阶段"。

霍顿认为，涂尔干提炼了列维－布留尔的"参与法则"：

> 对原始人而言，参与几个完全不同形式的存在是可能的。对列维－布留尔而言，这种"法则"是一切与现代科学精神相对的典型；对涂尔干而言，列维－布留尔所称的参与是所有逻辑生活的核心。
>
> ——霍顿（Horton 1974：267）

至此，我们拥有三种讨论高级思维形式起源的方法。列维－布留尔以神秘主义和常识的结合作为原始人的思维特征。对他而言，在文明的进程中，社会已经逐步摆脱原始思维的神秘主义，并代之以科学的经验方法。维果斯基同意列维－布留尔关于原始思维是实践性与神秘性结合的观点；然而，他更加强调实践性，特别是"工具的发明、狩猎、畜牧业、农业以及出于其现实需要的所有奋斗，而不仅仅是表面的逻辑思维"（Luria and Vygotsky 1992：45）。

因此，维果斯基将人类心理的历史变化的本质置于这些劳动分工的形式之中。对于维果斯基而言，高级思维形式的发展产生于那些作为一般意义上人类发展的一部分的实践活动。维果斯基似乎没有确切地解决高级思维形式（以及后来的科学思维）如何从这种早期实践活动中产生的问题。

涂尔干对原始社会人类学发现的解释与列维－布留尔有很大不同。第一，正如霍顿（Horton 1974）指出的，涂尔干强调：（1）原始宗教分类与现代科学分类之间的连续性；（2）现代社会中技术/实践分类与科学分类的不同（对该观点的进一步阐述见第四章）。尽管维果斯基并没有明确表示，但我们可以认为他对上述命题均持反对态度。他可能会同意列维－布留尔的观点，认为科学与宗教不具有连续性，而是互相对立的。另外，他会反对涂尔干关于技术和科学的区分。第二，涂尔干关于原始思维特征的观点与列维－布留尔不同；对他而言，关键不在于它是由常识、实践性思维与神秘思维组成，而在于常识（世俗的）与宗教思维或者概念性思维（神圣的）是分离的、不同的。对涂尔干而言，神圣知识及其与日常生活的分离所具有的共享特征及社会性特征，而非其内容，赋予了它客观性并使其能成为科学的基础。

与涂尔干相反，正是在原始人的实践性活动中，维果斯基看到了后来发展为"科学"概念的知识"萌芽"。对涂尔干而言，现代科学的萌芽不是在人类实践性活动中，而是在原始社会宗教的社会客观性中发现的。涂尔干和维果斯基之间的这些区别在他们不同知识方法中处于核心地位。对于涂尔干而言，知识的客观性是概念上的，并从起源上社会性地处于宗教之中。对于维果斯基而言，知识的客观性存在于人类历史的生产活动之中。我将在本章末尾和第四章中继续对这种区别进行讨论。

对于涂尔干和维果斯基而言，在某种意义上，教育关系是基本的社会关系，特别是在现代社会。涂尔干和维果斯基用不同的方式将教育界定为"社会的"，并指出将二者结合的缘由与意义。正如那些赞同后革命时期苏联的目标的人一样，维果斯基首要的兴趣是培养苏维埃公民，并将之作为奔向共产主义的社会发展目标不可分割的一部分。教育在这一过程中扮演着核心角色。维果斯基认为正是人类具有从教学中学习的能力，而不是像动物学习那样只是单纯适应环境，将人类与动物区分开来。因此，在他的社会理论中，学习和发展成为关键角色，而在共产主义的历史运动的广泛情境中，将教与学联系起来的最近发展区概念也显得如此重要。维果斯基的社会理论中作为社会过程的学习概念与劳动过程概念之间有着极强的相似性——特别是当他在以泛人文主义的意义上解释劳动时。维果斯基不仅仅认识到学习是一个社会过程，并不可避免地与教相联系，而且对他而言，教育的目的以及更为一般的学习的目的，都是社会变革。①

涂尔干优先考虑的事情与维果斯基十分不同。他感兴趣的是，当社会经历剧烈变革之时，社会秩序如何维持。② 影响涂尔干思想形成的主要社会现实是，政治的不稳定以及作为法国社会秩序主要堡垒的天主教的可信度的不断瓦解。那么，作为民主主义者，涂尔干的基本政治观点和理论兴趣在于为维持社会秩序寻找一个非强制性的基础就不足为奇了；因此他赋予教育和道德以重要地位。因而，尽管对涂尔干和维果斯基来说教育都具有类似的关键社会作用，但二者强调的重点不同。对于涂尔干而言，教育功能是整合的而不是适应社会变化的，是道德的而不是发展的。对于维果斯基而言，教育功能无论是对个体还是对社会很明确都是发展性的。牢记二者思想的不同与相似处，下一节我们将具体讨论维果斯基对科学概念与日常概念的区分，及其对课程的意义。

维果斯基对科学概念与日常概念的区分

正如其他人已经指出的，维果斯基关于科学概念发展的观点并没有形成一个完善的课程框架。另外，也只是到近期，新维果斯基派研究者才开始关注其思想的课程意义（Hedegaard 1999）。在文献中，确定维果斯基特殊性的两种主要方式是：（1）试图根据最近的研究对它进行阐明与更新；（2）将维果斯基对科学概念和日常概念的区分置于他为心理学提出的宽泛方法（辩证法）之中。我会先关注第一种，然后明确聚焦于第二种，不仅要清晰地指出维果斯基和涂尔干之间的不同，而且要提出一种可能的框架，来超越涂尔干关于神圣和世俗之间的非历史性区分。另外，通过维果斯基的综合方法来分析他的特殊性，似乎与其自身立场更为一致。尽管他并没有对辩证唯物主义进行具体

---

① 维果斯基和与他同时代的意大利的安东尼奥·葛兰西（他将教育学与其霸权理论联系了起来）都认同这个教育学观点。

② 有机连带是涂尔干在对劳动分工的研究中发现的，是他对孔德（Comte）的回应——孔德认为劳动分工的变化将导致社会秩序的崩溃。

讨论，但是在他的引用中可以发现他沿着这个方向思考的线索：

> 辩证的飞跃……（作为）……不仅是从不能感觉的物质向能够感觉的物质的转型，而且是从感觉到思维的转型。这意味着，现实是以一种质变的思维方式，而非即时感觉方式，反映于意识的。
>
> （Vygotsky 1987：47；着重号为笔者所加）

他对"思维"和"感觉"的区分本身就是他后来所强调的科学和常识的不同的一种征兆。

我所关心的不是论证"真实"的维果斯基（即使这是可能的），也不是去预测假设他的生命更为长久的话，他将如何去发展他的概念和知识。我所关心的是探究维果斯基关于科学概念及其与日常概念的关系的思想，如何帮助我们在课程理论中去界定知识。我尤其关注维果斯基的概念以及他对这些概念的运用范围能在多大程度上使我们克服涂尔干共时性方法的问题。正如我前面陈述的，我的观点是维果斯基所提出的知识辩证法确实提供了一些可能性，但并不能独立解决涂尔干留给我们的问题。

盖尔纳（Gellner 1992）提醒我们，是黑格尔在其对康德的批评中，首先使用了"辩证法"这一术语来替代亚里士多德式逻辑学，来探求人类作为他们所寻求理解的世界的一部分的意义。也正是黑格尔认识到，这削弱了理性主义者和经验主义者从历史和认知主体中完全解放知识和理性的宣称。然而，这并不意味着这种历史嵌入性能够阻止我们发展不被历史所束缚的知识。正如亚历山大所指出的：

> 理论知识只会是历史代理人扎根于社会的努力。但是这种知识的社会特征并不否认发展普遍性范畴的可能性，也不否认发展加强学科训练的、非个人的、批判性的评价模式的可能性。
>
> （Alexander 1995）

发展笛卡尔热衷于界定的那种系统化、理论性极强的知识的能力，与后启蒙时代的主题不符，其本身需要我们的社会理论以及课程予以关注。随之而来的是，我们需要一种知识的概念，这种知识概念尽管不是脱离环境的或文化无涉的，但也要独立于特定的环境和活动，并具有跨情境的应用性。黑格尔的理性辩证法或许是历史上提出这种知识本质可能是什么的第一次尝试。如他所说：

> 世界历史由一个终极设计所统治，这就是理性的过程——这一理性是……一种绝对理性，……一个我们必须采纳谁的真理的命题；真理的证据存在于对世界历史的研究之中——而世界历史本身就是理性的映像与实现。
>
> （Hegel 1837，转引自 Gellner 1992）

自黑格尔以来的所有社会理论，包括活动理论和实用主义都试图通过将知识与人类目的相联系，视知识为客观性与历史性并存，而不是"为其自身的目的"而存在并独立于历史的。然而，据我所知，这些理论为了寻求避免赋予知识一种来自行动及其结果的虚假自主性，或走向了相对主义，或走向了教条主义。由于缺失一种在某种意义上独立于"历史代理人扎根于社会的努力"的知识或真理概念，如前面所引用的亚历山大的观点，既定的、无须讨论的标准不可避免地成为作出判断的基础（上述黑格尔的例子就是这样一种情况）。仅有的选择（"理论"上仅有的选择）是根本不作任何判断。在黑格尔的唯心主义辩证法中，知识和真理的标准与历史中的理性运动相关联；在实用主义中，我们看到一种去神秘化的唯心主义，崇拜一种实践的、工具的科学观。这里并不是要以辩证的真理取向来重新审视一遍这些问题，而是要说明它们很容易化约为工具主义，或化约为对具体情况中的"是什么"进行正当性维护的判断。黑格尔之所以区别于其他人，主要是因为相比实用主义者，他对于历史中的理性实际上意味着什么更不具体化。无论是他把理性看作是历史自然产生的结果，或者作为自我界定的真理，都超出了本章所讨论的范围。有时，他似乎把他那个时代的巴伐利亚民族国家的出现看作历史的尽头。然而，他提供的标准，其问题并不比后来实用主义者提出的标准问题少。另一方面，如果我们没有任何独立的知识或真理概念，辩证逻辑留给我们的是站不住脚的相对主义。因此，我认为对维果斯基关于科学概念和常识概念的区分的辩证法解释仍有问题，它并没有将知识作为一个独特的范畴。不管怎样，首先，我将评述他如何区分两种概念类型。然后，我将吸收恩格斯托姆对维果斯基进行的独特的辩证阐释。我认为我们面对的问题不是维果斯基的方法所特有的，而是辩证逻辑自身观点的根本性问题。我指出辩证逻辑关键的一点是它与哈金（Hacking）的知识的社会建构主义观点相类似。哈金认为，一方面，一般来说知识是社会建构的这一观点很难反驳；另一方面，若尝试将这种一般观点适用于社会建构的特定案例，如课程，就会遇到极大的困难。我们所需要的且总是缺少的是关于"社会建构性"程度或形式的观点。情况可能是，维果斯基在辩证法的情况下很可能已经意识到了这些困难，这也解释了为什么尽管他沉迷于辩证法，却并没有在著作中提出来。

维果斯基的科学概念和日常概念：差异、关系与阐释

维果斯基确认了区分科学概念和日常概念的许多特征。基于本章的目的，我将这些特征列出，并观察他与涂尔干思想明确的相似之处和不同之处。对于维果斯基而言，两种类型的概念的主要不同是：

1. 涉及与客体的不同关系。对于维果斯基而言，一个孩子通过他/她的日常概念来建立的与世界的关系，是通过他/她的所见或经历直接获得的，但通过科学概念所建立的与世界的关系受这些概念的影响，不依赖于直接经验。
2. 对维果斯基而言，缺乏（概念之间关系的）体系是日常概念区别于科学概念的主要心理学差异。

涂尔干在对意义的神圣法则与世俗法则之间差异的讨论中，对这

两个特征几乎以完全相同的方式进行了表述。

一个孩子（当然也可以是成人）使用日常概念时并没有意识到他/她在这样做，而反思意识却总是使用科学概念的特征。维果斯基用语法作了一个比拟，他指出任何人都能在不了解任何语法规则的情况下使用语法去造句。[①] 这里出现了一个问题，这一界定似乎既指运用又指内容。任何概念在被反思地使用时都是科学的吗？或者某些概念即使没有被反思地使用时也是科学的？涂尔干没有同样明确地关注反思性和意识，尽管当他写出"理想化的能力……替代真实的世界形成了另外一个不同的世界，在其中（人们能够）通过思维，……通过增添及超越现实世界的思维……传达自己"（Durkheim 1995：469）时，我认为，他作出了一个与维果斯基类似的结论。

维果斯基也强调两个概念类型的相互关联："系统化的基础知识首先通过儿童与科学概念之间的接触进入儿童的脑海，然后转化为日常概念，从上到下改变他们的心理结构"（Vygotsky 1962：93）。对维果斯基而言，这两个概念类型的相互关联成为学与教不可分割的基础，同时也是一个对课程和教育研究来说都很重要的命题。他认为，这两种概念朝相反的方向发展："儿童自发概念的发展是向上的，而他的科学概念的发展则是向下的"（Vygotsky 1962：108），而且：

> 科学概念始于其语言界定，并随着"它们塞满学校功课和阅读"而发展；自发概念却已经有"丰富的经验基础"，但是由于它们不构成一个体系，因此不能提供解释，可能带来困惑。
>
> （同上）

正如维果斯基指出的，这些差异与这两类概念产生的不同方式有关——一个经常是在具体情境中面对面的相遇，而另一个则是"对对象的一种协调态度"。在考虑这两种概念类型的关系时，我们可以发现

---

① 同时，维果斯基（Vygotsky 1987）明确强调了为何这不能为不教语法提供合法性。

维果斯基与涂尔干之间最大的差别。对于维果斯基而言，这两种类型之间的相互关系是重要的——在某种意义上，它们包含了学习的过程。对于更关注社会秩序而非学习的涂尔干来说，两种类型之间的差别才是最重要的。在前面我引用了他的讨论："没有任何其他例子像这两种类型的差异一样如此显著或截然相对"（Durkheim 1995：53）。他继续说道："这不等于说，一个人绝不能从这些世界中的一个进入另一个；但是实现这种通道的方式……证明了这些世界本质上的二元性"（Durkheim 1995：55）。他将成年仪式作为说明这种"跨界"的案例。例如，"据说，此刻这个年轻人已经死去……此人不再存在，另一个人此时替代了他。他以一种新的形式重生了。"（Durkheim 1995：54）

当然，涂尔干描写的是原始社会中的宗教仪式，维果斯基关心的是苏维埃学校中的学习和教学。然而，我将返回到潜在的一个观点。与维果斯基不同，涂尔干首要关注的不是过程；他强调（社会的）权力和分类的客观性，他认为这适用于今天的科学和常识之间的关系，就像适用于原始社会的神圣世界和世俗世界的分隔一样。

丹尼尔斯（Daniels 2001）在他最近的书中指出，维果斯基的分析既强调日常概念与科学概念之间的区分，也强调它们之间的相互依存。而维果斯基尽管认识到日常概念的独特优势，但在我看来，他重点要强调的还是日常概念的局限性。就像常识对于涂尔干，日常概念对于维果斯基来说缺乏抽象和概括的能力，不能为学习者提供一种以他所谓自愿（自由）的方式去行动的资源。这是他给予今天教育家的另一个关键启发，特别是当终身学习领域的课程中以学习者先前经验和缄默知识的形式增加日常概念分量的呼声得到一些教育专家的大力支持时（见第十三章）。

当前基于维果斯基思想的研究者们指出了他关于日常概念和科学概念这一区分留给我们的问题。如达维多夫（Davydov）注意到的，维果斯基的区分倾向于表明科学和学校课程之间是相等的。另一方面，通过强调维果斯基的观点即运用科学概念的思维涉及自我意识的觉醒，沃德卡（Wardekker 1998）几乎将维果斯基的"科学"概念等同于反思。在另一个极端，罗兰兹（Rowlands 2000）认为维果斯基继承了列宁的客观主义知识观。维果斯基自己几乎没有对课程的认识论基础或他所谓的"科学"给予明确的关注。然而，他确实指出，知识的历史发展是未来研究的一个重要议题，此时他宣称"尽管我们了解了大量与自发概念（在我们的研究中）相对的科学概念的发展，但我们对于社会学概念发展的具体规律却知之甚少"（Vygotsky 1987）。

我们需要区分三种至少隐含在维果斯基分析中的概念。这些概念是：（1）不同的学习地点（不论学习是否发生在学校）；（2）概念如何使用（是反思地使用，还是以程序化或被动的方式使用）；（3）学习的内容（概念作为其中一部分的知识体）。这些可能性可以在一张表格中展示出来（见表3.1）。

表3.1　学习的类型（编自维果斯基）

学习地点	校外		校内	
概念类型 概念使用方式	日常概念	科学概念	日常概念	科学概念
惯例的	1	2	5	6
反思的	3	4	7	8

如果考虑到维果斯基所处时代的苏联的状况，他集中分析了学校如何帮助学习者从表3.1中的1移动到8，而对中间步骤以及校内的从1到6的移动可能性的关注较少，就毫不奇怪了。他对下述移动的可能性几乎没有关注，如从1到3——日常概念的反思性使用（例如，在工会和政治活动中）移动的可能性，或者从1到4，也没有关注如何阻止从1到6——科学概念的惯例化获取。达维多夫（转引自 Engestrom 1991）后来指出大量的学校教育是由科学概念的惯例化获取6构成的。课程社会学对这些移动的可能性进行了考察（Gamoran 2002）。表中从1到4的移动指出了"科学"概念能够在多样情境而不仅仅是在学校中获取的可能性，维果斯基虽没有对此进行探究，但也并没有在分析中将之排除。

维果斯基对科学概念和日常概念的区分之所以对课程理论很重要，部分是因为它将科学概念及其性质与在学校中获取的知识联系在一起。换句话说，在某种意义上，与涂尔干和伯恩斯坦（他对垂直知识和水平知识的区分）类似，维果斯基毫无疑问接受了理论知识和常识之间的分离性原则，以及由此产生的课程知识专门化。然而，他的区分有大量具体问题需要我们去思考。首先，虽然他既强调区分两种概念类型的重要性，也强调它们在学习过程中相互联系的重要性，但是那些使用他的理论的人却很难将两种概念放在一起。新维果斯基主义者或者强调它们的区别（Rowlands 2000），或者强调它们的联系（Moll 1990）。那些关注区别的人倾向于为学校知识的既定性和科学的客观主义模式辩护（Rowlands 2000）。罗兰兹主张，这并不会导致一种维果斯基明显不会同意的粗糙的（单一的）教学传递模式。对维果斯基而言，正是科学概念的反思性特征使学习者能发展一种自我意识，这种自我意识将科学概念与学习者所使用并在日常生活中认为是理所当然的日常概念区分开。然而，罗兰兹频繁引用列宁来支持他认为维果斯基持客观主义知识观的观点，遮盖了他对单向传播教学的否定。列宁不仅持客观主义的知识观，而且他的政党角色观毫无疑问也涉及一种单向传播教学模式。另一方面，其他人如古德曼（Goodman）（见 Moll 1990）强调两种概念类型的相互关系，但是倾向于将其差别最小化。

现在让我总结一下。维果斯基对两种概念类型在从抽象到具体及从具体到抽象的过程中是如何相互联系的作了具有原创性和启示作用的解释。然而，他并没有将所谓"科学"具体化，更没有希望将其意义限制在自然科学。要阐释维果斯基的概念区分，我们不能把他对科学与常识的区分看作一种二分法，而要将其看作位于历史中以及个体学习和发展过程中具有内在联系的概念。这种方式的优点在于提供了一种替代涂尔干和伯恩斯坦的具有非历史主义特征的分析。

辩证逻辑框架中维果斯基的科学概念与日常概念

恩格斯托姆（Engestrom 1991）在他精彩并高度综合的文本中，将维果斯基的思想置于一种辩证逻辑之中，这毫无疑问是维果斯基自身一直在探究但并未来得及详细发展的框架。恩格斯托姆无疑提供了一种解释维果斯基概念形成的独特视角。同时，他也通过阐明在辩证逻辑术语中思考概念问题所涉及的方方面面，来指出为什么辩证法拥有批判的唤醒力量，却并没有实现生产新知识论的承诺。本章的这部分主要讨论恩格斯托姆的解释。

辩证逻辑，无论是应用于知识还是人类发展，其客观性依赖于它所宣称的获知未知——未来历史进程的能力。恩格斯托姆讨论的起点是，与其他形式的逻辑形成对照并与之相反的是，辩证逻辑的基础不是抽象而是历史的实际进程。正是历史变革的观点为解决维果斯基"科学"概念的意义问题提供了希望。恩格斯托姆认为辩证法颠倒了传统逻辑的方向：

> 与将"具体的"现象视为某种官能上的可感知物、视"抽象"为概念的或精神的建构过程相反，"具体"（事物的存在状态）指事物的系统化的互联性。换句话说，具体现象是思维的结果而不是思维的起点。
>
> （Engestrom 1991）

从辩证法的角度来看，诸如涂尔干和伯恩斯坦等提出的形式抽象，只能从物体的相互联系中区分出其武断性特征。相反，辩证地来看维果斯基的科学概念与日常概念，它们却是具体的抽象，反映并重构了它们所指物体的系统化的相互联系的本质。

恩格斯托姆引用了伊里因科夫对辩证概念的看法："它表达了一种真实，尽管是一种非常特殊的现象，……它同时是一种……在所有其他特殊现象中真实普遍的要素"（Engestrom 1991）。随之而来的结论是，概念形成的任务就是去确认这些"真实普遍的要素"或者苏联心理学家达维多夫所谓的"胚芽细胞"（Engestrom 1991）。接下来，恩格斯托姆提出了关键的问题，即这样的真实概念（或胚芽细胞）最初是如何出现的。

　　为回答这一问题，他参考了科德罗夫（Kedrov）等人的观点，他们认为真实概念源于生产性活动中各种力量的相互作用。那么，科学概念不一定局限于那些在称之为"科学"的历史性活动中形成和使用的概念。"从我们的立场来看，任何……概念都有潜在的可能性，……是科学的、理论的"（转引自 Engestrom 1991）。因此，日常思维在原则上拥有与那些得到自觉阐释的科学概念同样的理论潜力。恩格斯托姆引用伊里因科夫的观点来支持他所主张的相似论点，即"在科学思维和所谓日常思维中，思维的普遍法则是相同的"（转引自 Engestrom，1991）。

　　因此，科学概念与日常概念之间的区别本身不能为知识或课程提供标准。如果我们按照恩格斯托姆的分析，只有将维果斯基的区分置于辩证的历史发展框架之中，并由此为生成概念形成一组方法论标准，他的区分的意义才能显现。正如上述伊里因科夫所暗示的，辩证法是"思维的普遍法则"（而且当然也是历史的普遍法则），不仅适用于科学思维与所谓的日常思维，而且也适用于每一个知识领域。

　　恩格斯托姆将达维多夫从维果斯基那里发展而来的辩证法总结如下：

　　　　真实概念的形成首先从感知的具体现象上升到实质的抽象（或"胚芽细胞"），这个过程表达了严密审视下的系统原生性的内在矛盾。然后，这种抽象通过以这种发展性为基础推断各种特定的表现来达到具体的概括。

　　　　　　　　　　　　　　　　　　　　　　　　（转引自 Engestrom 1991）

　　这种课程理论存在的问题，首先在于它是方法论的而不是实质性的，其次在于它假设辩证逻辑的普遍应用性，不仅成为对历史发展的解释，而且也成为每个领域新知识生产的方法论，以及学和教的一种理论，既而也成为课程的一种基础。

　　赫泽高（Hedegaard 1999）提出了运用这种课程取向所涉及的问题。我们来看她的两个观点。第一，她将维果斯基的方法作为"一种理论知识的方法，（涉及）将具体情况与普遍观念相联系……并将普遍性理解为具体情况"（Hedegaard 1999：29）。然而，这种"方法"的独特性是什么，或者这种"普遍观念"来自哪里，都还没有答案。在同一篇文章的末尾，赫泽高指出："在胚芽细胞模式中概念的意义是通过概念彼此之间的关系而辩证形成的。例如，在进化论的问题领域中，物种和种群的概念是互相界定的"（Hedegaard 1999：29）。

　　辩证法似乎再一次完全地丧失了独特性；它仅仅描述了进化论生物学家在其领域中界定概念的方式，就像化学家叙述原子结构和元素周期律一样。我们使用的方法或者太过泛化而没有任何适用性，或者涉及一些并不能适用于某些特定领域的假设。那么，相对于涂尔干和伯恩斯坦的描述性分类而言，对维果斯基思想的辩证阐释有哪些优点呢？

1. 强调历史和动态的方法对于知识和概念发展的重要性，尽管没有清晰地告诉我们这种方法如何才能形成。

2. 试图将在人类历史上密不可分、但在当前研究的学术分工中却总是被研究者不可避免地分离对待的三种过程结合在一起。这三个过程是：（1）我们彼此之间、我们与自然之间关系转变的历史运动过程；（2）知识增加与发展的过程；（3）学习和发展的过程。然而，尽管维果斯基在其作品中指出这些过程相互依赖，但他还是在很大程度上聚焦于第三种。今天，抗拒这种专门化的趋势尤为艰难。

3. 作为一种历史的方法，源自这一方法的课程模式至少在原则上克服了诸如"过去的课程"和"未来的课程"这种区分的不足。

4. 从目的角度，而不是从固定的客观性观念或"为知识而知识"的角度界定知识，进而界定课程。然而，正如我在本章下一部分提出并将在第四章进一步讨论的，形成鲜明对比的"为目的的知识"与"为知识而知识"的思想，并不必然像它们表面看起来的那样互相排斥。

尽管这些优点作为原则非常重要，但赫泽高的研究表明，辩证理论在确定具体课程选择时的运用还是处在过于抽象的普遍性层面。尽管从历史真实发展的观点来看，它是对其他抽象的一种批判，但实际上它是对历史真实发展解释的另一种抽象。另外，在它过于强调"方法"的层面，甚至在理论的意义上，它消解了具体分析的重要性。除了回溯性研究以外，我并没有看到正在被应用的辩证法的任何案例，或它在任何领域引发了新知识产生的案例。确认"胚芽细胞"的问题仍然没有解决。例如，很难想象有什么样的普遍法则能够超越专家们在其领域中所确认的核心概念，确认（比如说）化学、文学以及历史的"胚芽细胞"。产生新的"胚芽细胞"的规则是形式上的，不是实质上的。在辩证法中没有独特的"知识分类"，所以知识必须"被引进"。以诸如"工人阶级的解放"或者"克服矛盾"的目标作为标准，存在着将理论化约为技术的危险——一旦达成共识目标，它就会在特定情况中发生（或不发生）。

我的结论如下：

1. 维果斯基的科学/常识区分是一种课程模式的启发性框架。它比涂尔干分析的优越之处在于，它既强调两种概念类型的区别，又强调它们之间的相互关系。

2. 将维果斯基的科学/常识区分置于辩证的框架之中提供了理解他的科学概念的方式，在提醒我们知识分类的非既定性（如科学）以及课程的非学校边界性等方面都是有益的。然而，我们很难说这种辩证法能够为不同领域的知识如何发展提供一个普遍的理论。

现在我想指出如何引入一种既将知识作为独特的类别又保留其历

史性的观点，来加强维果斯基的方法。这需要考虑涂尔干对作为一种辩证法的实用主义（Durkheim 1983；Rytina and Loomis 1970）的讨论，以及他对知识和真理的社会客观性的强调。

知识作为一种独特类别：涂尔干的社会实在论

在前面的部分，我利用恩格斯托姆的著作将维果斯基对科学概念和日常概念的区分置于辩证逻辑的框架中，这是用一种动态的、历史的方法来解释科学和知识在总体上是如何发展的。然而，辩证法假设：（1）知识和真理只能从目标和结果的角度才能被理解，而不能从其自身的角度被理解为专家共同体共享的理解框架之中的解释；（2）逻辑可以被归入一种特定的历史发展观之中。这些假设实际上意味着否定了知识作为一种独特类别（而不是作为辩证唯物主义的一种）的角色。没有作为一种独特类别的知识角色，就不能提供一种课程生成理论。并没有很好的理由可以认为历史发展、不同领域的知识生产以及知识获取的过程都能够被纳入辩证法的原则之中，除了在最一般的因此也不是特别有用的意义上。因此，采用辩证手段并不能避免隐性地接受有些概念是既定的，有些概念是可以一般化的。有时，这样的结果是无关紧要的；有时，这样的结果是非常重要的。有时被称之为辩证法的更具实体性的内容是概念的相互关系与矛盾的原则。然而，二者都没有特色；前者为系统论理论家所熟悉，后者为那些了解美国社会学家默顿（Robert K. Merton）及其认为社会学研究应该关注无意识的结果的观点的人所熟悉。那么接下来的问题则是，我们是采纳涂尔干和伯恩斯坦的非历史抽象论，还是采纳主张了解历史进程的历史主义，来替代本章开始时所提到的孤立性保守主义或混合性相对主义的课程理论。接下来，我会提出一种可能的、积极的替代选择。首先，我将利用涂尔干（Durkheim 1983）对威廉·詹姆斯（William James）（以及在较小程度上的杜威的早期作品）的实用主义的批评，指出他确实提供了一种关于知识客观性的一般社会理论。另外，我还认为它能够成为将知识作为一种独特类别的基础。第二，我认为涂尔干的知识客观性的方法与维果斯基等的辩证法是互补的而不是对立的。

涂尔干主要关注威廉·詹姆斯的实用主义，其次是杜威的实用主义，并赞扬他们"加强了对人类实在的感知"，这与当时普遍的理性主义和唯心主义哲学形成对照。与实用主义者的观点一样，涂尔干认为，"所有那些构成理性的事物，其原则和范畴都是在历史的进程中创造出来的"（Durkheim 1983）。

然而，他所关心的是，对于实用主义者而言，真理和知识没有外部强迫的特征；它们仅有实际的功利价值。如果实用主义是正确的，那么客观意义上的真理和知识充其量只是组织日常生活的有用工具。涂尔干认为，无论真理和知识（以及道德）是否被认为有用，其客观性是真实的。首先，知识的客观性对于人们适应他们在社会中的集体存在来说是必要的。这是一个众所周知的涂尔干式观点，即在现代性条件下，社会分化意味着人们彼此联系的特征是相互依赖，而不是相似性，共享价值（尤其是表达这些价值的知识）在社会中具有关键的整合作用。然而，涂尔干看到知识和真理的独特特征是，它们是强制性的，并且知识的这种强制性特征是新知识生产的主要条件——这种见解在科学社会学中影响广泛。

涂尔干认为，实用主义使真理沦为个体的感觉、直觉和意识。对于涂尔干而言，实用主义忽视了真理基本的强制性特征。涂尔干的结论是，第一，知识客观性的讨论是社会性的，而不是哲学的；第二，知识与事物的原因而不是结果相关。对涂尔干而言，因果关系，无论是宗教的还是科学的，都有一个概念的和集体的基础。

为什么涂尔干关于知识的讨论对于课程是如此重要？这要回到前面提过的一个观点，即我对涂尔干和维果斯基关于知识的社会起源以及思维的高级形式的观点所作的区分。我认为，涂尔干将理论知识的起源定位于共同的宗教信仰和仪式，这些共同的宗教信仰和仪式将原始社会中的人聚集在一起。对涂尔干来说，宗教信仰的存在理由不在于它解决了实际问题，而在于它给予人们一种意义，这种意义并不能从他们是谁以及他们要去哪儿的经验中产生。宗教信仰具有另一种存在理由；它是包括科学在内的所有概念思维的范式基础。维果斯基将思维的高级形式置于早期人类寻找食物和构筑巢穴的生产性行为中。对于维果斯基而言，因为宗教没有对人类发展以及人类命运的实现作出贡献，所以它是不重要的并终将消亡。对维果斯基来说，早期人类形成的重要知识是他在占有自然及生存过程中获得的。这种不同是涂尔干对理论知识（最初是宗教）和常识进行基本区分的基础，并因此成为知识作为一种独特分类这一现实的社会基础，同样也是维果斯基整合理论知识与常识的基础。对维果斯基而言，科学作为对不可观测的社会共同概念的发展与试验，并不是涂尔干所认为的一种独特的理论活动；它是人类历史上占有自然的方式中不可分割的一部分。因此，在某种程度上，关于知识作为一种区别于实践的分离范畴的认识论问题是不存在的；它们总是在实践和在历史进程中得到解决。因此，在维果斯基那里，科学概念与日常概念之间的区分是偶然的，要在实践中通过学习来克服。对于涂尔干而言，理论知识与常识之间的区分是无条件的——它是真实的；涂尔干认为知识的发展包括一种理论知识（宗教）被另一种理论知识（科学）进步地替代。因此，知识的社会基础很有必要。

下面我们来分析这两位理论家的互补性。涂尔干的知识社会学忽视了维果斯基所强调的对自然的技术性占有，且不能充分解释在早期宗教中形成的不可观测的概念是如何变成拥有改变世界力量的现代科学概念的。另一方面，维果斯基将思维的起源置于人类的早期实践活动中，也不能充分解释这些实践活动是如何被理论所改变的。正是这样的原因使两位理论家被认为是互补的，而不仅仅是彼此的批评者。因此，课程必须既关注涂尔干所强调的知识和概念的社会实在性，又关注维果斯基优先考虑的通过概念改变世界的过程。在这种意义上，涂尔干给予我们课程而非教学的基础，而维果斯基给予我们教学而非课程的基础。二者都认识到历史观的重要性，但是都没有形成一种满意的历史理论。这一讨论将在第四章进一步深入。

结　论

　　本章一开始就提出，课程的未来发展中有一种潜在的张力，这种张力存在于传统的孤立性原则与越来越获得普遍支持的混合性原则之间，也存在于它们关于课程知识本质及其与日常知识关系的对立性假设之间。接着探讨了涂尔干的社会知识论，他的社会知识论是孤立性原则的最初表达，并指出涂尔干的方法在以下方面提供了有力的论证：强调理论知识的独特性，以及学校课程在为人们获得理论知识提供机会方面的作用。他的论证表明，我们应该对学科、专业边界的不断模糊，专家研究以及与之相关的教学共同体的不断弱化持谨慎态度。然而，我认为涂尔干的分析由于未能强调知识的历史特征，导致了一种视知识为既定存在的狭隘保守的观点，因而不能解释塑造着知识和课程的更为宽泛的社会变革。

　　为解决这一问题，我转向在涂尔干去世后 20 年间维果斯基的著作——特别是他对科学概念和日常概念的区分。我讨论了涂尔干和维果斯基思想之间一些重要的相似性和差异性，及其如何将两位对原始社会中思维的社会根源的不同解释联系起来。在详细分析了维果斯基对科学和常识的区分后，我认为需要将这一区分置于他从黑格尔那里隐性吸取的辩证法框架中来理解。本章讨论了恩格斯托姆对维果斯基思想的辩证解释，批判地审视了这种方法的优点和不足。为了将逻辑和知识纳入历史之中，我认为辩证法否认知识是一种独特分类，因此不能解释我们时代的独特特征——即知识及其改变世界的能力呈指数式增长。尽管知识是历史中人们行动的产物，但是至少自 17 世纪以来（在某些情况下更早），知识已经以早期所不能想象的方式超越了其产生的情境。

　　像真理和道德一样，知识不可避免地外在于学习者，外在于那些试图去创造新知识的人，因此涂尔干（以及后来的伯恩斯坦）所讨论的知识与常识之间的边界和分类就显得十分重要。由此我认为，没有什么可以替代我所谓的知识与课程的社会实在论①方法。这种方法之所以是社会性的，是因为正如涂尔干和维果斯基所认为的，它认识到了人类主体在知识生产中的角色。知识绝不能被当作仅仅是在暂时意义上的既定存在；它总是历史的一部分，并总是不可靠的。同样，我所赞成的知识与课程的理论方法是实在论的，是因为实在论认识到知识独立于背景的特征，以及知识与常识之间明显的不连续性并不是未来需要克服的某种暂时分离，而是能使我们获得关于世界新知识的真实条件。知识是社会和历史建构的，但是它并不能被纳入历史的和社会的建构过程；换句话说，我们用知识创造知识。同时，如涂尔干所说，知识的"实在性"本身在根源上就是社会性的。认识到知识的社会性而没有认识到其实在性将导致相对主义或教条主义，而关注知识的客观实在性却没有认识到其社会性就会变成仅仅是对现状的辩护。未来课程需要将知识作为历史进程中一种独特的、不可化约的要素，人们在这种历史进程中不断奋力征服他们身处的环境。结合本章开始的观点，这些环境指学科之间、学校知识与工作场所知识之间的边界的形成、重塑和被跨越。这些边界既是"牢笼（又是）……浓缩过去、打开未来可能的结点"（Bernstein 2000）。然而，将过去的遗产和未来压力之间的张力视为一种历史过程是不够的。认识到知识和真理不仅是历史过程，而且是外在的、客观的，有两方面重要意义。第一是涂尔干的意义，即知识和真理总是强制性的，并且是新知识的一种必要条件。知识客观性的第二个意义是由盖尔纳所阐释的，并与启蒙运动以来几个世纪的科学发展相关。这并不是要求我们去接受涂尔干的观点——一种单一普遍的科学方法正在形成，这种方法将逐步从自然世界扩展到社会性的人类世界。然而，我们也确实认识到，存在着与不同的专门化知识传统相关的规则、规范和价值，为知识及其如何产生和获取提供了充分的根据。任何所谓"未来的"课程，都不可避免地把从这样的传统和专门共同体中形成的知识看作其自身的范畴，并且

---

① 我在此使用的术语同传统的艺术与电影学的社会实在论没有任何关系。

努力确保学习者能够利用不同形式的知识生产规则，不管其领域、专业或学科是什么。

涂尔干认为，外在于个体但同时又具有社会性的（并且因此根本上是人类的）真理观念，既是知识生产的条件，也是使我们成为社会成员的条件。对他来说，正如道德理想是行为的规则一样，真理是思维的规则，我再补充一点，即知识必须是课程的规则。

如果一种理论方法过度依赖涂尔干，会存在局限性，很容易形成一种过于静态的知识观。科学知识，如所有其他领域的知识一样，都是变化的。与维果斯基相关的辩证传统通过相信"站在自己这边的"历史，而不是真理或知识——即采纳了盖尔纳（Gellner 1992）所谓的"宿命论"——避免了这种静态知识观。至少自启蒙运动以来，知识（不管它有多少弱点或谬误）而不是历史是真理更有力的保证，尤其是在一些学科之中。理论、方法和观点都是在学科中确立的，大部分（尽管不是全部）跨学科或多学科的发现也源于这些学科内部而不是外部（尽管有时作为人们尝试突破它们的一种结果）。混合性课程①最多也只是一种或者挑战学科权威，或者加速"突破"的尝试。辩证法若被广泛认同，就会成为一种尝试，赋予混合性课程一种历史的、变化的和目的性的维度。在 20 世纪 60 年代和 70 年代，辩证法得到至少包括左派学者在内的广泛支持。然而，尽管有强烈的抱负和主张，它在实质性方法或结果上还是无力的。最近 10 年中出现的混合性课程是对经济压力的回应，是一种加速新知识生产、克服理论与实践脱节的尝试。然而，只有在特定情况下，它才会为新知识或者概念的产生提供条件。当应用于课程时，它瓦解了边界，同时限制了理论知识获取的可能性。

当研究者或学习者在特定领域或学科的现存知识和概念基础上，获得并建构世界意义或改变世界的时候，新知识和新课程就产生了。

---

① 这里的混合性课程指打破了学科界限的，或打破了理论与日常生活经验的新型课程。——译者注

孤立性原则、涂尔干的神圣和世俗以及伯恩斯坦的垂直知识结构和水平知识结构，是描述知识结构及其社会基础的启发性方式。混合性原则指出了这些结构的历史偶然性，但并没有告诉人们它们将如何发展，是否有些结构比其他结构更偶然。维果斯基对科学概念和日常概念的区分，保留了涂尔干理论中理论和常识之间的区分，还表明这两者之间的关系不仅需要被置于课堂之中，而且要置于历史之中，并要与人类目的的更广义的概念结合起来理解。在我看来，维果斯基对于课程理论的重要性不在于他的具体概念，这些概念尽管具有启发性，但或因太过于一般化而不知应让它们如何发展，或者如果不加批判的话（如苏维埃时期一样）极易被滥用。他的重要性更在于勇敢的尝试，将学习过程和新知识的生产结合在一起，而这两者已经由于研究共同体的过度专业化而被强制分开。有谁可以既是全球化理论家，又是教学和课程的理论家？我确信若维果斯基在世，将非他莫属。

第四章 涂尔干和维果斯基的知识论中的"结构"和"活动"

导　言

前面章节已经比较了涂尔干与维果斯基的思想对于课程的意义，本章在此基础上，返回到两者思想的对比，关注焦点是他们的知识论。研究始于如下立场：任何批判教育理论都需要一种充分的社会知识论。然而，正如第二章中所讨论的，教育社会学对这个问题的研究十分薄弱，而伯恩斯坦以及以他的框架进行研究的学者（Muller 2000；Moore 2004）是显著的例外。第二章谈到教育社会学家往往把"社会性"化约为"知者"的活动、利益或信仰。由于类似的原因，在更加广泛的教育研究中也以另外一种"分水岭"——强调课程的研究与强调课堂实践的研究之间的分离——为特征。正如穆尔在他最近一本著作的前言中所说，课程研究似乎已经远离了"课程目的与效果这一基础性的、全球性的问题，……也远离了课程、社会、文化间更为广泛的联系"（Moore 2006：1）。

教育研究中"课程"与"教学"的区分与社会学理论中众所周知的"结构"与"主体"的区分相似（Giddens 1979），这也可以视为是维果斯基和涂尔干的分界线，至少是他们的思想是如何被发展与使用方面的分界线。本章采取了一个非常不同且富有创造性的分析方式。

从广泛的意义上讲，即便在涂尔干与维果斯基的著作中有些观点讨论得并不充分，但他们都是对课程感兴趣的认识论专家，也是对课堂实践感兴趣的教育理论家。如第三章所言，虽然涂尔干与维果斯基都由于拥有明确的社会知识论而凸显于他们的时代，但他们各自的研究方式迥然不同。本章我将讨论他们的社会知识论以及他们观点上的差异对于教育社会学应当如何处理知识问题的意义。

现有文献明显缺乏对维果斯基知识论的关注。毫无疑问，这反映出一个事实：他的著作大部分都是被心理学家和语言学家所用，尽管他的著作有着更为广泛的哲学根基及对一系列学科的潜在贡献。如德里（Derry 2003）所说，可能是后现代主义对所谓"抽象理性"批判的潮流对维果斯基进行了曲解或者至少是进行了高度选择性的当代解读。[1] 相形之下，涂尔干一直以来就被看作是一位知识社会学家。然而，他的"社会"概念的抽象性，以及他并没有明确在著作中提出针对教育的社会知识论，使得其知识社会学才被视为他的教育理论的核心（Moore 2004）。

本章从两位思想家关于知识的两个主要的共同观点谈起。第一，知识并不是位于人的脑海或物质世界之中的。对涂尔干与维果斯基而言，虽然他们的研究方式不同，但都认为知识是人类共同作用于世界的结果；换句话说，他们都有一个清晰的社会知识论。第二，他们都认为知识的获取与传播是教育的核心。[2] 这当然并不意味着像某些人认为的那样，"知识的获取与传播"依赖于传播的机械（或电子）隐喻。

下面我们将进一步比较两位思想者的观点。本章认为，虽然两者都没有提供一个完全令人满意的社会知识论，但他们都提出了教育社

---

① 不难看到，第一章、第二章中讨论的社会理论和教育理论有着类似趋势。

② 在涂尔干那里，如保罗·福科内在涂尔干的《教育与社会》一书的引言中所说的那样，"（知识）通过教师到学生的传递，学生对学科的吸收，看起来是真正的知识形成的条件……，（心智的）形式不能被空白地传递。涂尔干和孔德一样，认为有必要学习事物、获得知识"（Fauconnet 1956）。维果斯基通过将教学与从"日常"到"理论"概念的变化相联系，略不那么直接地表达了知识传递的核心作用。

会学和教育研究通常不能忽视的问题。① 本章始于我们在前面章节已经涉及的两位思想家观点的相似性，指出二者虽然都被认为采取的是知识的社会实在论方式②，但他们对社会实在进行概念化的方式却大相径庭。我认为涂尔干的知识论的基本思想是"社会结构"观，而维果斯基的知识论却是以"社会活动"观为基础。③ 在本章的后半部分我将详细讨论"社会结构"与"社会活动"这两个概念的区别。

本章第一部分将概述涂尔干的知识论，阐述其知识论关于社会结构的特定概念所存在的问题以及对社会活动维度的忽视。该部分吸收了他早年的人类学成果（Durkheim 1995；Durkheim and Mauss 1970）和对这些成果的批判，以及后期实用主义的成果（Durkheim 1983）。然后我将描述维果斯基基于社会活动的知识论，以及此理论是如何强调那些恰恰被涂尔干忽视的问题的。我认为维果斯基对社会活动的强调似乎妨碍了他把知识看作某种与其使用相分离的可概念化的东西。知识能够与其使用相分离的重要性显然是涂尔干对实用主义的批评的关键（Durkheim 1983），对课程也有深远的含义，这在第三章中已经涉及，并在本书后面的部分将会详细讨论。接着我将通过详细对比涂尔干与维果斯基的理论，更加全面地分析"结构"与"活动"间的差异，之后转向当代主要的涂尔干式思想家——伯恩斯坦提出的问题。本章我主要关注伯恩斯坦的最后一本著作（Bernstein 2000）；不过此书中关于教育知识的观点可以追溯到他最早关于课程的论文（Bernstein 1971）。我将展示在第三章已经讨论过的涂尔干方法的优点和不足如何在伯恩斯坦更为成熟的教育知识论中再现。之后我将追溯维果斯基思

---

① 本章主要讨论涂尔干而非维果斯基，出于以下两个原因：1. 作为一个社会学家，我更熟悉涂尔干的著作；2. 我所关注的知识问题，尽管经常被社会学家所忽略，却是涂尔干的著作的核心，维果斯基只是间接提及知识问题。

② 我使用"社会实在论"是因为对于二者而言，知识和社会都是独立于个体行动和信念的实在。

③ "社会活动"在本章并不是在基于维果斯基的活动理论的具体意义上使用的，而是指宽泛的唯物主义意义。它指的是人们在历史上为了生存需要，后来为了创造财富，而参与集体活动（一开始以打猎和采集的形式）、改造自然世界的方式。

想的发展，尤其是芬兰的社会文化理论家恩格斯托姆，并探索了他的方法如何突显了基于活动的社会知识论可能导致的问题。最后，本章将讨论区分基于结构与基于活动的知识取向对教育的影响。

尽管涂尔干与维果斯基置身于社会学和心理学不同的学科传统之中，他们生活和工作的环境也差异巨大，一位在"一战"前的法国、一位在革命后的苏联；但是两位学者作为社会理论家和教育思想家却有许多共同之处。他们都有与其教育思想密切相关的社会知识论。[①] 二人基本上都以一种渐进演化的方式来理解知识和人类发展，这与 20 世纪早期大部分进步知识分子相同。二人都持知识分化论。他们都认为知识不是一张无缝的网，也就是说理论的或独立于情境的知识与日常的或与情境相关的知识，有着不同的结构和目的。二人都把正规教育看作人们获得一般能力的主要条件，也都认识到获得独立于情境的或理论的知识是正规教育尽管并非唯一却是主要的目标。

此外，涂尔干与维果斯基在人类发展方面的基本认识不同，他们的思维和知识理论对"社会性"进行概念化的方式也存在差异。涂尔干更为重视教育在社会中的整合作用，尤其是他所生活的时代，传统信仰的凝聚力正逐渐减弱。而维果斯基生活的时代，一种关于"人"的新概念正在被创造出来。因此，他们在知识的社会特征方面拥有不同观点也就不足为奇了。

他们都认识到人是社会性的存在，与动物完全不同，都将社会关系从本质上看作是教学的（关系）。换句话说，他们都意识到人类正是因为拥有对教学作出反应的能力，而不仅仅是像动物一样仅有适应环境的能力，才成为社会的一员并创造知识。然而，他们在如何解释这一基本的人类社会性的起源上是不同的。虽然他们都是生活在启蒙时代的人，都相信科学和社会的进步，但是涂尔干惯于回溯知识和社会稳定的源头，而维果斯基往往期待通过人们的共同的潜在力量创建一

---

① 这个认为维果斯基拥有社会知识论的看法非常重要，因为长期以来它被活动理论的心理学传统给忽略了。

个社会主义社会。在探讨这些区别之前，我先分别详细分析涂尔干和维果斯基关于知识的观点。

涂尔干的知识论

对涂尔干来说，人类基本的社会性是其社会知识论的基础，凡属于人的事物都是社会性的。他认为人类社会源于在最早期的社会中发现的集体关系，如他所研究的氏族体系。早期人类的社会性既体现在氏族成员资格之中，也是氏族成员身份资格的基础。涂尔干和莫斯（Durkheim and Mauss 1970）认为，正是这种划分氏族的能力（如何把一个氏族的成员与其他氏族区分开）构成了逻辑的起源（把事物群体划分为不同类型）。涂尔干认为与原始宗教（通常是一种动物，一只鸟，一条鱼）相关的图腾是集体表征，它界定了某人属于什么氏族（因此界定了他是谁）。他以图腾信仰的解释为基础建构其关于知识基础的社会理论，并以此为起点形成了"神圣"与"世俗"的区分，他视原始宗教为一种科学的原型。

涂尔干试图向人们说明，尽管产生于并建构氏族结构的集体表征在原始社会成员那里是一种宗教信仰和实践，它（至少在形式上）却与现代逻辑思维非常相像。可以说，涂尔干颠覆了他所生活的时代占据主导地位的理性主义，理性主义假定逻辑思维是内在固有的（至少在康德的认识中是如此）。正如他和莫斯所说：

> 不是人们的社会交往建立在事物间的逻辑关系之上，事实上，而是前者为后者提供了原型……人类对事物进行分类是因为他们被划分为不同的氏族。
>
> （Durkheim and Mauss 1970：82）

一个世纪之后，我们依然不断返回到涂尔干的思想，不是因为随后人种志的证据支持他的观点（何况通常是不支持的），而是由于他的人类思维的最基本分类（因此也是知识的基本分类）提供了一个有说服力的社会学解释。对涂尔干来说，人类社会对其成员的包容性是知识的影响力、客观性和可推广性的基础。另外，通过对维系原始社会的图腾分类与涂尔干和莫斯所谓"（仅仅）反映实用的技术分类"作出区分，涂尔干指出我们如何才能形成一种关于我们视而不见的各种分化（如分析法与解释法、理论与日常、必然性与可能性等）的起源的社会理论。[①] 换句话说，他给我们提供了知识分化的社会理论基础。因此他的社会知识论也是课程理论的基础；它必然包含我将要讨论的课程知识选择的一系列原则。

在《原始分类》这本书的脚注中，涂尔干和莫斯明确区分了他们自己的社会分类思想和原始社会成员对"他们依据惯常方式获得的赖以生存的事物"进行分类的方式（Durkheim and Mauss 1970：81）。他们认为后者的类型划分"仅仅是把事物分开……并不是形成分类的体系"。

为什么涂尔干在宗教或者图腾分类与他所谓的技术（或实际的/有用的）分类之间作了如此明显的区分？我认为这种区分是他的知识论和社会学理论的基础，从某种意义上讲这两种理论是相同的；这一观点还需详述。另外，他忽视了对宗教、知识与社会的社会学讨论，这表明涂尔干的取向存在一些问题。

第一，有观点认为，如果区分社会分类与技术分类的根据没有被接受，涂尔干的整个知识论就将坍塌。他为知识社会学建立的基础是认为原始社会的男性和女性都是氏族成员，维系他们的集体仪式较之任何其他社会群体或关系形式都具有认识论上的优先权。

第二，尽管涂尔干批判康德，但他本质上还是一位理性主义者，他认同理性（逻辑的规范）是使人称之为人（与其他动物相区分）的独特品质。对涂尔干来说，理性也是世界客观真实知识的基础，因此

---

① 穆勒向我指出，这些不同分类之间的区分可以被视为伯恩斯坦的垂直话语和水平话语、垂直知识结构和水平知识结构的区分（Bernstein 2000）的先导。

是科学的基础。此外，涂尔干对他所生活时代盛行的人类理性起源的解释强烈不满。他认为这些关于理性起源的解释存在的问题可以简单地概括如下：

理性主义——指康德及其追随者认为理性是人类思维中固有的观点。对涂尔干来说，这是一种未经证实的断言，就如信念一样，是不可靠的知识或真理基础。另外，它也不能对不同社会中信仰的多样性作出解释。

经验主义——持有此观点的人如洛克等，认为理性植根于经验（或者我们的心智所接收到的感觉）中，可以通过科学的方法加以训练。对涂尔干而言，以感觉为基础来解释人类在处理事件中普遍的、强有力的逻辑力量是不可靠、不充分的。

黑格尔辩证法——黑格尔把理性植根于历史与本体论中，植根于我们作为人类的存在中。涂尔干并没有对此种理性和逻辑的观点进行明确讨论。作为一位孔德实证主义社会学的崇拜者，涂尔干可能已经看到了黑格尔的方法并不科学。

涂尔干关于知识与理性的社会理论是他克服上述几种方法论缺陷的一种尝试。

第三，涂尔干区分了两种类型，因为他认为逻辑分类必须优于任何与"使用"相关的分类。也就是说，人们生活在氏族中，并在形成分类前就形成了一种作为氏族成员的身份。[①] 正如他与莫斯在解释他们为什么没有关注技术分类时所说，"最重要的是，我们已经尝试对作为科学分类基础的逻辑过程的起源提供一些线索"（Durkheim and Mauss 1970：82）。对"语词"的理解先于对"世界"的理解就是他后来研究中世纪法国大学时表达这种观点的方式。（Durkheim 1977）

第四，涂尔干一直在探索为什么"逻辑"是如此不可抗拒的答案。换句话说，思维无可争议的力量究竟来自何处？涂尔干认为这种力量

---

① 一些人，如尼达姆（Needham 1970）和沃斯利（Worsley 1956），认为涂尔干分配给社会的"认识论优先"是其社会知识论中最没有说服力的元素。

不可能产生于满足特定需要的实用性（见第十五章）。他指出，对真理而言，后果必然是不可靠的标准。逻辑的力量一定指那些优先于并且外在于任何具体人类活动的因素。也就是说，我们要重申涂尔干的一个重要观点，就是逻辑不可抗拒的力量使得知识具备了来自社会的独特实在性。

涂尔干明确不考虑他与莫斯所谓的"技术"分类的重要性是由于：（1）他对知识或逻辑基础的关注；（2）他对"社会"作为一个整体概念的理解，这种理解是真理和客观性的根据，也是人性的基础，是他们身份的基础。正如沃斯利（Worsley 1956）所言，涂尔干的社会形态学——尤其是氏族结构——把氏族结构当作逻辑基本分类的社会起源模式，同时也是知识基础的社会起源模式。涂尔干把氏族种类、亚氏族以及部落与逻辑规则相联系，指出从以原始社会为基础的社会理论可以推断出任何社会的集体表征，尽管很复杂，但这种推断是有一定基础的。

毫无疑问，涂尔干确实把社会看作整体，因此他缺乏对原始社会的区分也就不足为怪了，原始社会是"机械连带"的典型。同时，他也不关注发生在原始社会及其内部结构之中的活动。问题是"这对他的知识论重要吗？"我们可以通过他所研究的早期社会中诸如采集、打猎等生存方式来解释这个问题，虽然他并没有就这些活动本身展开论述。他所指称的社会、社会关系在很大程度上是抽象的术语，没有涉及具体内容、具体活动、利益或成员。涂尔干将结构与内容分开的另一个例子体现在他所描述的代表神的图腾如何与不同植物、动物相联系，如何成为精神力量的符号库。涂尔干表示任何植物或动物都可能是被随意地指定为图腾；只有它们的功能才是重要的。

沃斯利（Worsley 1956）认为，对早期社会成员生存活动的忽视是涂尔干知识论的弱点。① 早期社会中的成员没有耕作、没有畜群、没有储藏食物的技能。因此，通过打猎、采集获取食物就成为首先要考虑

---

① 接下来的部分很大程度上借鉴了沃斯利的分析（Worsley 1956）。

的问题。这就意味着划分特定地域的方式及对不同季节的区分对于氏族的存活至关重要。沃斯利认为，这些与生存有关的分类在认识论上具有与涂尔干所关注的氏族关系同等的重要性。然而，涂尔干所关心的只有氏族关系，似乎人类与物质世界的关系居于次要地位。涂尔干并没有考虑这样的事实：宗教信仰如图腾制度和氏族关系是在具体环境中形成的，氏族社会同样会为了满足吃穿而对动植物进行辨别、利用，从而形成系统的、相对客观的分类形式。也就是说，对于分类而言，不仅仅只有氏族的（因而是社会的）基础，也有物质的基础。①

涂尔干的观点是，他所关心的思维分类的普遍性，源于他所确认的集体表征的一般性，而不是源于特定环境中具体的社会生存经验。他把原始社会氏族的集体活动与氏族成员为了生计而努力的活动分开，并没有看到这可能会导致他的分类理论出现问题。沃斯利（Worsley 1956）在对涂尔干的批判中，试图把基本的思维类型相对化，视特定社会的具体环境而定。在涂尔干看来，此种做法将会失去思维分类的基本客观性与社会性特征。

涂尔干提供了有力的论证来说明知识或逻辑基本原理的社会基础。就如屈维利耶（Cuvillier 1955）所说，真理对涂尔干而言是一种社会实在，但是它不能由引导社会发展特定技术分类的实践需求来解释。涂尔干对比了推理的思想（植根于"神圣"）与他所称的"突然释放"的行动，或对需求的即时回应——也就是"世俗"。他的理论提供了知识和真理的社会学基础，以及知识的基本区分理论；此外，他没有使我们远离专业知识发展理论。我们已经有了社会知识论的起点，但是还有一些问题悬而未决。第一个问题就是作为任何社会的范式基础的科学如何去改变日常生活的具体世界。第二个问题是涂尔干如何把"神圣"和"世俗"的分类与课程社会理论相关联——伯恩斯坦在其著作中探讨了这一点。

---

① 这个有关知识根源的问题出自另一讨论：是否最抽象的数学如素数模型也同时具有概念基础及物质基础？（Penrose 2005）

我现在转向维果斯基的知识论，他与涂尔干在三方面存在不同。首先，如早先表明的，他的思想中还有很多我们远未开发的东西。其次，他没有把知识基础从技术分类或具体的科学、技术知识中分离出来。最后，他并没有像涂尔干一样认为知识起源于所有社会普遍存在的社会结构中，而是认为起源于改变自然世界的人类历史活动中。

维果斯基的知识论

涂尔干在他的著作《原始分类》（与马塞尔·莫斯合著，Durkheim and Mauss 1970）和《宗教生活的初级形式》中非常明确地形成了一种知识论（Durkheim 1995），然而维果斯基主要关注人类的发展，或者说是思维而不是知识的发展。正如我在第三章所说，他试图说明人类的本性（尤其是人类的思维）在历史的进程中已经发生了改变（Luria and Vygotsky 1992：41；着重号为笔者所加）。

涂尔干极力反驳孔德和圣西蒙（Saint Simon）把劳动分工和专门化与社会碎片化相联系的观点，相形之下，维果斯基关注的是在他生活的时代主导心理学的"个人主义"。他的兴趣在于使思维的社会文化理论概念化，反对心理学盛行的本质主义和非历史的倾向。因此，正是带着不同的目的，维果斯基转向了原始人的人类学研究。与涂尔干相同的是，他自身并没有承担任何民族志研究；与涂尔干不同的是，他的研究似乎大多依赖于列维－布留尔对民族志的二手分析，而不是一手的人类学研究。

维果斯基汲取了列维－布留尔的一个重要的基本思想——即思想与思维是社会性的，这导致他趋近涂尔干。然而，对涂尔干来说原始人和现代人思维的相似之处是非常重要的；而维果斯基则继承了列维－布留尔的观点，认为二者的差异之处才是问题的关键。维果斯基说："高级心理机能在原始人与文明人之间具有极大的差异，……尤其是思维，……是一个历史变量"（Luria and Vygotsky 1992：44）。还是与涂尔干（包括列维－布留尔）作个对比，维果斯基强调原始社会成员生存实践活动在认识论上的重要性。维果斯基的观点是，无论何时，只要原始人的行为目的是直接适应自然，他就一直有客观逻辑思维的能力（Luria and Vygotsky 1992：45）。与涂尔干不同（与列维－布留尔相似），维果斯基认为宗教并没有扮演积极的角色。相反，对涂尔干而言，宗教是科学的结构性先兆；而维果斯基则是在"工具、打猎、畜牧业、农业及为了实现所有人类真实需求的奋斗中，而不仅仅是在表面上的逻辑思维中"看到了现代科学和技术的萌芽（同上）。而这些正是涂尔干所驳斥的偶然的、仅仅是技术形式分类的活动。

列维－布留尔没有区分科学与现代思想（对他来说二者构成了现代社会中很大程度上是未分化的、高级的常识），相比之下，维果斯基在科学概念与日常概念或常识概念之间作了明显的区分，如我在第三章中所讨论的，这与涂尔干在"神圣"与"世俗"之间所作的区分极其相似。

我们可以从维果斯基关于知识思想的简要解释中得出结论：社会知识论产生于人类为了生存而占有自然的斗争之中，这正是涂尔干所忽视的。因此，在广泛的意义上讲，维果斯基是一个唯物论者。乍看起来，维果斯基使用历史的方式理解知识似乎比涂尔干更多地植根于社会存在的现实。然而，他的理论实际上仍然存在很多问题。首先，他似乎把前科学时代人类为了生存而进行的努力到现代科学思想形式的渐进转型视为理所当然。韦伯提出要对这种变革和不同条件进行识别，盖尔纳从当代视角极力支持韦伯的观点，而在维果斯基的理论中对此没有涉及。其次，维果斯基关于知识发展与高级思维形式产生的进化理论与他关于儿童时期人类思维发展的理论之间的关系还是不够清晰。维果斯基试图在原始人的畜牧业、农业所需的真实逻辑思维与和正规教学相关的科学高级思维形式之间建立发展性联系，但这一联系并不明确。维果斯基对科学概念和日常概念的区分似乎更多地是建立在对皮亚杰批判的基础上，而不是来源于他对人类发展演变的唯物主义解释。最后，维果斯基认为理所当然的问题却是涂尔干主要关注的问题，即逻辑的客观性和不可抗拒力及知识的必要的社会基础。

涂尔干与维果斯基的差异的深入分析

正如我在第三章所讨论过的，维果斯基的理论概念与涂尔干的"神圣"概念在各自列举的标准方面有着明显的形式上的相似性。二者都涉及了概念与独立于概念的具体情境之间的系统关系。二者都提供了推断、联系、概括的可能性。二者尽管源于日常生活实践，但却都与日常生活实践相分离（虽然两位思想家对分离的强调不同）。维果斯基对反映于意识中的实在（理论概念）与即时感知的实在（日常概念）作了区分，认为这是两种具有质的区别的思维方式。他认为它们的关系是"辩证的跳跃"，但是留给我们相当大的疑问：这究竟指的是什么？在第三章中我指出，在简单的意义上把维果斯基理解两种概念类型的方法视为辩证的，是很有用的，他认为它们在发展过程中彼此嵌入、彼此相关。这与涂尔干的观点有明显区别，涂尔干认为在所有人类思想历史中，还从来没有存在过如此不同、如此对立的两类概念（神圣概念与世俗概念）（Durkheim 1995：53）。

对涂尔干而言，在不考虑任何特定社会中的活动的情况下，社会（作为一种结构既独立于社会活动，而又产生于社会活动）塑造和构成了社会分类的形式。而维果斯基认为这些持续地影响和改变自然的活动，正是历史中人类发展的根本基础（因此也是知识的根本基础）。问题在于这种社会活动及其如何发展的观点，与维果斯基对理论概念与日常概念的区分之间的关系是什么。沃茨奇（Wertsch 1990）及其他学者认为维果斯基拥有的是一种超目的的历史观，支持抽象的理性观点，这是一种对启蒙思想的非批判性的继承。[①] 然而，不论维果斯基关于理性的思想是否正确，人类社会似乎不可能没有目的。同样，后现代主义者关于他的科学概念的评论可能更多针对的是评论家，而不是维果

---

① 这个立场并没有得到太多新近研究的支持（Derry 2003，2004）。

斯基。他毕竟工作在后革命时代的苏联这样一个特殊的时代。下面的部分我们根据本章前面介绍的活动与结构之间的差异，来讨论维果斯基和涂尔干的不同。

涂尔干和莫斯认为他们所指称的原始分类是指：

> "不是单一的或者例外的，……相反，它们仿佛与最初的科学分类相联系，……拥有它所有必要的特征。它们是呈等级化的概念体系，……彼此拥有固定的关系，共同形成了一个独立整体。……像科学那样，它们带有纯粹的沉思目的。它们的目的不是促进活动，而是增进理解，使得事物之间存在的关系易于理解，……最重要的是它们被用来联结思想、统一知识。"
>
> （Durkheim & Mauss 1970：81）

涂尔干认为社会结构（他用来作为例证的社会结构，指原始社会中氏族被区分的方式）与逻辑结构具有同源性，因此也与所有知识的基础同源，并在此基础上来发展他关于知识基础的社会理论，此种理论的优点在于：

- 把社会看作知识的基础，把知识看作分离于但又不能化约为其他社会关系或制度，或个体成员，或使用知识的方式（如在技术和工具的情况中）。
- 强调在一个等级化体系中包含什么与排斥什么的分类或规则，并将之视为社会及任何宣称具有客观性的知识的必要特征。
- 在身份认同与知识之间建立清晰的联系，如在作为氏族（社会）的一员与对世界的认识之间所建立的联系（伯恩斯坦的一个重要观点，将在第十章进行讨论）。
- 为社会性的和最优先的知识论提供合理性辩护。这种理论不同于实用主义，不以用途或结果作为真理的标准；也不同于海德格尔，不采纳其对理性工作或者历史上的社会阶层冲突所持的宿命观。

然而，为了避免源于生存需求压力的"技术"型分类，并通过假定他在最原始状态的社会中确立知识的社会基础的原则适用于所有社会，涂尔干几乎把知识的基础完全置于社会和历史之外。他假定虽然知识基础是社会性的，但没有历史性，也就是说它们几乎是普遍的。此结论的问题是它抽空了"社会性"观点的所有内容，换句话说，它剥夺了任何特定社会的具体文化。这也与哲学中的争论相左，而这些争论导致了对逻辑理解的改变（Collins 1998）。无论人们怎么看待诸如"模糊逻辑"等概念的外部相关性，这些概念为何会出现在这个时期、它们在某种意义上是否是对计算机科学发展的回应，都是有趣的社会学问题。同样，涂尔干的理论仅仅关注知识"基础"，而抽空了知识的内容。沃斯利和其他社会人类学家对涂尔干提出的挑战在于：即使在这些最原始的社会中，氏族结构也不是社会分类发展的唯一基础。知识基础的社会学理论可能比涂尔干想的要复杂得多。他对技术型分类的认识论意义的否定仍然很难被合理化。

尽管本章的前面认为涂尔干与维果斯基之间存在很多相似性，但我认为，后者恰好是从前者所忽略的问题——即人类努力占有自然世界的活动——开始讨论的。与涂尔干不同，维果斯基将人类与自然界的生产关系作为他研究的起点。同时，他关于人类发展的概念涉及高级思维形式的产生，这种思维形式并不是自动地出现在人类与自然世界的关系中，而是依赖于正规教育教学，依赖于科学作为一种社会机制的具体发展。与涂尔干不同，维果斯基认为科学是替代宗教的，宗教并不是一种科学的原型。他认为理论知识的萌芽是从实践关切中自觉产生的，对此不需要某种模型和解释。那么，对维果斯基而言，这些理论概念系统是如何从生活实践活动中形成的？它们如何获得客观性？他认为知识（"科学概念"很有可能最接近他所指的知识）不是一个独立的社会范畴，它是人类与环境的关系演化的结果。对维果斯基而言，我们可以说知识形成于意识与世界之间的协调过程之中，正如理论和实践概念彼此形塑与发展那样。在维果斯基对知识增长的演化式解释中，科学与技术是无缝一体的，科学概念和日常概念的界限是模糊的，这与他强调正规教育教学中理论概念和日常概念的独特形式与作用的重要性是不一致的。

综上，我们有两大社会知识论。一个是基于结构的，它认为知识基础远离生活世界（同时，作为一种社会理论，它起源于生活世界），它给我们提供了思考世界的分类。然而，一旦我们离开涂尔干有关原始社会氏族的论述，他的社会概念、概念的普遍性以及他所指的知识的属性就很难清晰辨认。

第二种知识论以社会活动为基础，它产生于我们试图按照目的来塑造世界的集体活动之中，此理论深深地植根于世界中，它所提供的解释的客观性来源于我们改造世界的努力的成败。科学概念与日常概念间的交互作用所表现出来的理论与实践之间"辩证的"或实用的关系模式，就它本身而言不够充分。它需要某种目的观（不管多么暂时），以及关于理论概念与日常生活分离抑或嵌入的明确观点。如果没有这些额外的要素，就只剩下逻辑实用主义了（这是涂尔干对实用主义的批评），它不能解释真理的"坚实"的客观品质，也不能解释科学与技术的显著发展以及在过去两个世纪中它们对社会的影响。由此，我们可以说维果斯基的知识论存在两大问题。第一个问题是他关于科学概念或理论概念的思想过于一般化，在概括中过于缺乏特殊性；他提出的理论概念的标准也没有提供给我们区分不同的专门知识领域中的不同概念（这是课程的基础）的方法。第二个问题是，涂尔干没有将科学如何改造日常世界概念化，维果斯基也仅仅关注科学概念与日常概念间的转化过程，并没有对科学与技术作出区分，因而只存在将理论概念与其他概念相区分的形式标准。我将会在对后涂尔干、后维果斯基的思想的讨论中再次涉及这些问题。

后涂尔干主义的知识论

在知识社会学中对后涂尔干理论的发展作出贡献的几乎只有伯恩

斯坦及其追随者。① 在这里我不描述伯恩斯坦复杂的思想内容，但会挑选一些在他著作中出现的与涂尔干有关的问题。这些问题指涂尔干的分类概念、社会性思想及科学模式。伯恩斯坦起初在他获得好评的论文《教育知识的分类与架构》（1971）中，引用了涂尔干关于分类与社会秩序之间关系的思想（Bernstein 2000）。在这篇文章中，伯恩斯坦区分了两类课程，一类是基于不同知识领域之间的强分类，以及学校知识与日常知识之间的强架构的课程；另一类是以弱分类、弱架构为标志的课程。与涂尔干一样，他关注知识内容之间的关系，而不是内容本身。这会导致关于知识与课程分类的相当静态的非历史观，也意味着允许将坚固的学科边界自身看作是超越历史的，并作为知识生产与获取的唯一条件。他的理论没有提供一个用来恰当处理新知识分类的框架，这种知识分类可能不是传统意义上的学科或者学科本身的历史性发展。伯恩斯坦在他晚期和早期的论文中都讨论了知识问题（Bernstein 2000），区分了垂直与水平的知识结构。他的垂直知识结构模式与涂尔干的原始社会氏族模式有一些相似之处。同时，与涂尔干一样，较之不够垂直的、明显弱势的知识形式（该话题的深入讨论详见第十五章），伯恩斯坦更依赖于某种有些理想化的科学观念（如物理）。在追随涂尔干的过程中，伯恩斯坦表现出的一大优点是给我们提供了一种自成一体的知识社会学，而不仅仅是知者及其利益、立场的社会学（Moore 2004）。对伯恩斯坦而言，教育知识或课程选择和进度安排，变成了社会学研究中的一个独立现象并具有自己的影响和后果，而不只是作为另一种社会机制或如他所言的"一个其他机制和结构的传播中介"。伯恩斯坦也持另一种与涂尔干相关但不是出自涂尔干的观点，即知识分类既是身份关系、等级关系，也是知识关系，它们之间相互包含与排斥。这一点得到专业知识的青睐，同时也受到来自私有化、市场化进程（第十章将论述）的内在威胁。

---

① 一些人可能会把法国社会学家布迪厄也包括进来。但我的观点是，布迪厄是一个主要关心权力问题的社会学家，即使他在写非常具体的科学社会学时也是如此（Bourdieu 1975）。知识本身对他只是其次的关注点——或者，他可能说，知识只是权力斗争发生的另一个场域。

后维果斯基理论

由于维果斯基的人的发展理论中关于科学与知识的思想很不明确，因此这些思想被过于简单地使用、轻易地成为批判的对象也就不足为奇了。后维果斯基主义学者已经尝试超越他关于理论/日常区分的构想，以及仅仅关注正规学校教育的狭隘性。然而，这些超越建立在两个很有问题的假设之上，而这些假设却在很多当代教育研究中盛行。这些假设是：（1）科学或者任何知识都能宣称为真理；（2）学校教育有可能不能提供获得理论知识的特殊条件。我们在这里不去挑战这些观点。它们潜在的假设已经在第一章、第二章中进行了讨论，在第十五章中也提出了一种可能的替代方式。

芬兰研究者恩格斯托姆与大多数后维果斯基学者不同。我已经在第三章中讨论了他丰富的哲学方法。这里我要探讨他如何以非常独特的方式超越维果斯基的理论/日常区分（Tuomi-Grohn and Engestrom 2003）。恩格斯托姆认为在任何课堂、工作场所或共同体中，都可能形成他所谓的"理论性基础概念"，此概念超越理论概念与日常概念的区分，并为行为者提供理解、改变世界的工具。本章的目的并不是要详细讨论他的思想，因此我将把讨论限制在两点上。第一，维果斯基认为理论概念的获得是在专门教育机构如学校、学院、大学之中，恩格斯托姆则认为不一定如此，他似乎认为获取特定类型的知识不需要专门机构。这可能有重要的实践意义，尤其在发展中国家（见第十三章和第十四章，南非的情况）。第二，尽管维果斯基强调在学习过程中理论概念与日常概念的相互关系及它们的不同特性，但他并没有讨论在解决具体问题的过程中它们之间的差异可能变得模糊；恩格斯托姆"理论性基础概念"的构想体现了对维果斯基思想的突破而不是发展。正如我在前面章节中所说，可能由于维果斯基既关注理论概念与日常概念的相互嵌入性也关注它们各自的独特性，因此他不像涂尔干那样，认为有必要深入探讨两种概念独特的本质。

维果斯基强调理论概念和日常概念的相互嵌入性是发展学校学习者高级思维形式的教学基础。这种嵌入性也是他的知识论隐含的根基。然而，我认为，他并没有讨论理论概念可能存在不同类型，或者这些理论概念之间的可能关系。因此，维果斯基的理论一直以来都只关注思维发展过程中理论概念与日常概念的关系，而忽视理论概念的内容与结构。新维果斯基理论的修正主义者如沃茨奇则由于将维果斯基的科学或理论概念思想相对化，而处于丧失维果斯基的教学理论的独特性，以及丧失教学理论与知识论的关联的危险之中。

后维果斯基学者达维多夫的研究更倾向于使用涂尔干的方式来理解知识。达维多夫首先批评维果斯基的粗糙的教学传递模式，提出："概念的直接教学是不可能的，……（教师）尝试使用这种方式，将一无所获，学生只能学到毫无思考的词语……"（引自 Engestrom，1991）。他指出学校中的大部分教学都如此，也很有可能将持续下去。他认为出现这种现象的部分原因是维果斯基对科学概念的定义并不充分。然而，他的批评和前文提及的批评者完全不同。尽管后现代主义批评试图削弱维果斯基对科学与学校教育的强调，达维多夫则试图强化它，并使它变得更加清晰。他认为不对科学概念的内容进行详细阐释，就难以把它们从经验或日常概念中区别开来。这一点值得深入讨论，因为达维多夫在我看来是试图以维果斯基相当含蓄的知识论为基础发展自己思想的重要案例。

达维多夫认为，假定日常知识仅仅给予我们"抽象"，在一定意义上它将永远都不能提供"完整的图景"。他认为理论知识的教学必须"从抽象上升到具体"。因此，教师需要了解知识发展的理论，以确认特定领域中包含着"核心"概念的主题。达维多夫的构想与我在第三章讨论的维果斯基隐含的知识辩证理论问题相关。辩证法认为，没有知识发展的一般理论，只有对物理、历史等不同领域发展的解释。然而，达维多夫的理论使它自身极易走向一种官方界定的知识论，而在斯大林时代知识选择成为国家功能（尽管方式很不同，最近英格兰的发展也有此趋势，见第六章）。最有效的研究路径是把达维多夫的理论视为一种一般化主义形式（Bernstein 2000；及本书第十章），并把他的一般化主义与西方的一般化主义取向如批判性思维、元认知、思维技能等（全都重过程、轻内容）进行比较。

结　论

本章内容以第三章为基础，以涂尔干与维果斯基思想的不同与相似之处为起点进行讨论。我惊异地发现人们忽视了他们的核心区分——涂尔干的"神圣"与"世俗"意义的起源，维果斯基的科学概念与日常概念的极大相似性。然而，当我把这两种区分放到两位思想家的整个思想体系以及知识论之中进行深入讨论时，我很快意识到二者之间的差异。正如我在本章中已经阐明的，实际上，他们提出了两种非常不同的形成社会知识论的取向，对课程和教学具有不同的意义。

丹尼尔斯（Daniels 2001）认为教学的目的是"帮助孩子在日常理解与学校知识（或者科学概念）之间建立联系"。与对这一目的的强调不同的是，达维多夫的课程目的是"教授理论性理解"。二者都源于维果斯基。在我看来，涂尔干不太可能不赞同他们的观点。但是，作为研究者或课程开发者的我们依旧面临很多重要问题：教什么概念？教什么理论？选择什么知识？我们以什么为基础进行选择？

维果斯基通过讨论理论概念与日常概念的相互关系来应对教学问题。至少对我来说，他没有充分地解决基础或者内容问题。课程选择的非任意性基础是什么？

涂尔干至少讨论了第一类关于知识基础的问题：他讨论了需要成为课程基础的知识的外部性与客观性。但是，由于涂尔干仅仅以"社会作为一个整体"这一思想为依据，因此他的知识社会基础模式是有局限性的，表现为他只关注知识的基础。他的"神圣"概念（作为推理思维和科学发展的基础）与他对实用主义与其他社会建构主义之间的关系的批判，对课程开发者、批判教育理论家更有帮助。伯恩斯坦通过知识结构类型学及它们如何体现分类和架构的强与弱，或他后期所讨论的垂直性原则等，进一步发展了涂尔干的这一思想。然而，我前面已经提到，他的垂直知识的概念过于依赖一种理想化的科学观念，和容易引起争论的假设，即假设它提供了一种通用的知识模型。

对比涂尔干和维果斯基的理论是要强调他们不同的优缺点，而不是要得出一种新理论。他们提醒我们，对教育社会学而言，有两点非常重要。首先，教育社会学必须要具备能阐明"什么知识有价值"的理论。维果斯基的理论概念/日常概念的区分和涂尔干的"神圣"概念，及伯恩斯坦对此的进一步发展，都为这样一种理论提供了丰富的资源，也为对课程的职业化潮流和日渐成为各国政府政策主导的课程适切性与模块化的批评提供了基础。其次，教育社会学也必须发展一种教学理论，指导我们关注教师和学生的活动，为学生获得强有力的理论概念——从最广泛的意义上讲为学生的"受教育"——提供必要的条件。在实现此目标上，维果斯基和涂尔干毫无疑问是互补的。

第五章　课程研究与知识问题：
更新启蒙运动？

导　言

本章聚焦于课程研究领域，把课程问题置于一个更为广阔的历史与哲学语境中，主要回答两个问题：为什么对课程问题的思考会与启蒙运动联系起来？在什么意义上现代课程从启蒙运动那里继承的遗产需要更新？

本章有两个目标。首先，赋予课程问题在教育政策中的核心角色，这与最近几乎不惜代价地强调目标设定和达成、学习结果以及扩大参与的趋势形成对照。我将详细展开这一点，因为它适用于英国中学和继续教育政策。

其次，我会继续讨论前面章节提出的一些问题，与课程理论的研究生教育越来越关注评估、评价和指导等问题不同，我将试图让知识问题重新成为课程理论的基本组成部分。我并不是认为那些问题不重要，而是认为在教育中知识论缺失的情况下，这些问题不会得到恰当的解决。我的假设是知识获取①是教育的关键目的，它把教育——不管是普通教育、继续教育、职业教育还是高等教育，与所有其他活动区别开来。因此，关于知识的讨论是至关重要的；但我并不讨论具体的

---

① 成功的知识获取当然是一个不仅涉及教学理论，还关乎学习理论的复杂的社会过程。

知识内容——虽然内容很重要，而将讨论支撑课程的知识的概念。

教育理论（不只是教育社会学理论）中的许多趋势，已经导致了课程研究中知识的边缘化。我主要讨论三种趋势。第一种是始于 20 世纪 70 年代关于教育知识的社会学研究（Young 1971）的意想不到的后果。关于这一点，我已经在本书第一章和第二章作了一些讨论。这里我要强调，具有讽刺意味的是，这项研究的本意是在教育中赋予知识以中心地位，然而它却被概念化为识别有权选择课程知识的人的利益的问题。正如我们在第一章和第二章中讨论的，问题并不是像当时一些批评家所认为的，这是错误的——相反，在所有社会制度中，课程设计在某种程度上都会包含社会利益和对特权的维护——问题是，这只是一个片面的立场，却极容易成为概念化课程的方式。它没有带来对课程决策的独立评判标准，只留给我们相互竞争的利益。

第二种趋势来自教育哲学，体现在教育哲学家保罗·赫斯特（Paul Hirst）的晚期著作中。他推翻了其早期知识形式的论题，指出课程必须基于社会实践。与 20 世纪 70 年代的知识社会学一样，"社会实践"的观点并没有为区分课程知识与从日常生活中所获得的知识提供任何依据。

第三种趋势是后现代主义思想对课程研究以及人文社会科学的普遍影响。人们利用法国哲学家福柯和利奥塔的著作来批判基于科目的课程，指出这种课程排斥了除专业或学术精英之外的其他所有声音（关于此问题更详细的讨论参见 Moore and Muller 1999，以及本书第一章）。正如前面提到的知识的社会建构主义理论，后现代主义对现存课程模式提出的激进挑战是肤浅的。和前面所提的那些趋势一样，后现代主义也没有为课程的讨论提供任何替代性选择，且把课程理论置于（严肃讨论时）旁观者立场。

正是这些发展，连同与新自由主义经济政策相关联的社会和政治变革，以及日益加强的国家干预，加速了课程理论的危机。在政策方面，我们有中小学国家课程、后义务教育课程、职业课程，以及日益加强的高等教育课程，所有这些课程都无视它们所依据的知识假设。

我们有对现有课程所涉利益进行批判的边缘化的课程理论，但除此之外没有其他替代性选择。

本章接下来的讨论基于三个假设。第一，我之前提到的教育研究中的三种发展趋势都与市场化相勾结，即使是无意识的，这种市场化既推动教育政策，同时在深层意义上又是反教育的。第二，通过否定知识具有超越特定的社会实践、利益和情境的独特性，这些理论瓦解了理论和课程政策与实践之间批判性关系的基础。第三，从积极意义上说，我将提出一种基于知识的课程理论，作为一种替代选择；这种理论认识到学校、学院或大学中习得的知识类型与常识或我们从日常生活中所获得的实践知识之间的区别。一般而言，因为世界并不完全等同于我们的经验，课程知识必须是不连续的，不与日常经验一致。制定策略以克服知识不连续性这个教育学难题虽然很重要，但并不是本章所关注的。我将仅仅指出，在这一点上，我个人认为伯恩斯坦的再情境化概念是一个极富启发意义的思考起点（Bernstein 2000），我在第十一章中探讨职业课程时会有所涉及，巴尼特也提出了这一概念（Barnett 2006）。威廉姆森（Judith Williamson）在《观察家报》的一篇文章中用如下措辞非常清晰地表达了我对知识的观点：

> 不管是在天体物理学还是在文学中，都有需要学习和更新的知识体系。大多数人希望（知识体系）有用，许多人希望它简单易学。然而，它并不总是有用的，也很少是简单的。关于知识，真正重要的是，它是"真实的"，或者说，我们能够在任何领域中尽最大可能地学习或发现真理。这正是教育，更具体地讲，大学存在的理由。
>
> （Williamson 2002；着重号为笔者所加）

换言之，教育是以知识和真理的可能性为前提的。

知识的概念与 14—19 岁课程

下面以现行 14—19 岁教育政策为例，来看忽略知识所产生的问题。2003 年，政府提议：

- 关键阶段四（Key Stage 4）[①] 的国家课程减至 3 门必修课：英语、数学和科学（1988 年有 10 门）；
- 现代语言和设计工艺，如历史、地理和所有其他科目，变为选修；
- 14 岁学生能够获得诸如工程、健康和社会关怀、休闲和旅游等领域的普通中等教育证书（GCSEs）。

四年后，当我重新修改本章所依据的那篇论文时，这些提议又进一步发展为：（1）在选修课中增加亚洲语言，与法语、西班牙语和德语一同作为备选；（2）删减科学教学大纲；（3）14 岁学生有机会选择与工作相关的（但不是职业的或应用的）文凭。与近来关于中等教育的大多数改革一样，这些政策期待（但尚未被实践证实）：（1）更多学生将在高年级获得更多资格证书，（2）他们将从更多的选择机会中受益，并且（3）他们将在未来的可就业能力方面，有更好的准备。

针对这些提议出现了许多不同回应，比如：

- 它们得到学术性出版社和知名教育家的热烈欢迎，因为它们终于赋予了职业科目和学生选择的重要性以应有的价值。
- 在那些主张激进并"抓住未来"的人看来，这一新的提议在迈向完全技能导向的课程方面，只是浅尝辄止。〔参见最近的《皇家艺术学会关于未来学校教育的报告》，RSA 2003）

[①]　英国的义务教育是到 18 岁，其中学校承担的义务教育是 3—16 岁，分为 4 个关键阶段，关键阶段一 3—5 岁，关键阶段二 7—11 岁，关键阶段一、二为小学教育，关键阶段三 11—14 岁，关键阶段四 14—16 岁，关键阶段三、四为中学教育。16 岁时学生一般参加考试以获得普通中等教育证书或者国家资历证书 1 级/2 级。16 岁以后学生可以有多种接受教育的途径，譬如参加"第六级教育"以获得高中课程证书或者其他形式的教育证书，如 IB、BTEC、Cambridge Pre-U 或者职业教育与培训班证书等。——译者注

- 对 14 岁以上学生课程的提议和高等教育 50% 入学率的目标一样，都遭到右翼势力如克里斯·伍德黑德（Chris Woodhead）的激烈批判，他认为这是一种"弱智化"和"对反精英主义教条的屈从"（Woodhead 2002）。然而，这些批评者所提供的唯一替代性选择是回归神话般的"黄金时代"——职业教育采用学徒制，学术研究追随托马斯·阿诺德（Thomas Arnold）的拉格比公学（Rugby）的脚步，大多数人 15 岁或更早就离开学校去做低技能的工厂工作——当然，这些早已不可能了。

令人惊讶的是，当时几乎没有来自课程研究（或者教育社会学）专家的任何批评。这正印证了我之前提出的知识问题在课程研究中的边缘地位。没有关于什么知识重要和课程中知识角色的理论，课程专家就只能对不成熟的职业主义可能导致的后果感到不安，以及不大情愿地维护学科课程并因而给人以精英主义的印象——却提不出有效的替代措施。课程理论中的这个空缺已经虚位多时，而对政府课程政策的唯一严肃的替代似乎来自右翼。

我的问题是，政府的提议几乎完全聚焦于教育的外在目的。它们假定未来的就业是年轻人愿意继续学习的主要动机，而不考虑它们对年轻人学习动机的判断是否正确，我们是否需要越来越多的持有休闲和旅游方面的普通中等教育证书的人，甚至一个不断扩大的服务型经济能否消化这些劳动力。这样的政策着实忽略了教育的内在目的。我并不是简单地说传统的"为教育而教育"的观点已经被遗忘了，我的意思是，我们对许多更为基础性的教育问题缺乏考虑，如：

- 为什么我们要说服更多年轻人继续他们的学校教育？
- 在学校或学院中所获得的知识有什么独特性？
- 我们是不是仅仅让更多年轻人参与全日制学习，却没有关注他们学习的内容？
- 当资历不再能实际赋予一个人做某事的能力时，获得资历还是不是教育政策的合理目标？

官方之所以允许 14 岁学生选择休闲和旅游替代比如地理或历史，

是假定与就业有关的知识对他们更有意义。然而，这也假定了从地理或历史学习中所得的知识与从休闲和旅游课中可能学到的知识（比如怎样预订机票）的区别并不重要。这样一种假定意味着什么？它是否像 1944 年教育法一样，认为只有少数学生有能力获得如历史或地理等科目的学科知识，抑或认为这种知识间的差别不再重要了？

没有多少人公开赞同 1944 年教育法的假定，以及它所谓的对三类学校中具有三类心智的三种学生虚假的同等尊重，因此我不再对它多加讨论。认为学科知识与诸如休闲和旅游等领域知识间的区分不再重要的观点有更广泛的影响，我想在本章余下的部分里讨论这一问题。我将超越地理或历史与休闲和旅游的具体个案，而致力于解决关于课程的知识基础的更为一般性的问题。

我不想为任何特定的基于科目的学科课程辩护，尤其是 19 世纪最后 10 年始于公立学校的那些课程。因为那样实际上是对像克里斯·伍德黑德一类保守派观点的赞同——他关注与传统文法学校课程相关的一系列科目，却忽略了作为这一系列课程先决条件的社会组织原则和形式。正如我在第二章所提到的，发端于 19 世纪末期的学科课程的公信度不只是来源于它与精英制度的联系，还来自三个更为基础性的超越了特定的制度、历史和社会阶层（英国的情况）背景的原则，虽然这些原则在当时并不一定清晰，即：

- 人们相信在学校获取的知识与在日常生活中获取的知识之间存在显著的区别。
- 人们假设通过课程学习所获取的知识在认知上比人们的日常知识更优越，换句话说，课程能够让人们超越来自他们生活经验的日常知识。
- 学校科目来自专家共同体，共同体成员不仅包括中小学教师，还有大学教师和研究者。这些群体往往采用专门学科教学协会的形式，在英国，很多这种协会成立于 20 世纪初。

右翼保守派只关注科目目录，而激进教育家则关注专门学科教学协会（至少在最初成立时）为社会特权机构和特权部门代言而排斥大多数人声音的程度。两派观点都忽略了一点，即对于知识的获取和生产来说，可能有独立于其所处社会情境的至关重要的社会条件。

对知识导向课程的激进批判在当代占有重要地位，因为近年来它们获得了新的和更广泛的可信度。在一些教育家的支持下，政策制定者认识到经济主导部门对创新的灵活性与开放性同课程中分科的僵化之间存在张力。改革者认为，现有的课程划分与精英制度相联系，阻碍了参与率的提高，尤其是对弱势群体而言。

问题在于，我们是否落入了一个两方都不可接受的二选一的陷阱之中。第一个是右翼的观点，认为知识本质上是既定的，试图改变课程学科结构的努力注定要走向弱智化。第二个是"现代主义"观点，认为除了允许课程通过提供更多与就业相关的选择来回应市场的压力以外，我们别无选择。后者有一个非常值得怀疑的假设，即认为学习者的结果一定是好的。更为可能的情况是，许多学习者在毕业时可能获得了更多的资格证书，却所知甚少。[①] 如果这是一个陷阱，我认为它部分上是我们自己造成的——是理论化不足的产物。

课程中的孤立性原则与混合性原则

我将探讨如何利用我在第三章中的分析来逃离上述陷阱。在第三章中，依据孤立性原则与混合性原则（Muller 2000），我分析了"过去"的课程和可能的"未来"的课程之间的张力。

让我们先回到孤立性原则——这将追溯到18世纪时研究实验室的建立（Shapin 1994），以及19世纪早期学科成为大学课程的基础（Messer-Davidow 1993）。孤立性原则强调不同类型知识——尤其是理论知识和日常或常识知识——之间的差异性而不是连续性。它否定课程中不同类型知识的分类仅仅是早期社会分化的反映。它认为，课程

---

① 雇主无休止地抱怨他们招募到的员工质量，这很令人惊讶吗？令人沮丧的是，政府莫名其妙地想象，如果给雇主更多关于课程的话语权，问题就会解决。雇主想招募到更有能力的员工当然是合理的；但我从来没有听说有雇主想真正严肃地投入时间去教育员工。

分类不仅源于社会和政治，还有认识论和教育学的基础。也就是说，课程分类在根本上与人们如何学习以及人们如何生产和获取新知识是相关的。

孤立性原则认为新知识生产和获取的条件限制了课程革新的可能性，尤其是限制了：(1)学科边界的交融，(2)日常知识进入课程，以及(3)课程设计中非专家的介入。该原则认为，去除这些边界需要付出教育学的代价。毫不奇怪，孤立性原则可以不加批判地用来为课程现状辩护。这里有两点值得说明。

第一，孤立性原则在此处指知识内容之间的关系，而不是具体内容自身。换言之，孤立性原则不是支持某一特定的科目或内容目录，而只是主张不同知识领域以及理论知识和日常知识之间界限的必要性。

第二，虽然孤立性原则可能会用于政治目的，但它首先不是一个政治原则。它所基于的知识观是：(1)知识不能完全等同于社会需要或利益，也不等同于其使用或目的；(2)知识从经验中吸取内容，但不是以经验为基础。正如前面章节中引用的笛卡尔在近四个世纪之前所言，真正的知识"超越所有习俗和范例"。我并不认为我们一定赞同笛卡尔的真正的知识通过反省而来的观点，但我们需要像他那样质问：知识获取和生产的条件是什么？以及正如他本应表达出来的，我们的方法论是什么？这意味着我们不能不加批判地接受启蒙运动哲学家关于知识和真理的观点，也不能像后现代主义者一样完全拒斥它们。这意味着我们要超越其局限——尤其是个人主义、对知识和理性的非历史观，以及把知识仅仅等同于自然科学的倾向。

正如我在第三章中阐述的，混合性原则是一个较新的观点。它反对科目和学科之间的界限和分类反映了知识自身特点这一观点，而是把它们视为特定历史情境和利益的产物。正如南非社会理论家约翰·穆勒所指出的，它强调"所有形式和种类的知识本质上的统一性和连续性，以及所有分类界限之间的（潜在的）渗透性"（Muller 2000）。换言之，对混合论者来说，任何事物都是相互联系的——这是一种标准的乌托邦！

混合性原则通常利用现代经济和社会日益显现的"无边界"特点为其一致性辩护。混合性原则宣称，基于混合性原则的课程是对当代现实的一种反映。它挑战了学校教育日益走向"为学习而学习"①的趋势，并且似乎提供了一种使课程与更多年轻人发生关联的方式。同时，由于更强的包容性和适应性，基于混合性原则的课程被视为是对平等和社会公平这些政治目标的支持。

20世纪70年代，混合性原则体现在跨学科研究和统整课程等思想中。20世纪90年代开始，在这个市场导向更加明显的时期，混合性原则有了不同的表达——更强调个体机会和选择。混合性原则的实例有：

- 模块化或综合化课程；
- 大学为了适应产业的需要使用的标语是学习一定要"做成一口大小的量"；
- 经验式学习和工作场所知识融入课程；
- 学术知识和职业知识之间区别的模糊化。

混合性原则在根本上以相对主义知识观为前提，这种知识观作为揭示那些与现存知识界限和划分相关联的既得利益的基础，对激进主义者来说很有吸引力。

我们在第三章中说明了基于混合性原则的课程之所以对教育政策制定者有吸引力有其具体的政治原因；它看起来趋近于选择、社会包容性和问责等新政策目标。选择和社会包容性要求课程承认那些传统上被排除在正规教育之外的知识和经验。同样地，问责要求限制学科专家在界定分界线以及什么是知识方面的自主权。

因此，学术知识的孤立性原则反对社会和经济对一个更具"回应性"的课程的要求，这种课程可作为超越现有边界的新类型技能和知识的基础。而通过否定具体知识分类与教学要求或认识论原理之间的联系，混合性原则表明课程决策将（并且应当）最终取决于市场压力或者政治决议；或者说，优先取决于政治而不是教育。那么这两种原

---

① 当然，这里假设学习可以有其他目的。

则之间的张力可能带来什么结果呢？

一种结果是把孤立性当作教育保守主义的表达以及对特权的维护，在新的全球化经济中，这种对特权的维护需要为民主选举政府面临的混合性压力让路。根据这一说法，我们可以预期学科或科目课程会逐渐消失和被替代。更直白地说，混合性原则认为课程的那些脱离日常生活的特点从根本上具有历史局限性、是过时的。混合性原则假定未来的知识获取和生产将越来越具有同质性，它们不再是独特的现象，而只是日益增长的多样化的社会实践中的两种形式而已。

然而，一种更为可能的结果是，在有能力保留学科课程的公立学校、文法学校等精英机构，与没有能力抵制开发满足现时经济和政治需要的课程的压力的学校和学院之间，将会产生新的分化。

课程的另一种取向

我所提出的另一种课程取向基于完全不同的假设，即前面提出的知识的社会实在论：

- 它否认知识是既定的且以某种方式独立于其所处社会和历史情境的保守观点。
- 它假定了一种知识观，认为知识是在特定历史背景下、在一个充满利益竞争和权力斗争的世界中，被社会性地生产和获取的。同时，它认为知识具有"浮现"属性，这种属性使知识超越对特定群体利益的维护。也就是说，我们必须要讨论认知或智力方面的关切。
- 它否认把知识仅仅看作是社会实践的一种的观点。它把不同知识领域之间以及理论知识和日常知识之间的分化看作教育目的的基础，即使分化的形式和内容并不固定，总是在改变。

课程理论所面临的挑战是，识别出这种分化的本质、并探索如何基于这种分化开发出不与更大的公平和更高的参与率目标相矛盾的课程。我所发现的最有用的分化方式是伯恩斯坦对垂直知识结构和水平

113

知识结构的区分（Bernstein 2000）。我并不想在本章深入讨论他的分析。他认为知识界限和分类不只是"牢笼……，（它们也可以是）压缩过去与开启可能未来的张力点"。

正如我先前所说，建立于 19 世纪末 20 世纪初的课程不仅是一系列科目，还是专门探究领域的学者们开发的用来交往的一套符码、准则、实践和形式。伯恩斯坦的分析所提供的是一种方式，用来区分知识获取和生产所必需的条件与（知识获取和生产过程所涉及的）和社会利益相关联的条件——诸如 19 世纪末 20 世纪初公立学校和牛津大学、剑桥大学的关联。这一观点取决于多种假设。它假设：（1）人们设计出与科目和学科（如地理、历史和科学）相关联的符码和实践，是为了使课程与学生带到学校的日常知识相分离；（2）这些准则和符码明显地与正规教育机构相关，它们至少部分地脱离家庭和日常生活需要；（3）正是课程和日常生活的这种分离使学生通过获取知识而得到解释能力和概括能力，而这些能力并不是以实践关切为主要内容的日常知识的特点。

由此，指导课程政策必须要遵循以下原则：

- 课程不能基于日常生活经验。这样的课程只会重复经验。
- 课程的内容和形式不是且不应是静止不变的，新的课程形式和内容将不断产生。
- 在用一种基于雇主的现实考虑或就业的一般标准（如关键技能）的课程替代基于专业研究和教学共同体的课程时，保持极其谨慎的态度是非常重要的。
- 我们知道，并不仅仅只有学校科目才能让学生获得拥有解释力的概念。然而，它确实取决于专家教师、大学研究者和专业协会共享的知识，正如工程、建筑、医学、会计等专业领域的情况一样，对学术学科来说也是同样。若不依赖这种形式的组织，像在一些新出现的如休闲和旅游等所谓的"职业"领域中，仅寻找一个获得更高参与率的捷径，只会延续教育和社会根本上的不平等。

- "未来的课程"需要把知识视为不断变化的资源中一个独特的、不可化约的要素。人们需要知识赋予世界以意义。从本观点出发的课程理论的任务是在我们所面对的新环境中重申知识的这一重要意义。

"过去的课程"和"未来的课程"：一种批判

本章中，我将讨论"过去的课程"与"未来的课程"的区别——第二章中已有涉及，而我第一次提出它们是在《未来的课程》一书中（Young 1998）。如今，我对这两个概念的看法与我在 1998 年时极为不同，当时我还没有完全意识到基于一种明确知识论的课程模式的重要性。当时我所总结的两种课程模式的区别可以概括为几个关键维度，课程中知识的组织可以根据这些维度进行变化：

- 学科与科目间的隔离与联结形式；
- 理论知识和日常或常识知识的隔离与整合程度——例如恩格斯托姆的基于理论的实践概念（参见 Engestrom，2004；本书第四章）；
- 知识构成一个各部分有机联系的统一整体的程度，与知识可被打破重组为（模块化为）相互分离的要素、由学习者或教师把任意数量的要素组合起来的程度。

"过去的课程"想当然地认为知识传递或获取的最好方式，是与其学科连贯性相一致的隔离的专门形式。它忽视使这些原则受到质疑的政治和经济变化可能产生的影响，也不考虑与之相关的教育机会不平等问题。然而，"过去的课程"植根于一个真实社会网络的历史之中，以及对于专家的切实信任之中，这赋予课程一种客观性，一种超越其精英机构的社会根源的标准概念。"未来的课程"还只是一种趋势，一种观念，很难说它存在于任何一种制度形式中。要成为一种提高学习质量的方式，它还有待建立一个同等的信任基础。若要达成其目标，就要建立新的联盟、信任形式，并培养新型的专家。目前这两种课程模式之间悬而未决的张力，留给我们的充其量不过是对"过去的课程"务实的修正。这些修正避开了如何建立新的既顾及全球经济变革又不摒弃旧有科目和学科所提供的至关重要的自治权的专家网络的基本问题。

结　论

本来我计划以本章副标题"更新启蒙运动?"为主题开始我的讨论，然而结果证明，启蒙运动和现代课程之间的关系是一个比预想要复杂得多的长期项目。最终，结论部分我给出的仅仅是一个简短的历史背景，借此提醒读者，我一直关注的课程和知识问题绝不是新的话题。我追溯启蒙运动的兴趣源于我试图理解启蒙运动思想，尤其是它那些遭到后现代主义者严厉抨击的关于知识与真理的思想。围绕后现代主义的争论趋于两极化，要么是对理性与知识在某种程度上超越历史与社会的辩护，要么是一种完全相对主义的，拒绝知识的客观性、拒绝所谓历史发展的元叙事的立场。我认为，这两种立场都很荒谬。因此，我想提出一些初步的想法，把这个广泛的讨论与本章中提出的课程研究问题联系起来。

首先，与流行的两极化趋势相反，我认为我们必须面对理性和知识的客观性与它们不可摆脱的情境性和历史性特点之间的张力。其次，与许多启蒙运动思想家所认为的一样，我们没有局限于把真实的知识仅仅等同于数理科学。再次，在课程领域，像任何其他政策领域一样，如果没有关于进步的观念，不管我们多么谨慎地处理具体表达方式，都很难或者不可能形成任何观点。最后，关于黑格尔。我很晚才开始试图理解黑格尔思想与当代问题的可能关联，但我仍认为，如果我们想超越他试图调解但仍然存在的两极化，我们就不能对他视而不见；在本书第三章我曾简要述及明显的例证，即那些存在于个别与一般之间，以及知识的客观性与它根本的历史性之间的两极化。

　　我之所以认为黑格尔对课程理论非常重要,是因为正是黑格尔最全面地认识到启蒙运动的重大意义;历史上第一次在处理认识论、伦理学和美学问题时不再必须依靠传统或者神启。如哈贝马斯所说,"黑格尔开创了现代性话语"(Habermas 1990),而我们仍然是这个话语的一部分。现代性对黑格尔来说是独特的,因为它是自立基础的,这一开创性的发展时至今日仍然影响着我们的课程理论,例如有关英国文学和经典、学校历史课究竟应该教些什么、学校科学教学内容的争论。黑格尔认为辩证理性是历史驱动力的观点对于今天的我们来说多少有点难以苟同,但是他留给我们的不是人们通常所理解的立场,而是提供了一种讨论框架。

　　卡利尼克斯在他对社会学理论的精彩介绍(Callinicos 1998)中指出,哈贝马斯区分出黑格尔追随者的三种立场。第一是左翼黑格尔派哲学家。他们保留了黑格尔关于历史是一个辩证的发展过程的概念,但是把这一概念从观念领域迁移到工人阶级的革命趋势中。第二种是右翼黑格尔派哲学家,他们把绝对理性和他们时代的国家(及历史的终结)联系起来,是现代自由主义(约翰·斯图尔特·密尔,也许还有现在的新工党和弗朗西斯·福山)的先驱。第三种立场出现较晚,是尼采对黑格尔所提出问题的回应。他揭露了左右两派的本质,认为他们仅仅是权力意志的表达。通过对启蒙运动的全盘拒斥,他成为今天后现代主义者的鼻祖。

　　这种课程问题题外话讨论的用意在于,黑格尔对于理性和知识自立基础的确认,以及因不能再依靠传统和神启而造成的困难在今天仍然困扰着我们,课程讨论如此,当代其他政策争论亦是如此。一些学者,如右翼黑格尔派哲学家的继承者——技术统治论者妄图中断历史;左翼黑格尔派哲学家利用公众意见表达社会矛盾;而其他学者则宣称根本不存在对问题的理性解决,唯有权力。而我试图寻找一条介于前两者之间的道路。

　　我来总结一下这些题外话。首先启蒙运动改变了一切——在决定教什么时,我们不能再追溯到传统或上帝,我们所拥有的只有理性、知识和历史。第二，关于知识是如何获取和生产出来的，我们了解的要比黑格尔和其继承者所了解的多得多，环境已经发生了变化。然而，我们与他们作为先驱所面对的基本问题仍未改变。因此，在反思课程理论时，我们必须不断地回到黑格尔和他的继承者所提出的问题上去。

第六章 教育、知识和国家角色：
教育知识的"国家化"？

导　言

　　本章主要讨论政府在教育中的角色及教育政策中的干涉主义趋势——这种趋势普遍损害了学校和正规教育的根本宗旨，并因此破坏了类似提高参与率之类的进步主义政策想要达到的目标所需要的条件。

　　我主要关心两个议题。第一个议题是在本书前面章节反复出现的知识问题。我尤其想要强调区分不同类型知识的重要性，以及这些知识在教育中承担或者应该承担的角色。第二个议题是近来在改进学校教育产出和提高标准方面的努力，以及这种努力如何表现为过度工具主义的形式，因为教育越来越把注意力集中在政治和经济的目标上且以它们作为评判标准。在第二章中我曾简要讨论了这种工具主义，我认为有必要再度指出它减少了教师和研究者这些专业人员工作的空间和自主性。工具主义者所隐含或有时直接表现出来的假设是，特定的教育目标——在英国传统上称为"为教育而教育"——仅仅是保护特权的幌子。

　　当前的教育政策中，工具主义主要表现为市场化，教育机构越来越多地卷入对学生、资源和监管（有时候指质量保障）——外部各种不同类型的监管机构制定标准，而各教育机构必须遵循这些标准——

的竞争中去。这些都直接或间接地减弱了教育机构的自主性，以及它们在维持或提高自身标准方面的专业责任。舆论认为，重要的替代方案主要来自两种形式的怀旧——一种来自政治上的右派，一种来自左派。来自右派的方案反对监管本身，提倡回归"专家学者"的理念；同时，它总是无视（或接受）系统隐含的精英主义，其中学者或专业人员是这个系统的一部分。安东尼奥·葛兰西的左派观点在今天已经几乎销声匿迹。左派观点把教师等专业人员视为（或者曾经视为）未来社会潜在的有机知识分子（Sassoon 1988）。然而，至少据我所知，悲哀的是，左翼在很久以前就已经放弃思考葛兰西构想的社会类型的可能性，也不再关注政府和专业人员在这样一个社会中的角色。

为了找到这些讨论的切入点，我利用了教育社会学中的两个批判传统——教育知识社会学以及对教育中的私有化和选择的研究。我将利用前面章节中的分析，把知识获取的条件作为教育研究的中心议题。就对私有化和选择的争论而言，我主张我们需要重新思考对"公共"和"私人"两个范畴的使用，这在当前情况下尤为必要，因为现在政府不仅在努力把公共部门私有化，还在试图把私有部门作为公共部门的范例。最后，我将转向政治哲学家迈克尔·波兰尼（Michael Polanyi），我认为，他的"科学共和国"（republic of science）思想也许会为我们在思考达到促进知识获取这一具体教育目标时应如何管理教育和专业工作，提供一种替代方案。

理 论 背 景

讨论教育知识社会学不可避免要回到《知识与控制》一书（Young 1971）。此书的初衷是揭露官方课程的意识形态假设——它总体现一些利益。"利益"，就当时它经常使用的意义而言，首先指社会阶层和权力关系；然而，这个词也同样适用于性别或种族关系，且在20世纪80年代，也确实充斥着这些术语。尽管它的优势在于提醒我们永远要对这个世界的官方版本提出质疑，但这种取向有着根本性的缺陷，这一点我在本书前两章中曾详细讨论过。这里我只简单地重述一下要点。我认为所有知识都是社会性的（如果你不相信神启，那么这注定是真理），这就导致了一种立场，认为课程只不过是掌权者利益的反映。换句话说，在教育中，与其他领域一样，有价值的是权力，而不是知识。这就导致了一种相对主义，对我们关于课程未来的讨论并没有多少帮助。

本书尤其是本章的主要论题是最近出现的教育知识社会学的一种新取向。我在第二章中对这一取向有最初的概括。它所关注的不只是对知识的批判，还有作为教育社会学关键研究问题的知识的条件。相对于早期知识社会学，这一取向对知识秉承一种社会实在论，而不是社会建构主义的立场。它认为，知识不能被化约为生产或传递知识的那些人的活动和利益。

我关于社会实在论的阐释基于以下假设，这些假设对本章的后续部分至关重要。

- 知识（什么是人们需要去学习或知道的？）是所有教育政策的核心。
- 如果关于世界的知识将成为课程的基础，那么它指的是那些使我们超越自身所在的情境，也超越获取和生产这种知识的情境的概念。
- 这种课程知识思想的重要意义在于区分了由专家（通常在学科里）生产出来的知识与人们通过他们在家庭、共同体和工作场所的经验所获取的知识。

两个当代谬论

通过分析目前思想界的两种谬论——我称它们为"内在论"（internalist）和"外在论"（externalist），我想说明为什么这些关于知识的抽象问题非常重要，尤其是知识在课程中如何被组织①以及在研究中如何被学科化的问题。

内在论谬误是第二章中所描述的典型的"保守的新传统主义者"取向，且与右翼智囊如 Politeia 相联系。这是一种非社会的观点，认为知识是既定的，只有愿意视自己为"受过教育的"人才能够获得知识。对那些认同这种立场的人来说，知识的改变仅以知识本身内部特征的形式出现，这使它们能够维护其所服务的现存知识秩序和社会结构。克里斯·伍德黑德对 Politeia 出版的《汤姆林森报告》（*Tomlinson Report*）的回应是一个很好的例子（Woodhead 2004）。政治右翼想要维护的学术课程面临的最大威胁正是他们想要鼓励的市场力量，表面上看来，这似乎很具讽刺意味。然而，这一讽刺也许能够掩盖精英学校总是能够使它们自身免受市场力量之害的假设。

这些看法在某种意义上是正确的：它们承认知识有某些特殊之处。但是它们又是错的，因为它们把知识的这种特性视为既定的，而不是社会的和历史的。一种结论是伍德黑德的批判只能够支持现存的知识结构和与之相联系的社会不平等。他对未来的建议，如我在第五章中阐述的，仅仅是一种向早期时代的回归，那时候大多数没有上大学的人要么成为学徒，要么做非技能性的体力劳动，除此以外别无选择。

我所说的外在论在今天有更大的普遍性，并且与第二章中讨论的技术－工具主义意识形态有相似之处。不同于将知识视为既定的、只以内部变化为特征，它认为任何知识的特定顺序都不是特别的，都是偶然的。由此，课程和所有类型的研究都应该尽可能由社会和政治目标决定。外在论表现为多种形式。最近流行的形式是强调教育产出，比如社会包容度、参与率和经济竞争力，并利用这些产出来制定目标，以推动课程和研究的优先取舍。

尽管这两种立场有本质区别，但它们有一个共同点：它们都没有

---

① 伯恩斯坦用的术语是"教学化"（pedagogized）。

考虑到生产和传递知识的条件。① 内在论者把现存知识结构视为历史无涉的既定物，而外在论者则仅仅把知识视为另一种可被操纵以服务于当权政府目标的工具。

英国社会学家巴兹尔·伯恩斯坦是第一个开始审视知识获取和生产的条件，并且提供一种超越两种谬论的取向的人。他认为中小学课程和大学课程是建立在不同知识领域之间的强分类，以及教育和日常知识结构之间的强架构的基础之上的。伯恩斯坦认为，获取和生产知识的关键条件是分隔：学科领域之间的分隔、教育知识和日常知识之间的分隔。很明显，这是一个极其有争议的观点，佀它给我们提供了一个起点，同时也引出两个重要问题：

1. 在继续教育②和高等教育不断扩张，并且比以往任何时候都更容易屈从于外部监管的情况下，这些条件能否维持？

2. 当前提高参与率（例如：基于工作的学习、数字化学习、工作相关的基础学位和课程模块化）的改革在多大程度上削减（或妨碍）了伯恩斯坦提出的获取和生产知识的必要条件？

带着这些宽泛的问题，我将简要举例论证三个具体的政策问题（这些问题在本书的其他章节中有更详细的讨论）。

教育研究中学术学科的角色

不断更替的英国政府引入了各种策略以（用他们的话说）"让教育研究更有用"。他们倾向于把教育研究引向政治的以及更广泛的社会目标，并且排斥在学科里工作的个体研究者的标准和特权。这种策略的例子有：经费向诸如学习型社会和教与学研究项目（TLRP）等国家项目转移；要求研究经费竞标者考虑广大研究成果"使用者"；鼓励大学参与政府投标竞争，并由此不可避免导致研究的窄化。在第七章中，

---

① 具体解释见第二章。
② 继续教育（further education）是英国职业技术型的高中教育，通常是16—18岁的学生或18岁以上的成年人就读，主要目的是为了获得资格证书，掌握就业所需眗具体专业技能，增强就业能力，从而尽快步入就业岗位。——译者注

我将讨论由于削弱教育研究的自主权（间接削弱知识生产的条件），这些策略将危及教育知识真正进步的可能性，而从长远来看，这种进步很可能有助于政策改进。

专业的危机

在第十章中，我将利用伯恩斯坦著作中一系列不太为人所熟悉的观点来分析专业所面临的危机。在教师和医学行业，专业受到国家管制的扼制；在法律和会计行业，专业受到市场关系的侵蚀。伯恩斯坦（Bernstein 2000）在其最后一本书中指出，专业知识作为学术学科的"内在属性"和实践需要的"外在属性"（例如，为了健康改善、司法提议以及新的公路和铁路）之间张力的一种产物出现在 19 世纪。这种张力既导致新的专业领域如会计的产生，也促成了新的学科，如分子生物学和机电学的出现。20 世纪中后期，内在属性和外在属性之间的平衡向后者转移，并走向一种新的控制形式——伯恩斯坦称之为一般化主义。一般化主义指赋予那些不限定特定职业或研究领域的规则、程序和实践以优先权。强调一般化主义的政策重视消费者和顾客的需要；然而，在实践中，大多数通用的程序和标准是由政府机关制定的。一般化主义涉及权力从专业人员和学科专家向管控机构及其更多的通用标准的转移。专业人员发展和应用新的专业知识的基础被削弱，同时他们的自主权也减小了。

改革 14—19 岁课程

从前面所提两个谬论的角度来看，14—19 岁课程体现了一种矛盾的情况。在第四级文凭①的通用标准和科目的（不管是学术的还是职业的）具体知识标准之间，《汤姆林森报告》优先选择前者（Tomlinson 2004），这是我之前所说的外在主义谬论的例子。然而，工党政府

---

① 第四级文凭指英国国家职业资格框架中的第四级，大致等同于我国的专科文凭。——译者注

(DfES,2005)拒绝了该报告建立单一文凭结构的提议,重申科目本位的英国高中课程的自主权,采取了一个与克里斯·伍德黑德和右翼智囊 Politiea 几无二致的立场。《汤姆林森报告》和工党政府的相似之处在于,不管在学术还是职业路径中,二者都没有考虑到知识获取和发展的条件。我将在第十一章中进一步讨论这个例子。

影响:教育知识的国家化?

在前面三个案例中,我们可以注意到一种从对与专业人员相关的归纳原则的依赖向对与管理机构相关的程序性原则的依赖的转移。从另一个角度说,这是一种从认识论形式的问责(与学科共同体内所共享的有关真理和客观性的观念相联系)向行政形式的问责(依据适用于所有专业和研究领域的一般化的、几乎总是量化的标准)的转移。我认为这一转移有两个含义。

首先,我认为这是教育"国家化"的一个实例。传统上,国家化指私营企业的公有化,但我并不在这个意义上使用这一概念。我所说的国家化是指传统上具有高度(专业)自主性的公共或私有部门的活动是如何日益必须与政府或国家管理机构指定的目标相吻合的。我所列举过的例子包括教育研究者的学科基础,专业成员的自治性,学校、学院中学科以及职业教育教师的专门知识基础。它们都被限制在使这些活动更为符合管理体制要求的利益关系之中或被限制在国家体系里被奉若神明的程序性原则中。由我前面对伯恩斯坦知识社会学的讨论可以推出,这些问责的新形式将不可避免地损害知识的分类和框架。结果是,隔离可能也会受到威胁。伯恩斯坦认为,隔离是知识生产的关键条件,而知识生产是严密的教育研究和高质量专业工作的基础。平衡正在从由专家界定的与内部标准相联系的强分类向弱分类以及来自管理机构(以及间接来自政府)更强的管控转移。

我并不是说不能批判专业成员、学科专家或教育研究者的自主权。很多众所周知的例子可以说明他们的实践有时仅仅是在保护特权或者维护过时的行为。此外，在每一个我所提及的例子中，也都存在令人不满的问题；16 岁以上的学生辍学、教育研究过于薄弱、医疗事故频繁出现，这些都是实际存在的问题，但相关专家对这些问题的关注远远不够。

我并不是反对政府干预本身——政府的恰当角色是民主的必要条件。我所关心的是政府近来干预行为的本质，以及对知识和教育所持的过度工具主义的观点。

其次，我想指出我们需要讨论的问题不仅仅是教育正在被私有化［正如"失败"的地方教育局被移交给贾维斯（Jarvis）一类的工程公司和各种各样申请建立院校的机构］，更重要的是教育正在被国家化。"国家化"一词远远不能充分表达这些形式。① 公立教育本来被视为一种远离国家干预、具有较高自主权的专业实践，而现在的情况是公立教育越来越成为一种国家规范和问责程序之下的国家导向的实践，我正在寻找一种描述这种变化的方式。我意识到，许多被我认为是国家化的进程都借用了私营部门的语言和策略，比如营销和推广甚至被用在大学圈子里，也正因如此，它们也可能被视为私有化的例子。然而，干预权是国家的权力，更进一步说，是民选政府的权力。正是国家权力推动着教育与政府目标保持一致。因此我个人认为，如果我们要质疑中央政府应该干预什么与不应该干预什么之间的界限，那么把这一进程仅看作私有化是不充分的。

那么，我们应该怎样描述这种国家化进程呢？我认为教育机构（像其他公共部门，如医院）正日益成为（并且被政府视为）传递中介，传递研究成果、留学生、有资质的教师、考试通过率、高参与率，或者任何政府所偏好的其他结果。我绝不是说我们应该反对这些结果，我关注的是，当这些外部强加的"结果"驱动着教育机构和政策时可能产生的后果。

与公共教育"传递中介"模型的产生相联系的管控、量化目标和

---

① 克劳奇（Crouch，2004）用"商业化"（commercialization）一词来表达类似的发展。

压缩资金，意味着教育机构的特殊性正逐渐减弱；主导性优先权变为目标和产出的传递——而不是目标是什么，也不是如何达到目标。

当前英国在工党政府执政下，国家化进程的新的显著特征是，工党用克服社会排斥的新目标取代其原有目标，即促进更大的机会平等。社会包容作为一个口号拥有很难被挑战的修辞权力，对它的异议极易被视为保守主义或精英主义——除了极端保守的精英主义老古董，谁会反对社会包容？这一反应显然是经典的"第三条道路"或"新工党"为了在关于真正的且往往很艰难的替代方案的讨论中占得先机而采取的战略。优先解决社会排斥的问题在于，对包容的关注很容易让人们忽略讨论什么人被包容，以及更多社会包容与更大的不平等相联系的可能性。可以说明这种可能性的是普通中等教育证书的考试结果。从取得某一层级的结果意义上来讲，每一组别的学生中超过 90% 是被"包容"的。然而，并没有清晰的证据可以表明这意味着不平等的减少。

我们正面临着公共教育扩张和发展的新阶段，我们需要新的概念来理解它。迄今为止，这种扩张的历史涉及两种努力。一种是将教育机会开放给范围更大的公众，另一个是改变既定的教育本质。在英国，左翼和工党运动的大部分力量以及工党政府都参与了第一种努力。然而，与前任政府不同，现任工党政府不再被流行的扩张运动所驱使，而是要达成它自己的目标：改造它认为"保守"的教育机构，倾向于排除在政府看来学生不会从中受益的项目。把教育机构看作保守的观点所掩盖的是两种保守主义之间的重要区别，我把这两种保守主义姑且称作"政治的"和"教育的"。把它们的区别看作是分析性的而非描述性的是非常重要的；在实践中，它们经常同时存在。"政治的"保守主义表现为多种形式。一些是更广泛社会的历史保守主义遗产，例如牛津大学和剑桥大学享有资金倾斜待遇，又如公立学校和许多其他教育机构的慈善地位。其他的例子可在正规教育机构和学科领域的变革所面临的惰性和阻力中找到。相应地，"教育的"保守主义起源于教育机构的文化保存和传递角色，以及捍卫作为知识获取和生产必备条件的特定结构的需要。包括"教育的"保守主义的例子如对学科以及特定形式教学权威的支持，还有对把课程分隔为"一口大小的量"（我不知道这种说法是否合理）的抵制。我认为若不区分两种形式的保守主义将会很危险，我们可能会忘记去质疑在特定情况下什么被"保存"下来，以及为谁而保存。结果是，为了克服变革的阻力，支撑教育和研究的传递模式的极端工具主义将逐渐破坏获取知识的条件，而获取知识是教育及其扩张的历史性目的。

下面我来总结上述主要观点。由于教育机构被迫选择行政管理原则主导的传递模式，教育的特殊性、优秀研究和专业工作的认识论基础，以及学生发展的可能性都遭到了破坏。

我认为，对上述三者而言至关重要的条件——教育研究的学科基础，14—19岁课程的科目和职业教育教师的专门知识，以及专业知识的自主权——可能都受到了威胁，这些威胁主要不是来自私有化，而是来自新形式的政府干预。

每一个例子中，都有一个集权的或"干预的"国家，而不是"私有化"的国家。另外，国家比直接建立在市场基础上的主体更有可能破坏知识生产和获取的条件；例如美国，高质量的研究生教育和研究传统都是在私立大学里延续的。

如果仅仅站在私有化的对立面去思考现行政策，我们可能会陷入一种圈套，认为我们所需要的是国家发挥更大的作用。近来的证据显示，至少在英国，这甚至会加强我所说的"传递模式"的主导地位。随之而来的是，作为教育政策领域中的分析性概念，无论是国家/私有二分法还是私有化，都可能比其实际效用存在得更久。正是国家而不是私有部门在干预专业和学术领域。我们正处在新的境况之中，我们需要新的理论工具来批判和思考替代方案。在最近一次大选中，新工党的竞选口号是"向前，别倒退"。我认为，如果想要前进，我们可能需要先后退。因此，在本章的最后部分，我将介绍迈克尔·波兰尼写于1962年的《科学共和国》中的观点。我认为，尽管这篇论文完成于40多年前，且产生于一个非常不同的政治环境，它仍为我们提供了一种思考知识生产和国家角色的思路，使我们超越现有对过度管理的批判以及对私有化相当狭隘的讨论。

国家和知识：迈克尔·波兰尼的《科学共和国》

1962 年，波兰尼遇到了与我们今天在中小学、学院和大学里所面对的与科学有关的相似问题。他讨论了对科学进行投资和控制的国家干预主义路径，这在当时非常流行，但在今天可能会被许多人认为很原始。它为科学研究设置特定的政治目标，并被苏联的李森科表达为最极端的环境生物学形式——将我前面所举的外在论谬论发挥到了极致。当然，正如最后所发生的，自然世界的实在性驳斥了李森科及其意识形态。相比较而言，教育包括一系列社会机构，在抵制和推翻意识形态方面的作用并不是太直接，尤其是因为在大学里我们既推翻又创造意识形态。存在严重缺陷的教育思想，如"儿童中心主义"，以及基于产出与竞争力的职业教育模式，既可能产生于政府部门，也可能产生于大学。同样，它们的肤浅的现代等价物正不断被"发现"，如"个性化学习"和"个体学习风格"，尽管已有大量研究证明它们存在根本性缺陷。

波兰尼并没有主张国家对科学的干预通常且原则上是错误的，他也没有主张科学家应该独立自治——这可以作为我在本章中提到的内在论谬论的例子。他采取了一种更为巧妙的方式，把所谓的"自由"经济市场的相对无边界性与科学和其他知识领域的"思想市场"的边界性相比较。对波兰尼而言，科学不仅仅是大量强有力知识的集合体，它还由一系列机构及其规则、符码、传统和核心价值观共同组成。科学作为制度其独特性在于它赋予创新、新知识的创造与捍卫以独特价值。正是这种价值导致了回报的分配，形成了研究的优先顺序，并且间接影响了学校和大学的科学课程。但这并不意味着科学（不管是自然科学还是社会科学）就远离了或者应该远离公共批判；科学是主要由公共资金支持的公共部门。波兰尼认为国家的角色不应是试图引导科学的优先顺序，而是支持科学实现其核心价值观——创造新知识。时至今日，尽管存在对更加外在的或使用者导向的路径的需求，这种模式仍然被英国各个科学研究理事会广泛采用。

我们可以把教育设想为一系列专门机构，它与波兰尼所设想的科学有一些相似之处。它有自己的规则、符码和传统，但却秉承一种相当不同的价值观——知识的获取、传递与创造。我认为，这种模式为政府选择另一种角色——支持教育研究和教育专业，促进知识获取、使用和创造——提供了基础。它要求减少政府的直接干预和管控，增加自我管控。这就必然要求专业的教育共同体重新确认其促进知识获取的核心价值观，思考当前环境中可资利用的条件，以及近年来为了迎合政治和经济的需要，我们在多大程度上丢掉了这种价值观。

第七章 再思教育社会学与教育政策之关系

导 言

本章的主题尽管不如社会学本身那么久远，但也不是什么新话题。比如，它不是一个会让社会学的建立者孔德或圣西蒙忧心的问题，甚至也不是他们的法国继承者、更为关注教育的涂尔干关心的问题。然而，自从马克斯·韦伯撰写了他著名的文章《学术作为一种志业》（Science as a Vocation）以及《政治作为一种志业》（Politics as a Vocation）（Weber 1948）之后，它就成为社会学家争议不断的一个议题。50 多年以后，20 世纪 60 年代末，当我开始教社会学的时候，霍华德·贝克尔（Howard Becker）的《我们支持哪边?》（whose side are we on?）（Becker 1967）和艾尔文·古德纳（Alvin Gouldner）的《作为党派的社会学家》（Sociologist as Partisan）（Gouldner 1968）之间的争论就已具雏形。本章不是为了回溯先前的争论，它有两个更基本的目的。首先要问的是，我作为一名社会学家，在试图影响 20 世纪后 30 年的英国和 1990 年曼德拉出狱后的南非这样两个不同社会背景下的教育政策时，从中学到了什么？我认为，这两个背景与许多教育社会学家在过去 30 年里面临的问题有很多相似之处。因此，本章是我个人的反思，并不是对不同立场或两个国家背景的复杂陈述。

本章第二个目的是讨论社会学应如何与前面章节讨论的知识的社会实在论中产生的教育政策联系起来。在不同时期，我们在两种动态对立的极端中无所适从，一方坚持"社会学必须批判"，另一方坚持"社会学要重构或进行政策干预"。正如南非社会学家约翰·穆勒在他的《再造知识》（*Reclaiming Knowledge*）一书中所指出的，弗里茨·林格（Fritz Ringer）在指涉 20 世纪之交的法国学者时所提出的问题很好地表达了这种持续胶着的两难境地："他们是智者、先知和圣人，或是科学家、专门的研究者或技术革新者？是权力批评者，或是政客的专业咨询者，还是直接或间接的公共舆论的制造者？"（Muller 2000）林格写道，针对这些问题的立场"很少被人完全意识到；它们是暗隐的某种方向，……是恒久的思想的基底，是文化前意识的一部分，是在知识领域中进行研究时的认知品性的重要源头"（Muller 2000）。同样，大部分人都希望有一条能够中和这两种观点的第三条道路，我们可以称之为"批判性重构"或"批判性政策干预"。这种路径意在解释政策的来源，分析它们如何起作用（或不起作用），为未来政策制定与实施提供基础。

当前来自英国政府和研究基金提供者的大部分压力是将社会学导向"支持政策干预"或与政策相关的研究。政策导向的项目，比如英国经济与社会研究理事会的教与学研究项目（TLRP），由于优先满足研究"使用者"的需要，逐渐获得越来越多的理事会项目基金。大学院系也被鼓励参与与政府政策评估和实施相关的研究中心和研究项目的竞标。同时，那些与政策目标没有直接关系的政策批评或概念和理论研究越来越难以获得所需要的财力及知识资源。

那些自视为批判者，同时在认识论问题上又采取后现代主义立场的社会学家，加剧了大众对社会科学领域中更为基础的研究和学术的怀疑。正如有人认为的，如果所有知识都是某种利益或立场的表达，那么为社会科学领域的批评和学术作公开辩护就会很艰难。因为从这个观点来看，研究和理论只不过是政治和利益的伪装：你要么赞同特定立场，要么不赞同（见第一章和第二章）。

如果我们想维护自己的主张，把教育社会学看作一个优先考虑认知价值和基于理论作出解释的活动和领域，而不仅仅是特定的立场，那么有两个议题很重要。第一，确认我们作为教育社会学家所身处的物质和体制环境。第二，澄清在我们的领域中，以及更为一般意义的社会科学中，科学知识意味着什么。近几年，英国的社会科学研究所处的环境自相矛盾。一方面，相比以前，用于教育研究的资金显著增多；另一方面，研究者因要"交付"政府和基金资助机构所需要的研究结论而承担着巨大压力。这种情形使得澄清我们在社会科学中所使用的知识的含义尤为重要。

基于先前几章的讨论，本章作出以下三种假设。第一，我们能够严格区分知识与观点或常识，而不是像目前社会科学中的一些理论所倾向的仅仅把前者看作后者的一种形式。第二，我们有充分的理由认为，社会科学的解释不仅仅是一种观点或一种特殊立场，即使它不可避免地要涉及观点和价值。第三，社会学解释提供的是独特的认知或认识的成果，远高于那些政策制定者、管理者和实施者的看法和观点。但这并不意味着社会学解释必然会被政策制定者所接受，也并不意味着它们是无可争议的，或者可以忽视他人的看法。社会科学中总会涉及权力、意识形态和视角方面的问题，但优秀的社会学研究可以毫不含糊地宣称，它提供的是认知成果或者更出色的解释。在这方面最著名的例子是琼·弗拉德(Jean Floud) 及其同事关于文法学校 11 岁儿童入学考试的社会阶层基础的阐述（Floud et al. 1956）。

我们也需要考虑生产社会学知识——伯恩斯坦称之为"垂直话语"（Bernstein 2000）[1]——所需要的条件，以及"垂直话语"与教育政策所使用的术语——伯恩斯坦可能会将之称为"水平话语"——之间有什么不同。同时，我们也必须认识到社会科学家的知识主张的局限性。

我认为，关于教育政策和实践的学科内的理论争论与关于特定政策优先性及可能效应的政治辩论，是两种截然不同的思维方式，他们展示各自坚守的界限，或许会有交叉，但不模糊。如果社会学家要发展政策知识，为那些政策制定者提供远远超过他们知识和经验的认知

---

[1] 很奇怪，伯恩斯坦对社会学家生产他所指的"垂直知识结构"的能力持悲观态度。

成果，就有必要认识到理论争论和政治辩论之间区别的重要性。这一区别与对作为知识生产重镇的大学的重要性的认识有关，也与对诸如社会学这类学科的重要性的认识有关——它们与大学息息相关，但与参与政策制定和实施的政府部门和机构是分离的。这一区别也突显了如下观点的局限性：用研究与政策的关联度来定义优秀，让研究的"使用者"在除了确定非常宽泛的优先权之外还参与研究决策的制定。这一区别也反对不加批评地以吉本斯和他的同事（Gibbons et al. 1994）的模式二（或跨学科知识）来取代模式一（或学科本位知识）。

　　我认为我们应该扭转社会学家所面临的随着研究资助增长对研究的控制也相应增长的悖论。教育社会学研究资金的增长幅度体现了它能够为政策制定作出更大贡献，但它也需要更加独立于特定的优先政策及结果。以上结论是我通过反思在南非从事课程政策和评估的工作经历而得出的，我也将把这一结论与我在英国作为一名社会学家从事类似课题的更为长久的经验作比较。这些经验包括，20世纪70年代《知识与控制》一书出版，我借此成为一名政策评论家或批判社会学家；20世纪90年代，我又成为一名试图建立后义务教育与培训政策的教育研究者。（Finegold et al. 1990；Young 1998）

　　我之所以考虑南非案例，有两个方面的原因。首先，我曾经亲自参与了20世纪90年代初期南非教育政策的制定，以及（10年以后）1990年以来南非教育政策的回顾性评估。其次，我认为南非的经验教训有着更广泛的意义。自1990年以来，相比英国，南非的教育研究者和初等教育政策制定者建立了更为紧密的联系。在种族隔离的年代，教育政策的讨论将身处大学的社会学家完全排斥在外，到1990年后，双方才能够彼此相互开放。然而，1990年后南非与英国的不同之处在于，在英国，那些教育研究者的观点一直都局限于研究共同体内部，而在南非，它们却频繁地被政策制定者所采纳。因此，南非案例突显的是大学教育研究者的责任问题。在英国，教育研究者的大多数研究观点被想当然地认为不可能成为政策，至少不可能在短期内被政策制定者采纳。

　　我认为有必要简要地介绍一下我在南非的工作背景。1990 年我首次参加相关专业活动，那时曼德拉刚被释放，一系列民主组织获得合法性，包括南非非洲人国民大会和南非共产党。我被邀请去帮助他们为未来的后种族隔离政府建立课程和后义务教育领域资格认证方面的政策。那时，英国公共政策研究所刚刚出版《英国学士学位》报告（*A British Baccalaureate*）。10 年后，也就是 2000 年，我应南非人文科学研究协会的邀请，参加了一次教育政策评论的圆桌会议。所有应邀参加的研究者和政策制定者都被要求反思过去的 10 年，反思为何 1994 年大选产生的南非民主政府在贯彻 1990 年至 1994 年间（大多是由参加此次会议的同一批人员）制定的政策时如此艰难？①

　　这次圆桌会议提供了一个独特的反思机会，根据当时南非的现实经历，反思那些 10 年前我们曾参与其中的理论和研究。在英国，这种反思机会很罕见，一方面是因为理论研究对政策和政策争论没有产生直接的影响，另一方面则是因为英国的政客和政策制定者很少对过去的失败改革进行反思，并从中吸取教训。过去的 20 年，特别是在职业教育和培训领域，不断出台的一系列新政策即是对所谓的政策健忘症或"失忆的变革"的充分证明（Keep 2006）。

　　2000 年教育政策评论圆桌会议召开之时，南非还处在第二届南非非洲人国民大会执政的第一年，20 世纪 90 年代制定的许多政策还处在贯彻执行的不同时期，其中有两项与本章的讨论显著相关：

- 引入涵盖所有资格认证的国家框架：包括中小学、大学、职业学校和专业学校；
- 建立整合的后义务教育和培训体系，合并高中课程、技术学院（现在的继续教育与培训，见第十二章）课程以及单独体系内的工作本位的培训。

　　考虑到取代种族隔离时代（当时有 18 个以种族为基础的相互隔离的教育系统）的种族分化系统的任务异常艰巨，如此雄心勃勃的政策

---

① 　随后我与克拉克根据在圆桌会议上的讨论合编了一本书（Kraak and Young 2001）。

目标的可行性受到越来越多的质疑也就不足为怪了。圆桌会议上提出了如下问题：1994 年后所遇到的政策实施问题是否意味着 1994 年前由民主运动制定的政策及其理论基础在根本上就有缺陷？还是说，这些困难其实只是反映了所有新政策都不可避免要面临的问题，特别是在各个层面的能力都还很欠缺的社会背景下？

南非教育体制的每一个层面都存在着明显能力不足的状况，无论是在学校和大学的可用资源方面，还是在管理经验和教育专长方面。然而，我关注的是，同样在资源欠缺的情况下，那些在许多西方国家的学术共同体内被普遍接受，但未必对实际政策产生影响的理论和政策，为什么会在 20 世纪 90 年代早期的南非被欣然接受？可能是因为这些观点看起来迎合了反种族隔离运动的民主愿景，尽管他们并没有考虑后种族隔离时代南非的社会和教育现实（或者甚至也不考虑产生这些观点的那些国家的社会和教育现实）？

在圆桌会议上以及在基于此次会议所写的书中（Kraak and Young 2001），我都主张这样的观点：20 世纪 90 年代强调的重点是理论在形成政策过程中的愿景以及宣传作用，而不是其分析功能。这里简要阐述一下这种区别，它与对自然科学和社会科学概念的不同看法有关。一方面，尽管自然科学概念所提供的解释和预测能力随着自身逐渐数学化而显著提高，然而它们描绘未来愿景的作用却在相应降低（有些人认为是消失），至少在具体的意义上是如此。另一方面，社会科学概念到底在何种程度上能够以数学化方式来表达，仍然是个问题，且备受争议。有人认为，社会学"理论"只不过是互相冲突的愿景与可能性，有时用一些含糊的专业术语和过度诠释的统计数据来伪装。我认为，有些社会科学学科其概念的数学化是恰当的——人口统计学和经济学的某些领域就是很好的例子。然而，在社会学领域，即使是最经验化的研究，我们也依赖那些与我们的日常生活没有完全分开也不可能完全分开的概念和观点。因此，我们可以说社会学概念既依赖公共意义，也依赖学科意义，总是在一定程度上代表这个世界的观点和愿景。也就是说，即使它们有明确的解释目的，也不能摆脱对未来的憧憬。然而，社会学概念不是也不应仅仅是愿景，它们也是相互关联的概念体系的一部分，并且以理解社会世界、赋予我们对世界的体验以意义的方式，或内隐或外显地联系在一起。尽管如此，社会科学以自然科学的方式提供解释的能力还是极其有限的。在那些提供了某种程度的解释的情况中，它们的客观性主张依赖的是特定学科的规则、程序以及反思性实践。正如吉登斯（Giddens 1993）和其他社会学家所指出的，社会学概念不仅仅源于它们理解社会世界的企图，而且它们自身也成了这个世界的一部分，成为需要批判分析的愿景。在当代，全球化和终身学习就是很好的例证。由此，因为社会学分析总是融合着愿景和解释，社会学家的任务之一就是澄清它们的区别及其不同的假设和目的。在 20 世纪 90 年代早期南非风云突变的民主化背景下，愿景和解释间的区别被无视也是情有可原的。更进一步讲，在日益推进的民主运动背景下，也没有强调学术和政治共同体内部形成的社会理论与有关政策实施的理论之间的区别，前者倾向于批判其他理论，而后者则涉及特定学科共同体并不一定考虑到的许多其他因素。

至此，我认为要理解理论和政策之间的关系，就必须理解理论得以发展的知识领域，以及理论与政策间关系得以建立的变动不居的环境。以下部分将通过聚焦南非 1990 年后争论的许多具体问题，来考察其教育社会学这一知识领域的方方面面。

1990 年后南非教育社会学的核心议题

尽管本章讨论的问题主要发生在南非，且有些事例在南非特定的社会背景下显得尤为突出，但是它们也并没有脱离教育社会学家的国际共同体的争论。因此，我认为它们对于社会学和教育政策之间的关系具有更为普遍的意义，这也是我将返回讨论的主题。

教育改革和经济变化

1994 年后，南非基于资本主义发展的乐观图景，出台了整合教育和培训的政府计划。这种乐观主义在 20 世纪 80 年代晚期和 90 年代初期西方国家的社会科学家中很是流行。众所周知的分析有皮奥里和塞布尔有关灵活专门化的论文（Piore and Sabel 1984），罗宾·默里（Robin Murray）以及《今日马克思主义》（*Marxism Today*）杂志的其他人员所形成的另一版本的后福特主义。去技术化文章开始于布雷弗曼（Braverman）对亨利·福特（Henry Ford）的大生产观点，以及马克思关于资本主义必然灭亡理论的批判，与早期去技术化文章不同，新的理论认为，以克服脑力劳动和体力劳动分离为前提的民主生产形式正在悄然兴起，而这正是资本主义寻求更高生产率的核心所在。同时，整合教育和培训的观点不仅与这种对资本主义经济的进步主义看法有关，它也很好地迎合了南非民主运动的民主的、整合主义的教育哲学。

　　然而，很显然，这些社会经济理论与西方大多数工业国家的资本主义发展的联系并不大，与南非资本主义现实之间的相关性就更小了。正如许多评论员所言，只有在像意大利北部的艾米利亚－罗马涅（Emilia-Romagna）那样极其特殊的环境下，才有迹象显示福特主义生产有转变为后福特主义、多元技能和灵活专门化的民主的可能性。在南非，就像在英国一样，福特主义或者一直延续了下去，或者被著名的高科技或新福特主义所取代。英国公共政策研究所所提出的教育和培训整合［在英国用"统一"（unification）这个词］的经济学论点也存在类似的问题（Finegold et al. 1990）。事后来看，二者都例证了社会理论的愿景功能（提供另一种可能的未来）与其解释功能（为什么这样的愿景可以成为现实可能性）之间的区分。这并不是要抹杀理论的愿景功能在政策制定时的重要性，特别是在政权转换的过渡时期。然而，要把社会理论与政策建议或者政治优先权区分开来，它们的愿景就应该与对世界是如何变化的解释联系起来。如果愿景想要有成为现实的可能，愿景和解释之间的联系就很关键。没有这种联系，愿景极可能最多只是乌托邦。[①]

整合政治话语与教育话语

20 世纪 90 年代早期，南非的教育政策文件中充斥着抵制种族隔离和呼吁民主化、参与、咨询和整合的口号，所有这些似乎都迎合了主流的进步主义教育观点，特别是那些成人教育共同体的主张。这些口号没有认识到教育实践和制度拥有自身的独特性的程度，以及民主政治特别是工会斗争的语言不能被直接应用于教和学的相关议题上来。这不是抹杀通过民主理论透镜审视教育的价值，也不是要低估学生积极参与自我学习的价值。重要的是要认识到教育独特性的本质，并为之划清边界。民主理论与教育实践独特性不一致的典型表现是，教育学概念中表述的教师和学生间要有必要的权威关系（Christie 2002），以及特定的专门学科领域知识比日常知识更具有认知上的优越性。20 世纪 90 年代南非盛行的民主教育口号与我和杰夫·惠蒂主编的书（Young and Whitty 1977）中提到的要关注学校知识的"政治性"的观点有共同之处。那时我确实没有意识到抹杀教育实践和制度的独特性并把所有一切都看成至少是潜在地具有"政治性"的危害。

知识与课程的社会建构主义观点

作为本书第一章和第二章的主题，教育知识是"社会建构的"这一观点是 20 世纪 70 年代以来西方国家学术界广泛讨论（有时被认可）的议题，但相对而言对课程政策没有直接影响。在南非，情形却非常不同，课程是社会建构的这一观点正好迎合了对种族隔离课程的批判，很容易被政策制定者所采纳（Muller 2000）。它为课程政策制定者与过去决裂提供了概念基础。通过立法废除种族隔离时代的课程纲要，它似乎要赋予教师、学生和更广义上的"民主力量"创建新课程的权力。

---

① 这绝不是说要摒弃埃里克·赖特（Erik Olin Wright）在威斯康星大学麦迪逊分校的极具原创性的现实主义乌托邦项目。

知识的社会建构性观点反对如下观点：课程的作用是使学习者通过学习日常生活中接触不到的专门知识体系，来发展思维能力。在种族隔离的社会背景下，太容易把那些将南非黑人排除在外的专业知识和专家知识与特权联系起来。因此，一种新的"结果本位"的课程被提出来，这种课程的内容相当自由，表达了民主运动宽泛的教育目标。毫不惊奇的是，负担过重、常常缺乏专业资历的教师，面对着庞大的班级，并不知道应该如何应用这样的理论观点。

教育改革中资历的作用

1990 年后至 1994 年第一届南非非洲人国民大会上台执政时，刚刚通过立法宣布独立的工会在形成南非教育改革议程中拥有独特的权力。在种族隔离的背景下，许多黑人从事技术工种，但是没有获得资格认证的机会，并因此只能拿到非技工标准的报酬。在这样的背景下，工会希望建立一个不需要黑人进行继续学习就能鉴认其现有技能并将之作为提升工资基础的资格认证系统。因此，人们期待结果本位或标准本位的资格认证框架能够评估工作所需要的相关技能。这个议题在第十三章的先前学习认定（RPL）的具体案例中有更为详尽的探讨。

结果本位的资历认证可以推动整个教育及培训系统改革的理念起始于澳大利亚和英国；在这两个国家，这种理念更多地是要把资格认证牢牢掌握在雇主手里，而非为了提高工人待遇。此外，当与资金联系在一起的时候，资格认证作为改革的驱动者，也加强了政府对教育机构的控制（见第八章）。因此，国家资历框架受到采纳新自由主义经济政策的政府的欢迎（Allais 2003）。但支持以资格认证来驱动改革的南非左翼分子（在英国也是类似群体）没有完全认识到的是，资格认证仅仅是结果的界定者，它忽视了产生结果的过程和制度。此外，南非还极度缺乏认证现有技能的基础设施以及促进技能发展的机构。

政治文化和教育改革

许多南非人在 20 世纪 80 年代甚至更早时期都有过反种族隔离斗争的经历，对斗争的强调创造了一种在消除种族隔离过程中异常重要的政治文化。然而，在反对种族隔离的法律与体制基础的斗争已经取得胜利的背景下，这种政治文化就与实施改革和创造一个新的、更公平的教育体制所需要的文化相冲突了。斗争的政治文化把冲突看作是积极的、必要的；冲突或者在危急中得到解决，或者最终导向暴力；冲突需要即时的、短期的“胜利”。这样的文化将反抗和群众行动作为首要策略。相比较而言，有益于进步主义教育改革实施的政治文化则认为，变化是递进的、缓慢的，同时依赖于专家、个人和团体的协作。在南非，许多人对反种族隔离斗争仍然记忆犹新，这种状况下，很难提出支持渐进式改革的观点，渐进式改革很容易被看作是在政治改革项目上倒行逆施。尽管南非的例子比较典型，但是政治文化之间的冲突并不是南非独有的，而是具有普遍性。这突显出一个问题，就是我在前面章节中讨论过的区分不同类型的“保守主义”的重要性。我们要明确反对为维护特权而否定入学机会（南非的情况是基于种族决定入学机会）和维持不平等的“政治”保守主义。但与此同时，“教育”保守主义也非常重要，它存在于所有教育关系和知识获取与生产之中，而这些很有可能是减少不平等的条件。

过去的实践、政策和制度

在 20 世纪 90 年代的南非，与民主运动密切相关的政策制定者普遍主张摒弃所有与旧的种族隔离政权有关的事物，比如学徒制、学校督查和基于教学大纲的课程——这些政策工具在 1990 年以前被用于固化种族不平等。但这并不意味着它们都应被全盘否定。英国也有类似例子，比如 1987 年引入国家职业资格框架的时候（Raggatt and Williams 1999）（见第九章），也试图去除旧的职业资格认证的核心内容。南非和英国的案例都是教育问题过度政治化的例子。从很多方面来说，南非旧有的按照种族划分为 18 个不同教育系统的体制实在没什么值得恭维的，它与纳粹主义一样是邪恶的。然而，它里面存在着的教育制度和考试系统，尽管是种族体制的一部分，但又不只是这种体制的一部分。例如，纳尔逊·曼德拉曾在福特海尔大学接受教育，他进入大学的"入学路径"，至少曾经是一部分非洲人进入大学的入学路径，他们中的许多人现在都成了国家领导者。对种族隔离的恐惧使得种族隔离体制中的积极因素也很难得到认可。

在种族隔离时代，即使是像南非这样的种族主义社会，也不得不在排斥大多数非洲人的同时培养技工和工程师。长久以来，这种模式相对有效，形成了一些与学徒制密切联系的技术院校，这些院校于 20 世纪 90 年代开始对非洲人开放。考虑到人们对新机构建立信任需要相当长的时间，改革的重点似乎应当是尽可能开放已有机构的准入途径并逐渐赢得公众对它们的信任，而不是轻易地替换现有机构。

通过分析南非的独特案例，我们可以得出很多结论。第一，如果要以理论来指导政策，就要看到理论话语和政策话语源于不同的共同体，需要区分对待。第二，正如先前所讨论的，区分社会理论的愿景和分析这两个不同方面是很重要的。第三，当教育政策议题被过度政治化时，各种问题就会相应产生。左派经常以此批判右派，如左翼批评市场化那样。左派却并不经常提及自己的理论和观点。第四，南非的案例表明，教育目标和实践有自己的独特性，认识到这一点很重要。教育社会学倾向于强调教育实践和其他社会实践的共同点是可以理解的，但其不同之处也同样重要。换句话说，我们需要一种既包括教育政策和实践的"内容"和"背景"，又包括二者（内容与背景）之间关系的理论。

南非的教育政策与社会理论：变化的背景

到目前为止，本章集中讨论了一些有关社会学理论和概念被不加批判地用于政治背景的问题。基于南非的案例，我想提出另一问题，就是教育社会学和教育政策间的关系，以及广阔的社会背景和知识领域本身是如何塑造这种关系的。我的分析很大程度上要感谢穆勒精彩而又详细的论述（Muller 2000）[①]。在南非的案例中，20世纪80年代以来的相关时期可以分为以下四个阶段。

20世纪80年代：　作为批判的社会学

这一时期，在内忧外患之下，种族隔离制度开始瓦解，但与此同时，对抵制运动的军事压迫也在增强。社会学家与政府几无合作，只有与抵制运动（主要是工会）相关的临时关系。社会学家主要依附于大学，相对安全，但对政策没有权力或影响。他们的主要问题是：应使用哪些理论作为批判的基础？这一时期的大量争论关注这样的问题：南非社会体现着某种形式的资本主义剥削，只不过这种剥削恰好表现为种族区隔？还是说，它是种族资本主义国家的一种特定形式，保护白人而非特定社会阶级的利益？这些争论就像20世纪80年代西方国家的许多争论一样，到了90年代就变得无关紧要。

1990—1994年：　作为愿景的社会学

这段时期曼德拉刚被释放，许多社会学家开始积极参与构建后种族隔离时代的教育政策，最有影响的例子就是国家教育政策调查（NEPI）。然而，这期间，虽然有层出不穷的民主运动、自由集会和辩论，但社会学家仍然没有任何权力。毫不意外，愿景和解释之间的区别逐渐消失，政策等同于愿景，政治开始领导理论。

1994—1996年：　社会学与政策重建

这一时期，许多大学里的社会学家与新的民主政府建立了亲密联系，经常被政府直接聘用。社会科学研究与被期望成为未来政策和立法基础的政策框架的发展相一致。同时，新政策中隐含的来自西方学

[①]　这并不意味着他要为我的观点负责。

术共同体的理论的不适用性，以及课程改革与新的资格认证体系的设计所遇到的问题，都越来越明显。

1996 年及以后： 社会学与政策实施

2000 年选举产生第二届南非非洲人国民大会领导的政府之后，南非开始聚焦新立法，启动政策实施，但不可避免的问题也随之而来。在抵制运动早期被掩盖的学术团体内部的张力也开始凸显，主要体现在作为批评者的社会学家和视自己为政策创建者（或重建者）的社会学家之间。然而，我认为相比英国等西欧国家，南非的这次分裂具有不同的、更有建设性的意义。南非的高级公务员和学术界的社会科学家都有共同的反种族隔离的斗争史。因此，他们从那时起就有共同的传统与目标，这种共同的传统与目标也会影响理论和政策，这在一定程度上减少了两个群体之间不可避免的环境差异造成的负面影响。

20 世纪 60 年代以来英国的教育社会学和教育政策

本节将回到英国的背景，简要讨论 20 世纪 60 年代以来教育社会学和教育政策之间持续变化的关系，并与南非案例作比较，以此探讨作为知识领域的教育社会学与其所处的不断变化的背景之间的关系这一普遍议题。在英国，尽管 1946 年卡尔·曼海姆就已经被聘为（伦敦大学）教育学院的教育社会学讲席教授，但直到 1956 年弗拉德等人的《社会阶层和教育机会》出版，政府政策和政治争论才开始认真对待社会学研究的发现。那时，布思（Booth）和朗特里（Rowntree）建立的"政治算术"传统在教育社会学中占主导地位，它把教育社会学看成是中立的"政府科学"。[①] 社会学和教育政策之间的这种紧密关系，不仅取决于社会学家研究的严谨性，也取决于研究者和政策制定者达成共识的程度，这种共识在 20 世纪 60 年代末才开始受到严峻挑战。

---

① 有必要指出，这一时期教育社会学共同体的规模非常小。

《知识与控制》（Young 1971）的出版发行开启了学科内的激烈争论，与政策决裂之风伴随着"作为批判的教育社会学"愈演愈烈。

20 世纪 70 年代，"新教育社会学"的主要观点是视政策为权力的实践，视社会学的作用为揭示隐含在政策中的权力关系。它认同教师（及其学生）是进步主义教育变革的主体，受到工人阶级（通常由工会运动分子和工党的左翼成员代表）的拥护和支持。然而，正如在第一章和第二章中详细讨论的，"新教育社会学"的课程被批评为是相对主义的，它对政策的看法也比较天真，认为教师是教育变革的关键主体。它存在的问题与当时急剧变化的政治气候一起，共同导致了 20 世纪 80 年代该领域的分裂；后现代主义和"立场论"或意见话语成为主导性观点，教育社会学的大量实证研究变得与政策评估毫无区分度，教育社会学领域似乎失去了目标和方向。20 世纪 90 年代出现了新的反保守主义的共识，许多教育社会学家开始支持新工党。更具批判性的理论流派则为挑战教育市场化趋势和更加重视教育政策中的个体选择提供了基础；它们也揭露了种族和性别不平等的延续。然而，后来教育社会学领域的发展逐渐不再重视任何基于理论基础的宽泛议题。结果，教育社会学过度陷入政策宣传者角色，失去了作为一门学科的自主性和独特性。许多社会学家投身于政策研究或所谓的政策社会学，尽管《英国教育社会学杂志》出版了几期关注理论的特刊①，但第二届和第三届工党政府上台后，学术研究为政策宣传服务的趋势仍在继续，因为研究议题更受政策驱动了。

以上对英国教育社会学的历史作了简短描述，阐释了与本章观点相关的两个要点。第一，教育社会学是如何被领域内的知识发展及领域所置身的不断变化的背景所塑造的。第二，涉及社会学影响政策的典型条件。似乎最具影响力的时期是研究者、政治家和政策制定者共识最大的时候（如 20 世纪 50—60 年代）。20 世纪 90 年代教育社会学家形成了一个更大、更为松散的学术共同体（尽管已经分裂），情况就

---

①　例如有关课程以及皮埃尔·布迪厄和巴兹尔·伯恩斯坦的几期。

变得更复杂了。但我仍认为共识是产生影响的一个条件，尽管这个条件仅仅适用于教育社会学领域的某些部分。同时，这样的共识又必然会削弱教育社会学的学科性或"垂直性"特征。

讨　论

毫不奇怪，从社会建构主义到社会实在论的转变，与我对教育社会学的作用及其与政策和实践关系的看法的变化是并行的。《知识与控制》这本书（Young 1971）隐含着一个社会学和政策关系的冲突模式，它假定理论总是会而且不可避免地与政策起冲突。相比之下，20世纪90年代我所从事的16岁后教育政策领域的许多项目都体现出了可被称为合作模式的内容，即认为理论与政策是分开的，但目的在于指导政策。①合作模式明确承认以下劳动分工：一方是理论研究，另一方是理论在政策分析、政策制定和实施中的角色；也认可每种情境下对相关人员的不同限制。然而，合作模式不仅更好地意识到了其情境特征，还涉及在理解教育变迁方式方面的变化——体现在从"变革的"（transformative）教育变迁模式到"渐进的"（evolutionary）教育变迁模式的变化。事后来看，我们可以认为70年代的"新教育社会学"认可教育变迁的"变革"模式；它的目的是赋权给那些激进的教师以及其政治支持者们，使其努力自下而上地改变体制。90年代，我从事的许多研究都带有"渐进"模式的特征——更为谨慎但也更为现实，这在豪伊森等的论文中（Howieson et al. 1997）有很好的阐释；渐进模式认为社会学的首要作用是培养政策制定者（间接地培养政客），并因此自上而下影响教育变革的方向。这种模式的转换不仅反映出对早期理论缺点的认识，也反映出保守党政府执政18年后部分研究者的渴望，他们并不仅仅满足于坐在外围写一些批评性文字，而是试图真正

---

①　这个变化最早是由菲尔·霍金森（Phil Hodkinson）在为我的著作《未来的课程》所写的评论中向我指出的（Hodkinson 2000）。

影响政策的发展。同时，渐进模式也假定社会学家和政策制定者能够达成共识。然而，这要付出一定的代价，政策制定者总是要从研究者那里寻求政策支持，因此，理论和政策关系的合作模式会损害自主权，削弱社会学的批判要素。正如穆勒所指出的（Muller 2000），福柯清晰地阐述了这种两难境况：

> 我绝不充当定制解决措施的角色。我认为今天知识分子的作用……不是提出解决方案或提供预言，因为这样只能导致权力的独断，必须受到批判。

（Foucault，转引自 Muller 2000）

福柯的观点似乎很强有力，但它存在两个问题。第一，它认为社会科学作为政策批评者拥有想当然的合法性与支持，似乎认为这是不证自明的，但实际上不是，任何专家的智力活动都需要支持。第二，福柯暗示，如果社会学家拒绝提供解决措施或作出预测，在某种程度上就免除了"导致权力的独断"的责任。这种观望态度看起来忽视了社会科学的制度定位及其物质基础，而制度定位和物质基础使社会科学必然地与权力关系和决策相互牵扯，不管是否明确赞同。

理论和政策关系的冲突模式把双方两极化了，并把政策看作对发展变化的抑制而不是支持。这个模式假设理论是激进的并能解放教育实践和冲突。然而，20 世纪 90 年代早期南非和 70 年代英国的不同案例证明，这个模式对理论的力量作了不合理的假设。它假设如果政策和实践被基于理论的批判所"解放"，它们就不可避免地变得"激进"和"具有变革性"。两个案例都忽视了意识形态的批判作用，也未能充分强调物质条件以及教育制度中必要的"保守主义"元素。而合作模式则存在着相反的问题。它努力把政策制定者工作的情境纳入思考范围，接受政策制定者的假设框架，很容易忽视其中所牵涉的权力关系。无论政策制定者的出发点如何好，他们和体制内权力较少的其他人之间都会存在利益冲突，这并不仅仅是人们在不同情境中面临不同困境的问题。阐明政策框架和权力关系之间的联系必然会继续成为社会学的关键功能之一。在英国，合作模式似乎对工党还是在野党的 1992—1997 年间及成立于 1997 年的工党政府早期的许多左翼研究者有独特的吸引力。社会学家很容易忘记对政策制定者的约束，高估研究者的影响和合作模式的优势。1990—1994 年间的南非也存在类似的情况，当时，在野党的政策制定者并不受和政府的关系、政策实施等问题的制约。事后，我认为，态度上倾向于 90 年代工党政策的教育社会学家所采取的合作模式，忽视了对政策制定者而言没有吸引力的理论自主权的重要性。换句话说，合作模式倾向于认为斗争已经结束了，只有政策和社会学之间的零星冲突。1997 年，英国的工党接管政府，开始修改一些它在野时期采纳的政策主张，教育社会学家在 1997 年前未能保持自主权，这使得他们处于弱势。而南非研究者则在第一届民主政府选举后，面临着类似的从"批判者"到"重建者"的身份转变的困境。

结　论

通过比较英国和南非的案例，我为教育社会学家总结了如下经验教训：(1)明确社会学知识具有一定程度的客观性，这一点很重要；(2)创造这样的知识需要一些重要的条件；(3)必须抵制破坏这些条件的企图。同时，我们要意识到赢得客观性的条件并不容易，不能依靠那些实证主义社会科学过时的言论，也不能依靠那些隐藏了真正区别的舒适的共识。我们也不得不承认，建立知识的社会实在论的尝试尚未取得长远的进步。客观性必须建立在一个多世纪以来的学科知识基础、传统和价值之上。至于社会和政策的关系，尽管寻求对政策的支持和反对的证据很重要，但从我的经验看来，至少在狭义上来说，理论和政策间的关系与其说是实证的，倒不如说是概念性的。它提供的是可以带来新问题和看待旧问题的新方式。在学科专业知识和政治优先之间总会存在一定的张力，冲突和合作似乎都不能充分地描述学术研究和政策之间关系的特征。在我看来,这两者间的张力绝不会被一劳永逸地解决,它必将伴随政治环境和学科状况的变化而变化。

教育社会学家需要明确自己广义的政治目标和教育目标及自己对学科的符码、规则和实践的承诺。从这个意义上来说,我们除了追随 20 世纪早期马克斯·韦伯和埃米尔·涂尔干为我们树立的榜样,并没有太多可做的。涂尔干的目标是建立社会学的独特性,韦伯则从广泛的学科中汲取营养来发展自己的社会学。他们二人不同的研究取向并非不相容,这两种取向体现在 20 世纪晚期最有影响力的两位教育社会学家——皮埃尔·布迪厄和巴兹尔·伯恩斯坦的不同的社会学研究取向中。尽管伯恩斯坦经常承认受到了涂尔干的影响,但恰恰是伯恩斯坦而不是布迪厄引入了语言学、心理学以及他自己的规训理论,发展了他自己的社会学理论。布迪厄提供了一种理论/政策关系取向:他提醒我们,视知识领域为权力斗争的场所,与献身于真理和客观知识,二者是不能相容的(Bourdieu 1975)。对这个问题,我曾在本章提到过伯恩斯坦略微不同的看法。伯恩斯坦提醒我们,教育从来都不仅仅像社会再生产理论和政府政策所设想的那样是对其他社会力量的传递;教育有它自己的社会独特性,其核心是知识获取的条件,它永远不可能被化约为政治学、经济学或管理问题(Bernstein 2000)。

第二部分　应用研究

第八章　资历的不同取向及其
在教育改革中的角色

导　言

　　本章将关注近期的一种趋势，即各国政府倾向于将教育资历作为教育改革的主要动力①，特别是且不仅仅是在职业教育与培训领域。本章并不直接关注本书反复提到的主题——知识问题。然而，一种新的资历取向（在本章中我称之为结果本位取向）的出现引发了一些认识论问题，本书将以一种独有的敏锐方式对此加以关注。我并不认为教育资历不能提供一个人知道什么与能做什么的表征，也不认为它们在教育改革中不能扮演任何角色。资历是所有社会教育系统中的社会实在的元素之一。它们确实能在某种程度上激发学习者，也可以被雇主用来筛选求职者，并且正如本章所论证的那样，资历逐渐被政府用作控制教育制度的一种手段。然而，我质疑的是被表述为学习成果或者标准的资历能否为教师开发课程提供一个适切的基础。正如我在第九章中更详细地论证的那样，这只会带来各种标准的崩塌（在此我是在较旧的"提高或降低标准"的意义上使用"标准"这个术语的，而不是较新的用法——设置某些"标准"以精确陈述学习成果）。

---

　　①　资历与现代意义上的"根据结果付费"的投资机制的联系日益紧密。投资对课程的影响在本书中尚未提及，但值得专门探讨。

如果将结果本位的资历视为课程的基础，将几乎不可避免地导致一种事实上完全废弃课程理念的社会建构主义的极端版本。在南非，试图采取这种取向进行改革的结果及其可能的替代方案，阿莱（Allais 2003，2006）以及扬和甘布尔（Young and Gamble 2006）都清晰地论述过。

资历框架改革中的新兴趋势与问题

本章所探讨的问题由最近的三种发展趋势所引发，而它们所造成的影响是大多数国家正在或者将要面临的。第一个趋势是政府对构建国家资历框架的兴趣愈发浓厚。国家资历框架是结果本位的，由一系列普适标准所定义，并涵盖了各种类型的资历：基于学校的或基于工作的、普通教育的、职业教育的、专业教育的。此外，正如在新西兰、苏格兰和南非那样，处于不同实施阶段的资历框架被设计为涵盖资历的所有等级，从基础性的技能认证到研究生学位等。

建立这种结果本位的资历框架的观念可追溯至 1987 年由英国国家职业资格委员会（National Council for Vocational Qualifications，NCVQ）引入的国家职业资格框架（简称 NVQ 框架）。[①] 据我所知，这是建立结果本位（独立于教育机构所提供的任何一个具体学习项目）的国家资历框架的第一次尝试。尽管国家职业资格框架仅局限于职业资格，但其主要设计师吉尔伯特·杰瑟普（Gilbert Jessup 1991）看到了结果本位的资历框架理念的更大潜力。他预言，学习成果可以为囊括所有教育的综合性框架提供基础。

结果本位的资历概念并不仅仅是技术性的或行政性的，这个理念在 1987 年国家职业资格框架被开发出来时尚未得到充分认识，如今已变得越来越清晰。换句话说，就像与资历紧密相关的"能力"（com-

---

① 英国的职业资格证书是基于早前美国基于能力的资格证书和评估的经验，以及更为普适性的职业心理学的功能分析方法。

petence）概念那样，"用结果本位的框架来定义学习"的理念不仅暗示了一系列特定的学习观，而且还暗指任何一种类型的学习（正式的或非正式的）都要有被纳入框架中的可能性。若要这一框架内的不同资历之间存在正式的可比性，那么学习标准必须先于任何评估（当然，也先于学习过程本身）而被精确指定。问题也随之而来——在结果本位的框架内界定的资历摒弃了那些对于学习者来说重要且有效但却不能被提前指明的学习，这些学习除了在非常一般的意义上否则根本无法被预先指定。①

　　宽泛地预先指定学习成果当然是所有资历的一项共有特征，因为其功能之一便是向用户——不管是正在招聘的雇主，还是正在考虑接受谁进入某课程的老师——传达有关学习者能力的某些信息。然而，随着国家职业资格框架的引入，对这种学习结果的预先指定变得更为详细具体，而且传统资历的其他特征，例如一个经认可的教学大纲，或不成文或明确规定的参加某一课程学习的要求，都被排除了。作为所有资历特征之一的对学习成果的界定，从指导评价和课程开发以及表征个体能力，转变为对某人能力或能做什么的精确定义。换句话说，对学习成果的精确指定替代了那种在传统资历中被用于个体比较时的默会的设想和判断。国家职业资格框架的取向同样有一种预设：精确界定的学习成果不仅使资历认定不用再就学习者究竟到达何种程度去寻求参考意见，也使评估学习所需的人为判断最小化。正是这种既独立于专业评判，又不需要普通中小学、学院、大学参与的主张，使得结果本位的资历宣称其具有平等性。

　　结果本位的资历取向的优势特别适用于职业资历，因为在许多职业资历中，了解某人有足够能力胜任特定的任务是十分重要的。此外，对学习成果的普适性定义是建立一个包含所有资历的单一性国家框架是否可行的关键。然而，当涉及普通教育的目标——比如像个人智力发展这种无法精确指明的结果时，结果本位的资历框架的影响就很成

---

　　①　例如徒弟或者学生会习得正直的品格以及责任心。

问题。提前指定标准至多适合那些低层次的资历——其中所需的技能与知识相对而言清晰明了，并且较少需要学习者去证明新的（始料未及的）知识。此外，对于初学者以及低层次的学习者而言，提前指定学习成果标准可能确实对他们有好处：可以帮助他们建立可达成的目标并培育他们对自身能力的自信心。但是，为国家职业资格框架打造的这一类详细的提前指定的学习成果标准不仅会降低学生应该掌握但却不能被明确表达为能力的那些知识的重要性，也会降低教师与培训者对学生与受训者作出专业评判这一角色的地位。它同样也忽视了那些不能表达为学习成果，但却是学习者特别是处于较低学习阶段的学习者进步所必需的默会学习形式。

与人们对结果本位的资历框架的兴趣并存的，是将拨款与资历的获取挂钩，再联系到对普通中小学、大学及培训机构进行的各类问责，这种兴趣也可以理解。这种单一性框架所蕴含的教育理念也能解释大学与它的强烈对立——大学将自身任务定位为追求卓越，甚至鼓励学生在可能的情况下超越教师的知识。

本章所考察的第二个重大的发展趋势是：越来越多的研究与经验表明，一些英语国家①所采纳的结果本位的职业教育改革策略并没有产生其支持者所期望的效果（Young 2005）。相反，这种取向似乎产生了一些负面后果。我将探讨如下问题：这些负面后果究竟是在任何激进的革新中都可能会遇到的"初期麻烦"，还是表明了对结果的依赖是基于对其在教育改革中的角色的错误假设之上的。

只要一考虑到资历在教育改革中的角色就需谨记于心的第三个发展趋势是：某些国家，尤其是那些受德国与北欧的教育与培训传统影响的国家，依然在很大程度上对在英国以及其他一些英语国家所存在的结果本位的资历框架保持着免疫力（Young 2005）。问题在于：是对结果本位的改革取向持怀疑态度的国家正确，还是如英国政策的支持

---

① 我想说的是英格兰、苏格兰、威尔士、北爱尔兰都采用了略有差异的资格证书改革，新西兰、澳大利亚和南非采用了大致相同的改革，且这些改革正在被介绍到墨西哥和东欧国家。

者经常宣称的那样，结果本位的取向是普遍趋势，没有哪个想在全球市场中保持竞争力的国家能够避免。由于全球经济变革和与之相关的技能与知识需求的变革，毫无疑问，所有国家都必须改革其教育系统并重新思考教育资历的角色（Lasonen 1996；Young 2005）。本章我将对比两种取向——一种是视建立资历框架为应对上述变革的最佳方式的英语国家取向，另一种是聚焦于提升国家教育与培训体系的整体制度性框架的取向。

考虑到资历正被政府赋予越来越重要的角色，人们对"结果本位"取向的兴趣也日益增长，本章接下来的部分将探讨前文提到的三种趋势。接着将提出一种用以比较不同国家所采取的不同资历改革取向的类型学划分。我将主要区分采用"结果本位"取向的国家与那些采取我所称的"过程本位"或"制度性"取向的国家。随后我将讨论每一种取向的优劣之处。最后，在考虑是否可以发展出一种吸收这两种取向的优势的策略时，我将借用拉夫（Raffe 1992）提出的对任何一种教育政策的"内在逻辑"与"制度逻辑"的区分，通过进一步区分这两种不同逻辑的"宏观"与"微观"层面，我将把拉夫的概念框架向前进一步推进。

"内在逻辑"指某一改革主张，如引入单一的资历框架，与改革实施的实际环境相独立。一项改革依靠"内在逻辑"表达其政治合理性，这不仅为评论家们支持或攻击它提供了话语条件，也是国家间理念"借鉴"的基础。"内在逻辑"因其宣称反映国家抱负与目标并因此与政府的政治目的紧密相连而显得十分重要。而"制度逻辑"指构成其自身的社会、政治与制度背景，社会分工，权力关系与利益等，以及这些背景因素在改革如何（以及是否）实施中所扮演的可能角色。

任何教育改革的制度逻辑均可被区分为"宏观"与"微观"两个层面。宏观层面指教育的层级化形式、权力关系和机构的等级形态，微观层面包括具体实践、互动模式以及作为客户信任与接受资历的基础的共同价值观。制度逻辑的宏观层面是最外显的对教育改革的限制性力量。众所周知的例子是，在英国，尽管 1944 年的教育法提出了要给予不同类型的中等学校以"同等尊重"的主张，但以社会阶层分化为基础的中等教育的筛选与分流功能仍一直持续（Banks 1954）。制度逻辑的微观层面更为隐蔽，却是资历、评价甚至学习等过程得以发生的条件，当然也是获取公众信任的条件。

那些制定了（或正在制定）结果本位的资历改革取向的国家的经验表明，它们倾向于共享"内在逻辑"的基本观念（概念）——希望资历框架能达到改革目标。然而，它们对这种改革的宏观及微观层面的"制度逻辑"似乎都很少关注。这并不意味着我们要完全摒弃结果本位的资历取向。尽管它们自身并没有提出适切的替代路径，但它们确实指出了传统资历体系的一系列弱点。对比两种取向能够清楚阐明结果本位的以下方面：（1）结果本位取向的局限；（2）传统知识/学科取向的持续性优势（及弱点）；（3）夸大资历改革（特别是引入结果本位的资历框架）在改进教育与培训体系中所起作用的风险。

资历改革的背景

在英国、其他欧盟国家以及经济合作与发展组织（OECD）成员国中，近期资历改革的主要官方目标是提高教育与培训体系的灵活性、扩大参与、提高学习者与潜在学习者的流动性。为了深化这些目标，大部分改革都强调：

- 鼓励人们将资历获取视为一个连续的过程：从最初的教育与培训开始，贯穿于整个成年生活。
- 提高人们在不同种类的资历（特别是普通资历与职业资历）之间以及不同行业部门的职业资历之间的转换机会。
- 促进非正式学习，加强非正式学习与正式学习之间的联系，并增加人们通过非正式学习获取资历认证的机会。

尽管在实践中要实现它们极为困难，但相对来说对这些目标并没有太大争议。然而，有关这些目标与某些英语国家提出的或正在实施的那类资历改革措施之间的联系，仍需追问一系列问题：首先，为何政府会视资历为改革其教育与培训体系的主要工具？其次，考虑到这今为止实施结果本位的资历框架的经验仍十分有限，为何这一理念对各国政府具有如此大的吸引力？甚至在那些教育与培训组织模式以及资历的角色非常不同于这一取向的国家里也是这样。再次，考虑到现代社会中学习需求的巨大差异，为体系内的所有资历（职业的、专业的和普通的）设立一个可以作为单一性框架基础的共有标准是否现实？最后，考虑到迄今为止一些最高效的教育与培训体系（例如东亚及欧洲大陆的某些部分）依靠的是在具体的、制度化的、职业性的以及学术性的共同体中发展学习路径，而非依赖于关于学习成果的精细标准，我们必须要问，为何忽视制度背景的结果本位的框架被视为为英语国家的未来资历体系提供了最佳基础？

此外，引入资历框架总是与促进终身学习的政策相联系。然而，尽管终身学习被广泛视为解决全球化问题的方案，这一概念本身仍是个高度混乱的术语，更多用作修饰言辞而非分析问题（Coffield 1999；Young 1998）。在政府的政策陈述中，终身学习倾向于指个人对其自身学习承担更多责任的重要性（Keep 1998）。然而，越来越多的研究表明，不仅学习是一个社会性而非个体性的过程（Lave and Wenger 1991），而且个体学习的动机在很大程度上取决于在工作场所与共同体中学习是否被重视，个体往往在工作场所与共同体中寻求自我认同。由此，促进终身学习的政策既需要创造学习需求，也需要激发个体的学习动力，还要引入能够对学习进行认证的资历体系。此外，终身学习囊括了对资历改革可能具有相当不同影响的一系列不同政策，包括鼓励离开学校者继续学习，支持工作岗位上的人充实技能与知识，支持无业者以及非技术职位从业者获取资历并激发其对进步的渴望等。

为何是资历？

政府在近几十年对资历满怀热情的可能原因之一是资历不仅被视为能激发学习者与潜在学习者的学习动力，同样也能承担起政府政策的其他重要但通常并不那么显性的角色。例如，大力强调资历能够使中央政府：

- 增强对相对薄弱地区的教育的控制；
- 提出向各个机构分配资金的简单、可测的标准；
- 加大对地方性与区域性的教育与培训组织的问责；
- 提出评测政府政策成效的量化标准。

政策发展中的两种并行现象值得注意。第一，自 20 世纪 80 年代起英国保守党政府对资历日益增长的兴趣和它对经济及公共部门中新自由主义与市场导向模式的支持保持一致，这在连续三届工党政府的政策中同样显著。第二，始于 20 世纪 80 年代的资历改革在如下国家得到了最多支持：（1）中央政府对教育与培训进行干涉的传统较弱的国家（英国 20 世纪 80 年代时毋庸置疑是这样的，但 20 年后却远不是这样了；见第七章）；（2）最愿意采取里根－撒切尔式的（Reagan-Thatcher）新自由主义政策的国家（例如英国、澳大利亚以及新西兰）。

以英国为例，于 1997 年、2001 年、2005 年三次赢得大选的工党政府一直将资历作为控制由公共经费支持的中小学与大学的工具。与这种对作为绩效考核标准的资历的强调相联系的，是使得中小学和大学摆脱地方政府控制，并迫使它们参与对学生与经费的准市场竞争。

资历（以及 QCA，即监管资历的机构）与那些被创造出来以控制新兴私人垄断产业（如水、天然气、电）的机构有相似性。资历为力图改革的政府提供了理想的控制工具，因为它服务于双重目的，既为个体学习者①提供学习动力，也可以用作问责教育机构的机制。但教育上的问题在于这两种目的可能相互矛盾。对问责的更多强调导致更为严格的结果标准——这是所有以资历为引领的改革的共同趋势。然而，促进个体学习，特别是那些在学校中经历过学业失败的个体的学习，要求老师与学习者具有接受挑战以及从挑战中成长的自信。换句话说，这要求资历多依赖专业评判而少一些提前指定的标准。此外，过多强

---

① 然而，我从一些继续教育的老师那里得知，尽管越来越多的学生意识到获得资格证书是一件好事情，但他们并不将之与持续的学科学习联系起来。

调资历、将资历作为最终成果，将给教育机构与工作单位增添很大压力，它们要花更多的时间在评估上，而花更少的时间在教学与学习活动上，而从长远来看，这些教学与学习活动很可能会产生更多更有效的学习类型、使得更多的人取得资历。

为何是结果本位的资历框架?

过去英格兰和威尔士对资历的设置与其他一些长久以来被认为急需改革的欧洲国家之间有一些共同特征。例如：

- 普通资历与职业资历依据非常不同的评价体系而各自发展，并且二者之间转化的可能性非常有限。
- 职业资历与专业资历通常由相互独立的部门与行业来组织，跨部门的流动与转换机会也非常少。
- 绝大多数资历都要求参加具体的课程以及在教育机构中完成一定学习时长。对那些技术过硬但无法参加具体的教育机构课程的人来说获得资历是非常困难的。
- 资历的传统支柱是从事同一活动（如贸易、手工）的"专门团体"、授予职业与专业证书的"专业组织"和授予一般证书的"学科协会"。这些共同体不可避免地要为资历设立规则。历史上这些"专门团体"曾经具有（某些至今仍保持着）社会排他性，不仅是普遍性的排他，也有对特定种族、阶级与性别等弱势群体的排斥。
- 对那些期望能跟上年轻人的学习脚步而并非将学习建立在其成年经验与已有知识基础之上的成年学习者来说，传统的资历为他们提供的机会非常有限。
- 众多行业和部门都仅有极少数受雇者拥有资历。特别是在英国，"从业许可证"或其他形式的法定资格要求仅存在于一小部分行业中。由此，在很多情况下，资历主要由多种多样的商业、专业、教育机构以及慈善机构以"特设"方式所开发，政府干预非常少。

从 20 世纪 80 年代末期以来，上述这些特征均被政府和其他改革者视为扩展学习机会的障碍，并与行业边界的日渐模糊、新兴的全球化经济对灵活和快速变化的知识与技能的需求相矛盾。在单一性框架内根据一系列清晰的层级与进阶标准而设立不同资历，原则上成为解决上述僵化问题的合理方式。

从 20 世纪 80 年代末以及 1987 年《职业资格综述》发布以来，出现了支持资历体系转变的言论，尽管有些言论并不总是明确地或主要地与职业资历相关。这些言论要求从基于共同活动和专业评判的资历体系，转变为基于独立于具体实践活动及经验的正式的、明确的标准的资历体系。

对从基于"共同活动"的资历体系向基于"标准"的资历体系转变的支持既有政治因素也有教育因素。以继续教育学院、地方雇主及监管机构为主体的老式"供应者文化"在公务员和全国性雇主组织中广受质疑。这一现象与 20 世纪 80 年代撒切尔政府对市场化的热衷相一致，也与连续执政的工党政府对效率的追求、对专业（团体）利益的普遍怀疑、对"客户导向"和"市场驱动"的教育与培训体系的信任相一致。就职业资格来说，对改革的支持最初始于政府试图打破行业协会权力的决心：政府认为行业协会利用行业与手工制造业资历试图固定那些过时的、严格限定的行业活动（Raggatt and Williams 1999）。"与过去决裂"成为资历改革的广泛特征，且不仅仅只与政治右派相联系。如威尔士与苏格兰都引入了类似框架，领导着议会与国会的新中间偏左派联盟对之也大力支持。无独有偶，全国性资历框架的象征性角色在后种族隔离时期的南非政府所引入的改革中同样发挥了重要作用（Jansen and Christie 1999）。

最后，杰瑟普（Jessup 1991）认为新的资历框架是使资历摆脱与教育机构和正式学习之间的传统联系的机制。由此而产生的结果是，它能为那些过去被中小学与大学所排斥的群体提供机会。至少从原则上讲，根据一系列清晰的结果标准而定义的资历框架使得那些认为自身已掌握必要的技能与知识的人不必通过继续教育就能获取资历。由此，资历框架也将促进非正式学习以及更宽泛的终身学习的发展（DfEE 1998）。然而，在英国很难找到大量在工作场所以非正式方式获取了技能与知识却没有取得正式资历的例子。南非却正好相反，种族隔离致使相当多的非洲工人拥有技能但却没有获得正式资格。但在南非的案例中，在首个建立国家资历机构的法令出台十几年后，同样很难找到证据说明相当数量的具备所需技能的工人获取了正式资历的认证（见第十三章）。似乎在绝大部分情况下，将非正式学习转化为正式资历的评估程序给工人带来的障碍，并不比现有体系中正式的学校教育项目将工人拒之门外所带来的障碍小。

资历的类型学：结果本位取向与制度本位取向

从前面所讨论的达成资历改革的不同国家的取向出发，我提出资历的类型学来区分结果本位取向与制度本位取向。在讨论这两种类型之前，需要牢记不应孤立地看待资历改革。还有其他一些同等重要的维度，在这些维度上不同国家的改革取向非常多样，这些维度也将塑造资历的运作方式。它们并不是本章的关注重点，但可被视为塑造资历角色的环境要素。例如：

- 教育与培训经费的拨付基于个人或组织绩效的程度；
- 政府对教育与培训管理权力的下放程度（例如德国地方政府的作用与英国日益增长的中央集权体系形成鲜明对比）；
- 职业教育与培训由国家还是私人部门主办及投资；
- 履行评估职责的主体（可以是教育机构、政府、公共机构、私人部门与雇主组织）。

我们来考察两种取向的主要特征。为了识别它们各自所带来的问题，我将把它们作为"理想类型"或是结构性趋势来处理，而不是将它们作为对某些国家的不同情况的描述；一个国家不可能具备每种类型的所有特征。

结果本位取向

结果本位的资历取向假设：

- 对资历的单一定义能广泛应用于任何社会的多种不同等级与不同类型的学习之中。
- 一套描述符号可以通用于极为不同的学习类型，例如管道工程与商业管理（若框架集合了职业资历与普通资历，那么历史学和物理学也一样）。
- 可以对学习成果进行精确规定，它将成为主要的质量保证。

由此，结果本位的资历总会导致"过度标准化""评估行政化"以及"学习碎片化"。来自新西兰与南非的证据都证明结果本位的框架引发了一系列后果。例如：

- 这种提前规定学习成果的框架遭到大学和专业团体等高地位的教育学术机构的拒斥而非支持——因为传统上是由它们负责设计学习项目并授予资历的。
- 结果本位的框架优先考虑为不同类型的学习创造灵活的转化路径、促进边界间相互渗透，但忽略了这样一个事实：不同类型的资历（例如职业的与学术的）、不同行业部门的资历之间的清晰边界能在促进特定类型的学习（尤其是高阶学习）中起积极作用。
- 由于强调对所有资历通用的"一般标准"，单一性框架容易忽略职业学习与普通学习领域中的特色内容的重要性，并会导致单一性框架下的资历与特定工作场所要求之间的不匹配。
- 由于其国家性特征，资历框架似乎可以取代国家在教育与培训政策中的领导作用。在这一点上，它过分强调了资历在促进高质量学习中可以发挥的作用，而没有将它们视为一个更宏大的过程（国家领导力）中的一部分。

最后，还有一点值得注意，至今仍鲜有证据表明，在那些引入了国家资历框架的国家中，学习的规模与质量得以提升。英国自引入国家职业资格框架以来，取得职业资格的总人数并没有显著变化，而发生显著变化的是相对于其他种类的职业资格而言，获取国家职业资格的人数所占的比例上升。在一个像英国这样以自愿主义为主的体系中，大多数工作岗位都没有对职业资格的法定要求，也缺乏一个覆盖面广的、有兴趣提供与使用职业资格的雇主共同体，因而职业资格的普及在很大程度上取决于政府是否优先资助。

制度本位取向

资历的制度本位取向更不易描述，部分原因在于它们长期以来在很多国家被视作理所当然。在这种取向下，资历不是被当作改革的某种独立的工具，而是被作为范围更广的教育与培训体系的某种内在和公认的特征。例如在德国，职业资历与职业学院，培养职业教育教师以及制定职业教育教学大纲、评价方式与学习项目的大学，雇主、行业协会、在地方政府领导下的各种供应商，联邦政府以及国家职业教育与培训管理部门（BIBB）等都有联系。资历"本身"并未被政府视为进行变革的独立杠杆。政府依赖的是基于教学大纲与学习项目的定期检查和清晰的投入，而进阶则依赖于涉及三方的"双轨制"体系内（行业协会、政府与雇主）的同行们对资历的信任，以及通过制度性联系而建立的合作关系（Ertl 2002）。

然而，在全球经济变革的环境下，制度本位取向也存在一定缺陷。例如：

- 过度建立在共识的基础之上，明显呈现出惰性并拒斥变革；
- 变革非常困难，因为牵涉到"整个体系"；
- 不能很快适应新兴行业的学习需求；
- 不同行业间、普通资历与职业资历之间的相互进阶通常很困难。

讨　论

大多数工业化国家，例如 OECD 成员国，仍以制度本位的资历框架为主，尽管越来越多的国家正在探索结果本位的可能方式。英语国家似乎是例外，它们效仿英国并已发展了一条结果本位的道路。如今，英格兰正犹豫不决地从最初被国家职业资格框架采纳的结果本位取向的极端版本中向后退（Raggatt and Williams 1999；本书第九章）。而尽管欧盟委员会对建立结果本位的欧洲资历框架满怀热情，但它仍然只是一系列提议。此外，即使在那些结果本位取向已经建立了很长一段时间的国家中，为所有资历（包括大学授予的学位）建立单一性国家框架的进展也很小。这种不确定性暗示我们需要探索一条可能的"中间道路"——不同于大多数折中方案那样取两方之短的"中间道路"。在接下来的部分，借用前文对内在逻辑与制度逻辑的区分，通过考察不同国家提出结果本位取向时所引发的核心问题，我将尝试为这种可能性的未来描绘图景。

再议结果本位的资历框架的内在逻辑与制度逻辑

引入结果本位的单一性资历框架的理由可归纳为如下几点。第一，通过清除种类不同的资历，结果本位的单一性资历框架与被假定为成功的现代经济的必要条件的灵活性相一致。第二，在理论上，单一性框架能使学习者在一生的工作经历中，有信心在不同部门间转换、在不同工作场所与学习场所间流动，并在转换和流动的同时积累"学分"以获取更高等级的资历。第三，不同等级的明确标准意味着原则上在获取更高等级的资历时，没有人会被排斥在外，即使他们没有机会进入大学——护士能成为医生，工匠能成为工程师——至少在理论上是这样。这就是结果本位的资历框架的"内在逻辑"。然而，这些理由受到我先前所指出的现代社会制度逻辑的"宏观"层面与"微观"层面的挑战。

宏 观 层 面

首先，全球经济并未像皮奥里和塞布尔（Piore and Sable 1984）以及赖克（Reich 1991）等政治经济学家所预言的那样渐进地、匀速地朝向更为灵活的方向变革。大部分人究其一生，即使不是在同一家公司或组织，也是在同一领域中工作。尽管对学习提出了全新要求的新兴电子产业被大力宣扬，但从数量上看它们只创造了极少量的工作机会。此外，不仅新技术的转化能力被大大夸大了（至少在短期内），而且新型经济中最典型的工作分布于客服中心、快餐以及安保行业中，这些工作都不需要很多具备高级别资格证书的"知识工人"。换句话来说，资历框架的基础——一个流动性与资格化日益增长的社会在现代经济现实中并不存在。

其次，一个无缝进阶的资历等级框架本身不能保证有助于消除不同类型资历之间深植的鸿沟，也不能为其提供基础。英格兰的职业资格框架具有 5 个等级。然而，（1）绝大多数被授予的职业资格都是第一级或第二级；（2）第五级的职业资格微乎其微，且既定的专业团体几乎没有一个有兴趣将自己的资格统合于国家框架内；（3）对于那些极少数获得第四级、第五级职业资格的人而言，他们中的大多数并不是从低级别的资格进阶的，而是通过制度化路径，以学院或大学毕业生的身份进阶的。这些案例展现了国家资历框架无力达成其自身目标的现实，也映射出我所称的"现代社会的制度逻辑"的影响——特别是，各个国家都存在程度不同的学术与职业、专业与职业的分化，且具有持续的影响力。

通过国家资历框架并不能找到消除这些分化的主要办法。消除这些分化依赖于扩充高等级专业性岗位，增加人们从职业型资格进阶为专业型资格的机会。而第九章将指出，通过扩展结果本位取向，这些"扩充"与"增加"将遭到抑制而不是得到鼓励。

传统上国家资格证书（及高等教育证书）与这些证书所提供的进

入专业机构的机会之间有着紧密联系，它仍是一种不该被忘却的模式。然而，这种传统模式只在非常有限的行业与部门中有发展——主要是工程领域。最近更为成功的有机会晋级为专业职位的例子是会计人员的职业资格证书与专业会计师资格证书之间已建立起联系。其关键点不在于资历本身而在于专业机构所扮演的角色以及它涉入专业资历证书与职业资历的程度。

将来的任务并不仅仅是在单一性框架内设立新的资历等级，而是：（1）在日渐兴起的如护理、零售、酒店等服务行业中，为那些过去仅有极少数从业人员取得资历的部门的人员创造真正意义上的职业晋升渠道；（2）为那些不具备初始资历的人创造新的路径以使他们获得进入诸如工程与银行业的机会。如果这些发展均已就位，结果本位的框架就能发挥重要作用；但结果本位的框架本身却不能引领这些发展。

微 观 层 面

在给改革者造成的难题中，资历的制度逻辑的微观层面虽然不那么显而易见，但也具有同样重要的基础性地位。它们所反映的内容近乎一条社会学定律——资历的可信度与价值仅部分地基于其承载的关于获取资历者实践能力与认知水平的信息。更为重要的是整个社会及具体用户（具有选拔、录用、提拔职责的那些人）对资历的信任度。这种信任，正如我先前提到的，嵌入在各式各样不同种类的共同体之中——贸易与手工制造业协会，职业性组织与专业性组织，以及普通教育中通常与诸如中小学和大学名校这类高地位组织相联系的学术科目、学科协会。这些"信任共同体"的建立经历了一定的时间，并业已形成了其自身独有的排他与拒斥变革的形式。它们被改革者视为扩大参与和增加准入的障碍也就不足为奇。然而，资历的微观制度逻辑的潜在影响却很严峻。如果这些传统的信任共同体——专业（团体）就是很好的例子（见第十章）——被弱化或被摧毁了（或者对于许多新部门而言，它根本就不存在），那么无论是某一明确政策（替代旧有资历）的结果，还是未曾意料到的经济变革的结果，它们的功能将不能仅通过制定详细的学习成果标准而充分实现。如果不能建立起为标准提供实质内容并为其增加实践经验的新的信任共同体，这种新的结果本位的资历框架就不会赢得用户信任。这种分析在某种程度上能够解释：（1）传统的非结果本位的资历框架的持久性；（2）学术漂移现象。学术型资历仍依赖于传统的信任共同体，如将专门学科教师与其大学中的同事和教学大纲（即使现在叫学科标准）联系起来的那些共同体，它们由此得以超越其所在的特定专门共同体而保持自身的可信度与"货币价值"。

在当今飞速变化、市场竞争日益加剧的经济环境中，依赖于建立在传统信任共同体基础之上的资历框架并不是一种适合的应对途径。正如我们前文曾提到的，它们不仅是排他的与精英主义的，同样也不能作为回应新的知识与技能需求的基础。这些特征在一定程度上导致人们20世纪80年代批评专门职业与经贸联合会"是既定利益的根源"，也导致基于界定清晰、"透明"的标准的看似更为民主、更具创新性的替代方案被肤浅地引入。20年后，政策制定者已经意识到这种"透明性"不过是种妄想，至少在将其诠释为依靠标准而传达的可信任度方面是如此。这一点适用于那些经常需要确认某一学习项目是"可信任的"（至少在独特性层面）才能学习的学生，也适用于那些日常工作是录用、筛选人员并利用自身经验对应聘者是否适合于岗位作出评判的人；在这种情形下，资历不过是他们所利用的数据的一部分而已。传统的信任共同体仍与某些部门相联系，它们发展了很长一段时间，但从未被规划过。新的信任共同体（例如在护理、零售以及客户服务等职业中）可以被创造出来，但并不是靠现有的策略，即建立由雇主主导的组织来制定和实施国家职业标准。在那些具有悠久的学徒制与学院学习项目传统的行业中，例如工程领域，雇主主导的行业组织能够起到主导作用，因为它们能建立在传统信任共同体的基础之上。然而，在那些雇用了大量非技术型劳动力以及通过销售低端服务与产品盈利的行业中（Keep 1998），不论是否开发国家职业标准，都将不会有任何变化。我们需要一种全新的与更为复杂的取向，不依赖雇主生成对更多的合格劳动力的需求。这种新取向可能会开发出一种新的产品与服务传递模式，学院与大学在其中合作扮演一种新的领导角色，追求新利润的创新型雇主也参与其中。

上述分析并不是要反对建立结果本位的资历框架，而是要认识到，它在教育改革中所能发挥的作用是有限的。结果本位的框架并不会发挥太大用途，并会重蹈 20 年前的覆辙，除非更多更艰巨的问题能够得到解决，如创造需要全新资历的生产与服务的新形式，建立使之得以巩固的新的信任共同体等。随着传统行业共同体的消亡，新的信任共同体的基础在哪里，所涉及的多个合作者的各自角色的本质是什么，这些问题都很不清晰。

结　论

本章所讨论的资历改革的两种取向不仅反映了不同历史时期它们的缘起，也反映了在那些采纳它们或是寻求替代方案的国家中国家/政府、雇主组织以及行业协会所扮演的相当不同的角色。当今大多数国家所面临的新环境并没有太大不同。面向未来的资历战略不可能建立在行业共同体的"共享实践"及其与（教育）机构的联系的基础之上了，因为在许多情况下这些已不复存在。另一方面，结果本位的新取向脱离了传统的行业共同体并断绝了它们与教育机构的联系，完全不考虑怎样切实构建与维持资历所依赖的"可信任度"。

设计详细规定的标准或结果是为了能使资历在不同情境中具有"可携带性"。许多对这一步骤的批评指出这类详细规定既无休无止又琐碎不堪。但作为依赖公信力而生存的资历获取"可信任度"的条件，只能使这种宣称"独立于情境"的标准嵌入"共享实践"之中，没有别的选择。问题变为：当可辨明的行业共同体（传统资历的发生地）不复存在，或至多只存在于数量极少的行业中时，这种嵌入应采取怎样的形式？通过采用甘布尔（Gamble 2006）的某些研究观点，我将为如何处理这一问题提出一些建议，并以此作为本章的小结。这同样也将本章关于资历的讨论与本书的主题——有关知识的争论联系起来。这里所关注的是职业资历，但我的论证模式对于普通资历和学术资历同样适用。

在其近期的论文中，甘布尔（Gamble 2006）采用了伯恩斯坦和索恩－勒泰勒（Sohn-Rethel）的观点对知识类型进行了两类区分。一类是将知识区分为"情境独立"的和"情境依存"的，另一类是区分两种不同的"情境独立"——她称之为原理性的与程序性的。传统的职业资历依赖的是植根于行业信任共同体之中的情境依存性知识。甘布尔（Gamble）指出，在木工制造这一具体案例中（也可推广至其他的手工业与商贸行业），与制造家具所涉及的不同任务相关的各种情境依存性知识通过一个整体愿景——制作一件完整家具——而被整合到一起。这种整体观是情境独立的，用伯恩斯坦的话来说是一种"垂直话语"。同时它又是隐性的，既不是编码好的知识，也不可编码；它存在于每个熟练木工与成功学徒的大脑中。尽管具有优势，但它既不可编码，理论也太过内隐，不能成为未来资历的模板。但它却非常重要——不仅本身是重要的，也指出了为何结果本位的模型是且注定是失败的，而且也为未来资历的发展指明了条件。由于结果本位的模型既拒斥"理论"（可编码的情境独立性知识），也拒斥"愿景"（嵌于特定共同体之中的不可编码的情境独立性知识），因此"整体"（资历）与"局部"（具体结果）之间的关系是很随意的。正如巴尼特（Barnett 2006）所论证的，以及我在第九章中所详细讨论的，结果本位的模型不能作为未来职业资历的基础。它至多能使学习者获得可将不同任务建立起某种例行化联系的程序性知识（编码的、情境独立的、但却不是基于概念的）。然而，程序性知识无法为资历获取者提供基础：无论他（她）想理解整体与部分的关系，还是想将自己的情境独立的"程序性"知识带到新环境和新的一般性水平。结果本位的资历框架声称具有"可携带性"，能使以后的资历获得者离开其自身所处地点而流动。然而，要使这些主张得以实现的话，也必须嵌入"原理性知识"——即那些既（在理论上）相互之间系统性相关又嵌入在实践或情境中并赋予理论以意义的"概念"，只有标准是远远不够的。在政策话语中，这些建议意味着不可避免要牵涉到对专业、大学、学院、雇主及各个不同行业的资历授予机构之间的现存关系（在缺乏这些关系的地方则要创建它们，如英格兰的情况通常就是这样）进行全盘再思考与再组织。

第九章　职业知识的概念化

导　言

　　随改革而来的对英格兰职业教育体系的批判性评论最早可追溯至19世纪晚期。第二次世界大战结束以来，特别是20世纪80年代初期以来，对改革的批评与建议开始被日益频繁地反复提及。与此同时，改革的关注点也多种多样：从制度与课程到近来转向国家机构与资历；失败的担责方也呈现多样化。20世纪80年代，政府指责工会，认为它阻碍了可能会削弱其权力的改革（Raggatt and Williams 1999），也批评继续教育学院无视工业化现实及其学术上的保守主义。社会科学家倾向于指责雇主在提供职业教育与培训方面的弱点，认为有太多雇主对培训的成本与收益过于短视。他们同样也指出了我们的职业教育与培训体系在置于更大的社会与政治环境中时的不足（Finegold and Soskice 1988）。一些人指出，英国的统治阶层中遍行着反工业化的、精英主义的文化，有将知识视为地位的标志而非经济转型的工具的倾向（Weiner 1981）。另一些人则强调19世纪的英格兰出现的国家的唯意志论角色（Green 1990），这种角色反映在下列事实中：无论是左派政府还是右派政府，一直都不太情愿扩展雇主培训员工的法定义务，或者扩大需持某种形式的"从业许可证"的行业范围。

　　职业教育与培训的改革和诸多此类批评高度选择性相关。在过去几十年中，关注点几乎完全集中于"职业教育与培训市场"的供应端。

然而，有两个主要问题未引起足够关注。第一个问题正日益被研究者而非政府所承认：雇主缺乏提升知识与技能的需求，而这种需求又依赖于不同行业所采取的主要工作组织形式及生产战略。第二个问题很少得到承认，即职业知识和职业教育与培训课程的问题。本章主要考察后者，在前几章所提出的理论框架中为一系列关于职业教育的管控与内容的政策议题寻求定位。本章将指出，与普通学校政策争论中课程的中心位置不同，在职业教育与培训中人们应获得哪些知识的问题一直以来都处于边缘，至多被浅尝辄止地探讨过，甚至在学术研究人员中也是如此。

本章区分了职业教育与培训改革提案中三种不同的知识取向，粗略地来说，它们在历史上是依次出现的。本章将指出，这三者以不同方式避开了想要建立职业知识必须牢牢把握的基本认识论问题。为解决这一问题，本章区分了两种主要的社会知识论：社会建构主义与社会实在论，并指出，尽管社会建构主义为有关职业教育与培训知识的政策提供了一个重要的批判性视角，但它却无法解决职业知识这一问题。本章随后概述了在第三章和第四章提到的对社会实在论的知识观作出重要贡献的两个理论：涂尔干早期对"神圣"知识与"世俗"知识的区分，以及伯恩斯坦对垂直"知识结构"与水平"知识结构"的区分。这些区分以及对知识与权力间关系进行概念化的重要性的认识，为概念化职业知识提供了必要基础。最后，本章将提出上述分析对未来有关职业教育与培训的论辩产生的可能影响。

知识与职业课程：三种取向

自 19 世纪 80 年代末第一个旨在在全国范围内提升和组织职业教育与培训（Gay 2000）的机构——伦敦城市行业协会建立以来，参加职业课程获取到的知识与技能并不充分（即使成功获得了资格证书）的问题一直为人诟病。最近进入人们视野的例子是：有人提议引入技术等级证书作为现代学徒制改革的一部分，并作为较新的 14 岁青少年的职业类文凭。三种不同的职业知识取向可被视为依照历史顺序依次出现。我将它们称为"知识本位取向""标准本位取向""联结取向"。

19 世纪末，与其他国家特别是德国相比，英国的工业竞争力越来越低，为回应这一我们现在已非常熟悉的焦虑，知识本位取向应运而生（Donnelly 1993）。改革者认识到，在新的以科学知识为基础的行业中，如工程、化学及电子工业，从业者所需的知识与技能无法在传统的工作本位的学徒制的基础上发展出来。这些新兴工业部门中的手工业以及技术工种的从业者需要有效途径来获得科学知识：这些行业建立在科学知识之上，而这些知识却无法在工作中获取。顺理成章地，伦敦城市行业协会开发的新课程与考试就主要集中在与不同工业部门息息相关的物理、化学和数学方面。这一新兴职业课程具有两个重要特征，此后以某种改良形式留存了近一个世纪，分别是：

- 它明确排除了在工作场所中对知识以及任何形式的"行业知识"的应用。这部分是由于开发与评价针对知识应用的课程存在固有困难。更为关键的是，知识的应用总是涉及单个公司的"行业机密"。因此，学习如何在具体的工作环境中运用新的科学知识这一任务被留给了学徒工以及雇主。
- 它假定自然科学非常重要，因其内容详细具体，且提供了学徒们所需的可信赖的、客观的知识体系。自然科学以及将此类知识视为既定的、客观的以及可信的倾向，在"非科学本位"的领域中也被视为典范，例如从 20 世纪 60 年代开始扩张并逐渐统治继续教育学院职业课程的商业研究领域。

直到 20 世纪 70 年代晚期以及 80 年代早期，职业课程的知识本位取向的若干假设才开始受到严峻挑战。通过回顾可以发现，这一挑战背后有一系列的发展背景：

- 以科学为基础的工业的从业人员人数稳步减少，而这一类工业中职业课程的科学内容与它在不同工业操作中的作用之间有相对清晰的联系。
- 社会对多数劳动力都没有资历的忧虑日益增长，并认为可能正是这一点导致我们的工业竞争力不敌亚洲新兴经济体。

- 人们越来越认识到，传统的知识本位的职业课程可能会阻碍新一代年轻人进入继续教育学院或工作本位的培训项目中进行成功的学习，他们大都在学校课程中收获甚微。
- 一种新兴的理念正在逐渐被政府与雇主组织共同接受，即知识本位取向的职业课程过于注重目前大学教师的既有知识。因此，它与职业教育的本质目的——培养工作能力失去了联系。

因知识本位取向首要考虑以学科为形式的知识体系，20 世纪 80 年代政府中的批评者认为它为学院等教育机构对职业课程进行持续不断的控制提供了理论基础。这些批评随后扩大，对于任何需要脱产学习职业教育项目以及那些被描述为"供给者本位"的职业课程都持高度否定看法。在这种情况下，出现了一种替代方案，我称之为标准本位的职业课程取向。它背后有一系列假设，其中最为重要的、具有持续重要影响的几项为：

- 职业课程需由关键用户（雇主）而不是供给者（继续教育学院）控制。
- 学院所提供的业余学习内容应全部由雇员在工作岗位上所需的技能与知识来决定。
- 职业资历应优先考察胜任力，或在实际工作中学到的内容，而非在学院中所获取的知识。
- 传统的供给者本位的职业课程急需改革，因为它基于为教学而组织和选择的知识体系，过于强调学生与受训者"需要知道什么"，而并未对他们在工作中可能"需要做些什么"给予足够关注。

当时就业部的一些核心官员认为，建立优先考虑雇主需求的职业课程的最佳方式，不应以学院的学科专门化知识为基础，而应来自雇主们所一致认可的国家职业标准。这些标准由不同行业的雇主分别建立，并组成了最初的"引领性行业组织"。这些观点被政府及雇主组织如英国工业联合会、英国国家职业资格委员会广泛接受。它们代表了一种全新的职业教育取向（至少在理论上），即以"结果"替代课程，以工作评定员替代教师。但事实证明，在实践中，这种做法却不受大多数雇主欢迎，且对于不得不使用"标准"来建构课程的继续教育学院的老师们来说，也完全没有可操作性。

19 世纪晚期的改革者们进行改革的前提是，随着工业发展逐渐以知识为主导，或者更具体来说以科学与工程为主导，将与之相关的科学知识作为职业课程的核心是很合时宜的。但到了 20 世纪 80 年代，改革者们注意到，这种学院本位的职业培训项目的扩张带来了一个出人意料的结果，即雇主所要求的学习内容变化与学院本位课程相对缺乏变化之间存在张力。二者分别基于的是形式迥异的专门化。工作场所中所需技能上的变化指的是不同工作需要的知识与技能日益分化，以及人们越来越认识到在不同工作岗位上都适用的普遍技能的重要性。而学院课程的变化则表现为一系列新学科的激增，它们并不一定与工作组织的变化保持一致，而是为了回应学生需求的变化。理论上，教育的专门化意味着要回应实际工作中的学习需求的变化。然而，在实践中，学院本位课程却有自己的逻辑，反映出与所有教育机构，甚至是那些职业目的非常明确的教育机构相关的广泛的学术漂移趋势。

作为新的国家资历框架基础的职业课程的标准本位取向，被视为一种抵抗方式，即抵抗改革者们所视为的在大多数学院本位职业课程中存在的学术漂移。运用由关注职业设计的职业心理学家所开发的功能分析法，标准本位取向首先做的就是确定并陈述课程结果，即依据的是胜任力，或者说期待雇员"会做什么"，而非雇员"需要知道什么"。知识退居次席，只在作为工作表现的基础方面具有重要意义。在国家职业资格委员会成立之初，标准本位走入极端，它假设所有的职业知识都内隐于工作表现之中，根本没必要单独考虑知识。若某人被评定为表现出足够胜任力，即是假定他必定已经具备了适当的（基础性）知识。随后人们意识到，在很多情况下，雇员所需的某些知识无法在工作中获得，或者无法通过观察工作表现而确证，该论调才得到修正。对知识进行单独评价的需求导致基于行业标准制定新的知识标准，这就是后来的基础知识与理解。

国家职业资格委员会的委员如曼斯菲尔德（Mansfield）与米切尔（Mitchell）主要负责为基础知识与理解制定标准，其主要想法是避免传统的基于教学大纲的知识取向的回归。他们认为一旦发生这种情况，职业课程将会再次回归学院，而国家职业资格委员会的使命（即推广结果本位取向）将被破坏，进而职业能力可以通过"在岗"形式获得的信念也将被摧毁。因此出现了两种异常不同的知识取向之间的张力。一种是"学院本位的"知识取向，表现为学科与专业的形式。这一取向的理念为：知识由研究者（大多数都在高校中）创造，学科由基于研究的知识发展而来，由中小学和学院的学科专家依靠其与学科教学协会的联系而开发出来。传统上，这种"学术型"知识取向向职业方向的演变包括开发与诸如商业和管理等广泛的职业领域（而非学术科目和学科）相关的课程——它建立在学院、专业机构的职业类教师与大学应用性领域（例如工程，商业）教师的相互联系的基础上。在更高层次的领域如法律、医学以及工程学中，职业取向与专业取向之间事实上已变得模糊不清，无法区分。二者都深深扎根于大学之中，并与专业机构有着紧密联系。学院本位的课程取向的两个分支——"学术"取向以及"专业/职业"取向有三个共同的关键特征：（1）它们均提供清晰的由低级（例如高中课程与国家标准课程）到高级（学位、国家证书与专业资格证书）的进阶线路；（2）它们的有效性均建立在不同的专家共同体所共享的观念与价值的基础之上；（3）它们依赖确定的外部考试与专家共同体的内部信任来保障质量，并不依靠任何正式的、明确的、细化的关于结果的标准。

职业知识的标准本位取向拒斥知识本位取向，认为知识本位取向排他、落后。标准本位取向的目标是：将专家群体公认的课程大纲替换为适用于所有领域（原则上，也适用于所有学科）的国家标准，这种标准将学习成果划分为五个等级，并由不同的雇主主导的行业机构来具体规定。

20世纪90年代初期，人们曾尝试从标准中获取知识基准的系统性方法论的尝试，并由此提供明确的取代旧有的知识本位取向的替代性方案。然而，这些尝试却在 20 世纪 90 年代中期国家职业资格委员会并入资格与课程委员会之前夭折了。尽管饱受诟病，资格与课程委员会仍坚持职业资格的标准本位取向，但在一些方面有所放宽。如今，职业资格被要求"受行业标准影响"而非"取自于行业标准"。尽管官方对此有所"放松"，这反映出人们认识到标准本位未能给职业知识提供基准，但其基本假设依旧得以保留并持续影响到近期的大多数改革。例如，提议将技术证书合并到现代学徒制之中，以此作为一种加强学科/专业学习的方式。职业课程应该在雇主主导的组织（如今的行业技能委员会）的领导下开发这一理念仍然得以延续，尽管许多行业的雇主并不情愿扮演这一角色，也通常缺乏必要的专门知识。由此，更为灵活的标准本位取向便很少被使用。如今各部门之间显现出相当程度的差异性，也出现了大量列举基础知识的临时性做法，如采取列出学习主题清单的形式，这些清单内容不比在工作岗位上（如零售、配送行业）工作几周后的人能掌握的内容多，也可能是组合了日常工作琐事（如需要什么工具以及在哪儿找到它们）与完全不考虑员工学习深度的少量科学/高技术主题的内容。因此，有些获取学科/专业知识至关重要的行业如会计、电力装配以及工程业拒斥过度使用标准本位取向。此外，标准本位的模式不仅没能进一步发展，相反，人们对更为传统的知识本位的职业课程的需求却又开始增长。

　　强调对实际工作胜任力进行认证的标准本位取向的种种局限至少已经在近期有关技术证书的提议中被隐约地认识到了。技术证书试图恢复学科/专业学习在诸如现代学徒制这样的基于工作的项目中的重要性。技术证书旨在加强学徒制的知识本位的成分，并同时提高它与实际工作需求之间的联系。尽管并不是全新的，但这却暗含着对学科/专业学习及其与在职学习之间联系的强调。正是出于这些原因，我认为技术证书体现了职业知识的联结取向（与这一概念相关的某些问题将在第十一章中讨论）。相比发轫于 19 世纪末期的知识本位取向，技术证书强调在工作中获取知识的重要性；但相比标准本位取向，技术证书提议清晰地认识到在工作中获取的知识通常是不充分的，尤其是在那些知识密集型的行业中。技术证书提议强调了系统化、有组织的学科/专业学习对学徒的重要性，而识别此类知识的责任仍由政府资助的雇主组织担负，雇主组织负责为学科/专业学习制定课程大纲、阐述基本原理。然而，技术证书仍保留着一些标准本位模式的特征。首先，尽管在20世纪90年代初期开发标准本位的新方法论的尝试就失败了，但技术证书仍依赖基础知识与观念从行业标准中生成这一理念。其次，技术证书仍立足于一种有关职业知识的"竞争性利益"的观点，即认为关键问题并不在于职业课程的内容，而在于谁控制职业课程——是雇主主导的组织还是教育者。技术证书代表的联结取向建议雇主主导的组织在开发课程大纲时咨询学院本位的职业课程专家，但并非强制要求。因此，技术证书对提升职业教育质量并无显著影响也就毫不奇怪了。

职业教育与培训的改革和职业知识的概念

前面对改革职业课程的各项尝试的论述告诉我们，尽管每项改革都发源于现存问题，但它们也都有一些不能解决的问题。在本章的这一部分我将考察职业知识被赋予的各种隐含的、在改革中未被明确探讨的不同含义以及各种批评。我的观点是：每一种试图开发与众不同的职业课程的尝试都避开了这一问题，即一方面职业知识如何与中小学和学院知识相区别，另一方面如何与可在工作过程中获得的技能和知识相区别。知识本位取向认识到了在与新的以科技为基础的工业相适应的职业课程中科学知识所起的关键作用，却未曾考虑如何使学徒们在实际工作中再情境化新获得的知识。因此职业教育不可避免地成为学术漂移的牺牲品；许多技术类课程只不过是与之相似的学术课程的低级版。

标准本位取向试图将职业知识与工作实践联系起来，认为职业知识能从对不同职业角色的结果本位的分析中发展而来。然而，它既未能成功导向一种实践方法论，也忽略了知识来源于工作实践的限度，事实上只有很少一部分与特定实践相关的知识才源自实际工作场所。与技术证书相联系的联结取向是一种通过建立学科/专业学习与工作场所学习之间的关联而将先前两种职业课程取向融合起来的明确尝试。它依赖于学科/专业学习与工作场所学习之间的联系，却未能了解在这两种不同类型的学习中到底可以获取什么知识、它们如何被"联结"起来。此外，联结取向未能认识到不同类型知识之间的本质差别，以及这些差别同专业和学科中的编码知识与在工作实践中获取的默会知识之间的差别的联系。

若学科/专业知识与工作场所知识在内容、结构以及目的上存在重大区别，则很有可能出现问题：或是仅仅依赖一种知识类型，如知识本位取向，或是摧毁所有知识类型（如在一定程度上，它们都可从行业标准引出）。这两种职业课程取向都掩盖了不同类型的知识之间在认识论上的关键区别，并假定与职业课程相关的唯一差别是控制的差别（由雇主决定还是由教育者决定）——而非内容的差别。"联结"学科/专业知识与工作场所知识并将这种联结植根于国家职业标准之中的理念（正如技术证书的提议中所暗含的）也只不过是避开了这一问题。基于学院课程的编码知识与工作场所中所要求的缄默的、通常是不可编码的知识之间的联系的本质，将是职业知识与众不同的基础所在。然而，为了弄清这类联系包含哪些内容，我们需要以更为严格的方式区分知识的类型。因此，接下来的部分我们将回到具体的课程问题中，考察有关知识的不同的社会学理论，为解决这一问题提供可能框架。

社会学与职业知识

知识社会学问题之所以对职业教育与培训改革（以及更广泛的教育政策）如此重要，原因在于它的前提假设抓住了穆勒（Muller 2000）所指的知识的基本属性——社会性（sociality）。这一属性拒绝承认知识固有于"心灵"之中（理想主义）或是固有于世界之中（唯物主义）

以及任何"既定"的知识观。它认为，由人类所创造的知识在起源上不可避免地是"社会性的"。知识的社会性不仅指它如何由外部的社会影响因素所塑造，也指我们所有的类属、理论、概念以及符号都不可避免地源自社会这一事实。将知识的这种社会性的两个方面加以区分是十分必要的——这种区分分别导向了两种非常不同的知识社会学，即我在之前章节提到的社会建构主义与社会实在论。

我所指的社会建构主义是一种源自 19 世纪的黑格尔以及 20 世纪初期的美国实用主义者的社会理论的传统，它经历了一段悠久而又多变的历史。在多种不同视角的观点中，它最为人所熟知的当代形式通常被称为后现代主义。

社会建构主义认为所有知识均为社会实践的产物，因此它不可避免地建立在某种立场或视角之上。在这种理论视角下，任何知识都没有特权，或在更强的语义上，任何知识都不是客观的。由此，与学院课程（以及学科/专科学习）相联系的专门化的、可编码的或是学科本位的知识原则上与日常常识（或工作场所）知识无异——它不过是"另一群人"的知识。社会建构主义的认识化约论与本章早前讨论过的可称为标准取向的行为主义的化约论之间存在一种讽刺性联系。事实上，二者都把知识作为某种不同于自身术语体系的东西而排除了。

社会建构主义基本原理的有两种解释方式，它们对职业知识具有重要影响。这两种方式可粗略描述为：一种关注所有知识背后的利益，另一种关注知识生产与获取的过程。第一种是"利益本位"的解释方式，其学术根源为马克思的意识形态理论。尽管马克思考察的是阶级利益，但这一方法的考察对象如今已更多地概化为指涉任一社会群体——对女权主义者而言它指女性，对多元文化主义者或后殖民主义者而言它指不同种族的群体。知识的利益本位取向发挥着重要的批判性作用，它提醒职业教育者们，任何一项对知识的选择都可能是对某种社会利益的表达，或是体现了一系列特殊的权力关系。职业课程总是在某些部分展现出雇主、教育者以及国家三者之间的权力博弈。第二种是"过程本位"的解释方式，可以追溯到诸如杜威以及米德

（Mead）这样的实用主义与符号互动主义的社会理论家。他们的长处在于对知识的情境化特征的强调。对他们而言知识总是在"某一情境中"被创造与习得的——它从来都不能完全地脱离情境。考虑到工作场所学习在职业教育中的重要性，毫不奇怪，过程本位的取向已被职业教育与培训的研究者们采纳，且在为数不多的试图概念化职业知识的尝试中，它也被置于中心位置（Billett 1997）。

上述社会建构主义的两种解释方式的问题在于它们采取了片面视角。利益本位本身就会导向一种将所有知识看作是权力关系的化约论观点，由此它所引出的唯一问题将是谁拥有权力？对于职业知识而言，是雇主、国家还是学院？过程本位的问题在于它未能区分出不同类型知识的不同"情境化程度"。例如，接线员或呼叫中心操作员所需的知识几乎完全处于某种具体情境之中，或与某种具体情境相关；然而工程师与会计师所需的知识却并不是这样。尽管这种情境具体性是所有工作所需知识的一项特征，但许多工作同样要求另一类与具体情境无关的知识，它们涉及"专家共同体"所共享的种种理论观点。这种与情境无关的知识能使其获取者超越工作场所这样的具体情境而迁移。当只关注与知识获取和生产过程相关的利益或实践时，知识很容易被化约或等同为特定知识群体的利益或实践，并造成知识内容的武断（至少在理论上）。因此，尽管社会建构主义既揭示了嵌入到所有知识中的权力关系，也提醒研究者要对特殊的情境保持敏感，但它对职业课程的直接贡献却不大，职业课程的关键问题是知识的分化。

知识的社会实在论强调，尽管所有知识从起源上都是历史性的与社会性的，但赋予其客观性的正是其特殊的社会根源。正是这种客观性使知识能够超越其生产条件。社会理论的任务就在于识别这些条件。更进一步地，社会实在论取向探讨了社会建构主义所没有考察（在我看来它也无法考察）的涉及知识分化的认识论问题。正是因为是不太情愿认同社会实在论的论点，有关职业教育与培训课程的决议就都留给了传统主义与实用主义的结合体。因此，我将对已在本书第三章和第四章讨论过的两位社会实在论代表人物——涂尔干与伯恩斯坦的理论进行简短阐述。

涂尔干的社会实在论

知识的社会实在论最早可以追溯到法国社会学家涂尔干。他在 19 世纪的最后 10 年开始了他的研究工作。他强调知识的"社会性",但与社会建构主义相比,他更强调不同类型知识间的差异性而非共性,也探索了与知识类型相关的不同类型的社会组织。涂尔干的观点建立在对原始社会宗教的同时期研究的基础之上(Durkheim 1995)。他的理论出发点是他在研究过的所有社会类型中发现的世俗秩序的意义与神圣秩序的意义之间的差别。世俗性指的是人们对他们所经历的日常世界的反应——它是经验的、即时的、特殊的(这与本章所提到的术语——"工作场所"学习具有相似性)。他区分了世俗世界与宗教的神圣世界,神圣性被他视为是虚构的、专断的以及概念化的。神圣性是一个社会的集体产品,并不与任何现实问题直接发生联系。他的"神圣性"最初以宗教为例,随后逐渐发展成为所有其他类型的概念化知识的范式,这些知识包含在他看来同样不仅具有社会性,也远离日常世界的科学、哲学及数学中。至于本章所要考察的问题,神圣性可被视为不受实践问题以及完成任务等即时要求限制的学科/专业学习。

穆勒(Muller 2000)指出了非常重要的一点:涂尔干的"神圣",无论在宗教还是科学中,都是一种意义的秩序,其特征为他所指的"实现的能力"。对涂尔干而言这有两方面含义:一是超越现实作预测与规划,并设计备选方案的能力;二是建立联结的能力。在其现代形式中,它也是赖克(Reich 1991)所认可的当今知识经济时代的符号分析家应必备的众多能力中的一项。

知识的这两个方面的特征常常被职业课程甚至是普通教育所忽略。据此,涂尔干的分析可以解释标准本位的职业课程取向存在的问题:既摧毁了神圣与世俗之间的区别,也不可避免地拒斥了学习者获得一般性知识的可能性。此外,他的分析也暗示了为何学术知识与职业知识难以获得同等尊重,以及为何将普通教育"职业化"的努力会被指责为"不过是社会控制的形式"。

对于涂尔干而言，作为两种迥然不同的意义秩序，神圣与世俗之间不可避免地存在张力。然而，他只是强调了两者之间的区别，并未暗含某一类意义地位高于另一类的判断。若只有神圣知识，像工作这样的日常活动就不可能开展；同样地，若只有"世俗"的工作，便会排斥畅想备选方案的可能性并使组织停滞于前工业社会。涂尔干对专门化作了论证，换句话说，他同时强调了两种意义秩序的不同作用。

从涂尔干对神圣性与世俗性的区分中，我们可以提出两个有关职业教育的延伸课题。第一个是，神圣性与世俗性不仅是意义秩序或知识类型上的区分，同样也是社会组织的不同形式。其次，通过区分各自不同的作用与目的，涂尔干为避免二者的简单对立——许多有关职业教育培训课程的论证都以此为特征——提供了一种方式。他提出，存在着目的不同、基于社会组织的不同形式、不同类型的知识，它们相互之间不可通约、不可替代，不是互相竞争，而是互为补充。

然而，涂尔干的分析中也存在某些问题，这也反映了他的理论假设的问题：现代社会是由早期社会线性进化而来的。第一个问题是，在复杂的现代社会中，神圣性与世俗性之间的区分不再那么纯粹，二者相互渗透，就好比科学已嵌入工作中。其次，由于涂尔干是从对小规模、未分化、低度分层的社会进行的分析推至整个理论的，他轻视了不同意义秩序的不均等分布程度及其自身的层级化程度。这所导致的理论问题是权力关系在涂尔干的分析中被边缘化了。尽管他坚称神圣性与世俗性仅在不同的意义秩序上有所区别，但在实践中它们已成为学术资格与职业资格之间以及更为一般的脑力劳动与体力劳动之间分野的基础。最后，正如穆勒（Muller 2000）指出的那样，神圣性与世俗性之间其实从来不像涂尔干所描绘的那样泾渭分明。用马克斯·韦伯的话来说，它们只是理想型，并非描述型，并总是在某种程度上相互交叉。这种二分法使涂尔干常常对跨越不同类型知识之间边界的问题视而不见——而这个问题正是解释职业课程中学科/专业学习与工作场所学习关系的基础性问题。伯恩斯坦（Bernstein 2000）在其最新著作中，通过区分垂直知识结构与水平知识结构，发展了涂尔干的知识的社会实在论。下面我将简短讨论伯恩斯坦的观点。

伯恩斯坦的垂直知识结构与水平知识结构

通过区分垂直话语与水平话语，伯恩斯坦对涂尔干的神圣的意义秩序与世俗的意义秩序进行了再概念化。对伯恩斯坦而言，水平话语是地方性的、分割化的、情境依赖性的。垂直话语与之不同，是一般化的、明确的、连贯的。垂直话语不仅存在于自然科学这样阶层组织分明的知识体之中，也存在于被片段式地表达为专门化话语形式的知识体之中，例如人文学科与社会科学。工作导向的或工作场所的知识可以被视为水平话语的一种，它没有明确包含"可在不同'片段'（无论是工作场所还是行业部门）间进行意义转换"的原则，除非通过类比发现某一片段或行业与另一个"相似"。此外，工作场所知识通常凭经验获取，并不依赖于外在的教学法的干预，也不遵循明确的规则与秩序。相比较而言，垂直话语则表现为可编码的知识体。在伯恩斯坦看来，它的典型特征是：于"工作之外"被获取，与再情境化的原则相一致，并遵循与具体科目和学术性学科相关的严格的分配规则。

伯恩斯坦认为，垂直知识不能由水平话语所引发，因为水平话语没有体现任何再情境化原则。所谓再情境化原则是指某一立论所依据的清晰规则。换句话说，如果我们接受了伯恩斯坦的这一观点，即垂直知识的评判标准之一就是是否体现了再情境化原则，那么区分垂直知识与常识、实践知识、日常知识就显得尤为重要。简言之，垂直知识的生产与获取均有"规则"支配，水平知识却并非如此。

伯恩斯坦对水平话语与垂直话语的区分解释了先前讨论过的标准本位的职业知识为何没能发展出一种系统方法论。标准本位取向没有认识到一种知识（水平知识）无法生成另一种知识（垂直知识）。水平知识或默会知识无法显明化，因为它具有内隐性——它直接与日常的工作或生活相联系。这种内隐性赋予其权力。类似地，将垂直知识直接应用于具体的日常工作也是不可能的，因为实际工作中所需的知识必须足够灵活，以随时处理突发问题。

伯恩斯坦认为，垂直话语能在两种不同类型的知识结构中得以表达。垂直知识结构呈金字塔形，其最纯粹的形式是物理学——知识的增长不断向最高的概括与抽象等级进化。而水平知识结构（伯恩斯坦以社会科学为例）则仅有一些不具有可比性的专门化话语，缺乏将它们联系起来的统整性原则。对伯恩斯坦而言，新的专门化话语的发展造成了水平知识的增长。而这两种知识结构类型都是垂直话语的表达。二者都具有再情境化的显明原则，那些获取了这些知识的人能够依据一系列共享规则为其立论提供依据。

伯恩斯坦的分析强调过去有关职业知识的争论迄于局限在关注那些定义"什么才算职业知识"的人的不同利益，而未考虑知识自身的不同类型。这些争论的主要内容是：到底应该是用雇主的标准本位取向还是用教育者的知识本位取向来定义职业知识？博勒姆（Boreham 2002）曾指出，德国的学徒制双轨体系改革为联结这两种利益提供了范例；它代表了一种探索此前提到的"联结的职业知识取向"的有趣尝试。然而，伯恩斯坦的理论却提示我们：所有这些取向都忽略了不同形式的知识的内部结构、内容与目的的问题，也忽略了这些问题可能对知识获取产生的影响。伯恩斯坦的理论对概念化职业知识的重要性体现在其"再情境化"的概念及其指向的教学策略中。布赖尔（Brier 2002）和甘布尔（Gamble 2006）吸取了伯恩斯坦的观点，以一种稍微不同的方式提出了"原则性"或"概括性"教学策略与"程序性"或"特殊性"教学策略的有益区分。前者指的是解释，后者指的是定位具体事例。区分两种不同类型的教学策略带来了如下问题：两种不同的策略如何相互关联；职业教育项目中可能出现不同类型的"解释"与"程序"；它们在不同的行业部门中的差异如何。

与涂尔干一样，伯恩斯坦也喜欢作二元划分。然而，他是根据阿博特（Abbott 2000）以及随后的穆尔和穆勒（Moore and Muller 2002）所指出的"分形分类"来发展其二分法的。他因此有能力想象包含水平性元素的垂直知识结构，反之亦然。在本章所关注的问题方面，其理论局限之一在于他所有的注意力几乎都集中在各类垂直知识——特别是社会科学与自然科学之间的区别上，而任何概念化职业知识的努力都需要对跨越不同行业部门及不同工作场所的水平话语与水平知识结构的分化给予同等程度的关注。

伯恩斯坦所作的区分能用于解释当前职业教育与培训课程政策所呈现的某些发展趋势。例如，基础学位以及技术证书是为了增加"工作本位项目"中知识的分量而设的，然而，由于未能区分不同知识类型，它们极有可能再次制造原本想解决的问题。另一方面，职业型的普通中等教育证书以及职业型的高中课程试图将实践知识融入学校课程的垂直结构中来，然而，正如布赖尔（Brier 2002）所指出的，将日常实践知识纳入中小学或学院课程并不一定能够增加学员接触垂直知识的途径，它也有可能使职业课程退化为不过是提升学生就业功能的一种策略而已。

结　　论

本章我论证了有关职业教育改革的争论总是忽略职业知识的问题。我指出很有必要对职业知识进行再概念化，对此有几种相关的知识社会学取向。我论述了社会建构主义所清晰表达的知识与权力的关系，以及由涂尔干与伯恩斯坦开创的社会实在论关注的知识的分化。涂尔干对神圣性与世俗性的区分为分析理论知识与日常（或工作场所的）知识之间的差异提供了一种方法，伯恩斯坦的分析则使区分不同类型的理论知识、不同类型的日常知识成为可能，也能使它们之间的隔阂通过再情境化的过程而消弭。他的分析揭示出将职业知识建立在国家行业标准之上的缺陷：标准本位观视任何知识都具有潜在的明确性与垂直性，未能认识到理论知识与日常或工作场所知识之间的基本差别。由此，标准本位的职业培训项目剥夺了学习者获取由科学和专业共同体主导的知识生产规则的可能。参与职业项目的学生到底应该获取哪些知识？明确这一问题对于关于更有效的职业教育的广泛争论和使职业教育获得与普通教育同等尊重的可能性都意义非凡。本章的观点是，涂尔干与伯恩斯坦的知识社会学为着手解决这些问题提供了一种有力的方式。

第十章　专业知识与身份认同问题：
一个分析框架

导　言

不论是在一系列专业实践还是在大学的研究成果中，有关知识生产与获取的传统假设正在受到日益全球化的经济与政治力量的挑战（Freidson 2001）。当然，在某种程度上，这种说法总是对的——但目前这一挑战的程度与形式却是全新的。各种挑战包括：知识生产和获取与政治和经济发展的联系；对专业是建立在独特的知识基础之上的观念的挑战；甚至对认为一些独特的职业应区分出来作为"专业"的观点的挑战。

这些挑战的焦点是为用户及客户打开专业及专家知识的"黑箱"。它们有时表现为试图减弱专业自主性的财政性或行政性监管措施；也在诸如会计这样的专业中表现为试图对专业与雇主利益发生冲突的新情况进行回应的努力。在国家层面上，专业知识的传统模式以及它们与在高校中才能获取的学科知识之间的紧密联系，也在经受挑战。

对专业与学术研究工作的知识基础的传统假设的质疑，在思想上得到了在人文社会科学领域里颇为时髦的各种形式的后现代主义与社会建构主义的有力支持。正如第二章所讨论的，这些理论将专业知识（但令人好奇的是，并没有将它们自己）视为不过是一种维护特权的伪装。这类意识形态批判并不新鲜，与法兰克福学派的批判理论很接近。

全新之处在于，批判理论均对知识与真理给出了一个虽富有争议但强有力的概念，而后现代主义者拒绝接受存在层级化的真理与可靠知识的观念，而这些观念正是专业要求在社会中享有特殊地位的基础。

正如我在第二章中所讨论的，如果没有这种关于真理的观念，知识、科学以及专业的理念都将不复存在。这些讨论可引出本书中多次提到的一些问题。然而，当有关知识与认识论的问题影响重大时，它对于专业内的成员就有特殊的重要性。我将提出两个虽不太直接但本章将着力解决的问题：

- 这些挑战预示着 20 世纪为人熟知的学科本位的专业知识的终结吗？预示着大学作为未来专业人士持续获取知识，至少是基础知识的主要机构的终结吗？
- 如果是这样，那么市场，或者更宽泛地来说那些有关用户需求的种种定义，是决定是否信任诸多领域如工程学、医学以及会计学的专门知识的有效机制吗？还是我们需要让政治来作这样的决定？

我们都能够拒绝接受后现代理论的主张，并且指出将市场与用户需求作为衡量标准的不当之处，但我们不能轻易拒斥全球化的力量，以及政府通过行政去控制并塑造它们的意图。

我的观点是，尽管专业知识的传统模式往往趋于保守、拒斥变革，并在许多情况下与无可置辩的性别、阶级与种族优势相联系，但当前试图揭开专业知识黑箱的努力也并不成功，既没有抓住不同类型专业知识的权威的本质与基础，也没有指出获取与生产它们的条件。

我将吸收巴兹尔·伯恩斯坦的一些不太为人所知的观点来进行我的论证。尽管他提出的一系列概念有时候在形式上高度格言化并且隐晦，但这些概念既能帮助我们认清上述挑战对专业知识的影响，也能将它们与更广泛的知识与教育议题相联系，而这正是本书所关注的。

我认为，伯恩斯坦的理论在三个方面对我们特别有帮助：

1. 他对知识组织与社会认同——更确切来说是学习者与专业人士身份认同——的形成之间关系的概念化。

2. 他对知识关系结构（而不是知识的内容）的重要性的强调。对他而言，这些知识之间的关系就是边界关系。

3. 他对于边界关系变化形式的解释。他追溯了他称之为"单一性""领域性"与"一般性"这三种模式的知识关系的出现过程。

伯恩斯坦对知识关系的关注将他与许多教育哲学思想区分开来——长久以来，教育哲学一直关注的是对不同形式的知识作逻辑区分，直到将认识论问题简化为不同形式的社会实践的主张出现（Hirst 1983）。伯恩斯坦的理论同样也将他与知识社会学家，诸如曼海姆、布迪厄区分开来——曼海姆关注潜藏在知识背后的社会利益，布迪厄则关注不同的知识场域。

知识关系、单一性与身份认同

伯恩斯坦的知识社会学的起点是"内在性"和与"对认知的内在奉献"相关的身份认同得以形成的条件。这非常重要，因为虽然形式是理想化的，但恰恰是这些特征，定义了正经受以下两方面挑战的学者与专业：来自市场的经济压力、试图削弱专业自主性并将学者的行动导向政治性目标的政府政策。

那种使"内在奉献"得以产生的知识结构的范式类型被伯恩斯坦称作"单一性"（singulars）。他将单一性定义为："某种知识结构，其创造者们开辟出一个空间，自我厘定一个独特名称、一套专门话语，并拥有文本、实践、入门考试规则、实践证书等专属的知识领域。"（Bernstein 2000：52）

对于伯恩斯坦而言，单一性是一种理论性概念。它们指那些"导向自身发展"的边界鲜明的实体。它们使身份认同得以产生，颂扬类别的纯粹以及在涂尔干的社会学意义上对"神圣性"的共享。它们可导致强烈的、以对特定知识领域的固有价值的感知为核心的内部承诺。

伯恩斯坦指出了单一性的关键结构条件，也确定了它们对建立不同身份认同的影响：

> 它们（单一性）的神圣感……大部分并不是来自自身知识的德性，更多的是来自一种导致主体忠诚的社会化功能，因为主体才是身份认同的关键。任何试图减弱主体间（边界）或者是改变等级关系强度的尝试……可能会被视为对某人身份认同的威胁，并被当作一种危及神圣性的污物。
>
> （Bernstein 2000：54-55；括号内为著者所加）

他也强调了单一性与神圣性（同样也在涂尔干的意义上）及内在奉献之间的联系："（单一性）神圣的一面把它们区分开来，将它们的差异合法化，创造出不根据任何参照、只听从专业召唤的献身式的身份认同。"（Bernstein 2000：54）伯恩斯坦也一直坚持认为正是知识关系的结构化决定了专业认同的形成。例如：

> 教育实践的方式几乎完全取决于这些不同类别之间的关系……每一个独特类别被创造、维系以及再生产，其前提就是这些类别之间的关系（或者说）类别之间的区隔得以保留。
>
> （Bernstein 2000；括号内为著者所加）

此外，他提供了一组对"内在性"的来源进行历史性与结构性解释的要素。对此他运用了涂尔干对中世纪巴黎大学课程的理论解释（Durkheim 1977）。在涂尔干看来，中世纪以"词语"（word）为中心的"三艺"（逻辑、文法、修辞）地位高于以"世界"（world）为中心的"四艺"（算术、几何、天文、音乐），这一现象非常重要。

伯恩斯坦指出这种课程的抽象性可能与基督教的某种独特特征有关。他认为，只有基督教教义具有独特和必要的抽象性。而这正是基督教看到了内在自我和外在自我的错位并试图去解决错位的结果。在伯恩斯坦看来，基督教是一种信仰并非天生被确保，而需要被不断获得且神学不断被需要的宗教。因此，基督教教义中"词语"作为一种"知识关系"优先于"世界"中的行为。进而，三位一体构成了一种特殊的意识，即有效的真实的内在自我是理解外部世界有效真实性的前提。

正是这种教学的顺序安排（"词语"在"世界"之前）使得内在性和承诺塑造了实践参与的各种术语，塑造了伯恩斯坦所称的"我们能发现专业的起源"的世界。他在这一点上并没有进行详细论述。然而，他的意思是明确的。专业承诺以及与之相伴的献身至少是部分地源于"词语"与"世界"的分离。在下一节中，我将通过考察伯恩斯坦有关知识关系的三个概念，探讨这种有关专业源起的看法对当前专业知识面临的危机有何启示。

从单一性到领域性

伯恩斯坦将"领域性"（regions）视为"单一性"的对立物与先导。作为获取知识的途径，领域性可以被视为处于以单一性为一端的谱系的另一端。它们是将一系列"单一性"组合到一个整合性框架中的知识结构。伯恩斯坦认为，单一性指向内在，而"领域性"面向外部世界的各种"实践场域"。他将19世纪在大学中被制度化的医学与建筑学视为"古典领域性"的实例，而当代的"领域性"，他认为可能包括商业、传媒研究和新闻学。

伯恩斯坦对领域性的重要性的探讨主要关注高等教育中知识的"领域化"（例如领域的激增）所带来的可能结果。他比较了两个不同时期：以单一性为知识结构的典型形式的19世纪；高等教育管理者被迫重新规划课程以满足学生、雇主以及政府的需求而使知识逐步"领域化"的20世纪。他认为无论是古典的还是新的领域性，都日渐依赖快速变化的外部实践场域的需求，这已经导致了一种他称之为"自我灵活化"的现象，而且一些专业人士甚至学者都开始随时准备回应市场的任何紧急要求，以重塑知识领域。他认为领域化对身份认同的中心议题的影响很深远：

身份认同……是他们是谁，他们将成为谁，是在某些情境中作为实践的知识……投射出来的结果……。情境的未来将规制身份认同,而情境的多变性将控制领域化的本质,并因此控制所投射出的身份认同的性质。

(Bernstein 2000:55)

如此,他描绘了由于单一性与不同实践领域之间张力的弱化所导致的专业成员对领域性的控制的不断减弱。这种观点被吉本斯和他的同事发展为关于知识生产由模式一转化为模式二的观点(Gibbons et al. 1994)。

这种分析的一系列影响很值得探索。首先,存在某种古典的单一性和领域性,这些古典模式最远可影响到当代知识领域的重建及相关身份认同的变化——同时也潜在地最具破坏性——不管是对涉入者还是整个社会。其次,伯恩斯坦暗示道,"知识的领域化"(用他的语言来说"词语"与"世界"在其中保持着张力)正经受市场化力量的威胁。这种威胁伴随着一种全新知识关系模式的出现:他称之为一般化主义。

一般化主义的出现

伯恩斯坦提到,从 20 世纪 80 年代起,当领域化开始主导各大学时,一种新的最初发生在大学前的层级上的教育学话语正在产生,即他所指的"一般性"——在这里应当称为"一般化主义"。他列举了一般化主义的如下特征:

- 它出现于正规课程的外部并独立于正规课程;
- 它主要指向教育以外的经验;
- 它最初出现于继续教育而不是大学中;
- 它与市场需求及提高人们就业的"灵活性"相关;
- 它建立在对逐渐扩大的一系列职业、任务与工作的共有假定之上。

自伯恩斯坦 1996 年发表其第一版论文后,一般性模式已被拓展,远远超出了其原有的低水平、工作取向的框架和职业预备教育的范畴。

至 2000 年，甚至博士项目中也发现了它们的身影。它们的典型术语
有："关键与核心技能""思维能力""问题解决"与"团队协作"等。
它们被认为适用于所有学科、所有地区以及所有实践领域。伯恩斯坦
认为一般性模式不是"简单地获取（知识）的更经济的程序，它们基
于的是有关工作与生活的一种全新理念……，这种理念或许可以被称
为短期主义。"（Bernstein 2000：58）

　　诸如核心技能之类的一般性知识结构自 20 世纪 90 年代早期起为
一系列白皮书所引用，其中最引人注目的是它们强调终身学习，而不
只是在中小学、学院、大学的学习，强调学习、技能而不是教育。正
如伯恩斯坦所说，一般化主义假定我们身处一个"生活经验不能基于
对个体未来的稳定预期来确定，以致需要开发一种重要而又全新的能
力"的世界（Bernstein 2000：59）。这种"全新的能力"，他称之为
"可培训性"，或者是能够处理工作与生活的新要求以适应持续的教育
并从中获益的能力。可培训性的概念与我们更为熟知的术语"学会学
习"有许多共同之处。它强调当人们面对不断变化的市场的偶然性时
所需具备的能力。这种"学会学习"的能力通常被明确认为是积极的，
也是值得鼓励的。然而，伯恩斯坦评论道，"可培训性的概念中有一种
自我证明的虚空性，因此也自我排斥……。如果这个概念是虚空的，
那么行动者该怎样认识自我与他者？"（Bernstein 2000：59）

　　伯恩斯坦的回答是，作为身份认同基础的辨识（能力）越来越来
源于"物质消费"。换句话说，"市场的各种产品接替了原本暂时建立
起了稳定性的那些信号。"

　　伯恩斯坦以如下评论对一般性模式所产生的影响作了总结：从手
工劳动中发展出来的"可培训性的概念被制度化为基本教育目标"
（Bernstein 2000）。它从日常生活的权力关系中抽象出经验，（通过教
育）复制这些关于工作与生活的假想概念，并否定了理解与批判的可
能性。与前面分析相联系，身份认同在伯恩斯坦的解释中由单一性的
强界限与"内在性"，经由领域性的"内在性"与"外在性"的张力，
走向逐步由外部市场决定。

结　论

我开篇概述了专业在当下所面临的一些挑战。我提到，这些挑战关系到专业的自主性、知识基础、职业使命感与道德观，当然也与其和专业知识相连的特权都有关系。我也提到这些挑战与更宽泛的一系列认识论问题相联系。这些问题涉及知识的本质，也涉及对客观性与真理的某些论断。它们由经济变化、政府对经济的回应以及在本书讨论过的某种社会理论的走向所引发。

接着我讨论了伯恩斯坦的观点。我展示了他怎样在关于我们自身的内部关系与关于外部世界的外部关系的错位中定位了专业的观念以及更宽泛的有关知识的观念。他认为内外这两种关系共同构建了我们作为社会人、社会成员以及作为专业成员的身份认同。

我描述了伯恩斯坦对知识关系形塑身份认同的分析，他认为知识关系（他也称它们为教育叙述的模式）有三种变化的模式：单一性、领域性、一般性。我讨论了领域性的出现以及一般性这种在近年来占统治地位的知识关系。

在伯恩斯坦看来，尽管单一性主要是内在性的，并因而带有一种"自恋"倾向，但它们也具有两面性：一面面向内在，指向专业召唤；另一面面向外部，指向生存的物质条件与经济收益。单一性的这种双重性对于避免在有关专业的争论中出现两种相悖的倾向非常关键——一是自我辩护，一是嫉之如仇，将专业视为不过是一种意识形态特权。与此相反，伯恩斯坦的分析更利于探究专业成员所面临的实际情况。领域性，作为不同于单一性的关系，同样面临着两个方向的张力：一是单一性，一是实践领域。然而，这种张力正日益受到外部世界的影响。而一般性模式以及与之相关的在伯恩斯坦看来本质是虚空的"可培训性"的概念，不具有内在性，只不过具有回应任何新教学改革的能力。按照这样的逻辑，一般性意味着我们所知的"专业"的终结。

伯恩斯坦关于专业的观点似乎透露出一种深深的悲观甚至近乎决

定论的色彩。在一篇将专业的终结与知识的工具化联系起来的尖锐评论中，伯恩斯坦写道：

> 有一种关于知识（产生）以及它与其使用者和创造者之间关系的全新概念……。有近一千年历史的知识开始失去内在性甚至人性……，处于危险的正是教育这一概念本身。
>
> （Bernstein 2000：86；括号内为著者所加）

伯恩斯坦指出知识失去了内在性，这不仅仅是在警告，我们所知的知识与专业性所赖以生存的条件正逐步消失，同样也是在对盲目热衷于移动式学习和假定因特网具有教育潜能的后果作预测（Selwyn and Young 2007）。

伯恩斯坦分析中的决定论与悲观主义是有道理的，但在我看来它太过片面。他对"市场化"正在破坏专业性以及更宽泛的知识本身的生存条件深感忧虑，然而，这种论调过于强调其结构主义，在某种程度上忽视了他同时强调的专业性得以形成的特定历史条件的重要性。

我曾提到伯恩斯坦关于中世纪基督教需要"神学以及更多神学"、信仰需要被"赢取与再赢取"的观点。与之类似，尽管市场化破坏了知识与专业性的环境条件，但仍是专业性在生产市场所依赖的新知识；市场本身不能创造知识与产品。因此，正如信仰需要被赢取与再赢取一样，专业性与知识生产的条件——它们的自主性，以及更深层次的，将"词语"置于"世界"之前的必要性——需要被不断重建。这才是专业性的含义。将"词语"置于"世界"之前的必要性仍然存在，即使它得以实现的环境发生了变化。接过伯恩斯坦的大旗，我们现在的议题应是探究在当代环境下，如何为专业性和生产新知识创造条件。

第十一章　后义务教育中的学术与
职业分轨以及知识问题

导　言

　　学术与职业分轨是所有教育体系共有的特征之一，在大众公共教育开始之前就已经存在。我对这一议题的兴趣始于 20 年前，当时我正参与筹建伦敦大学教育学院的"后 16 岁教育中心"。然而，值得注意的是，当时正值英国的政策制定者们开始思考这种分轨体系在英格兰所采取的形式，他们不再将它视为理所当然的结构，而在考虑它是否阻碍了实际工作中知识与技能的提升。

　　自 1986 年起的 5 年内，后 16 岁教育中心由政府的就业部根据旨在提高中小学与学院课程的职业相关性的科技与职业教育计划给予资助。鉴于后 16 岁教育中心建立在最为学术的教育机构——大学，以及远离工作世界的教育学院之中，因此它直接面临着学术与职业分轨这一事实。我们最初的问题是：这种分轨是否在某种意义上是现代社会的固有特征？还是说存在某种形式的统一（或整合）体系的可能？本章的主题是在过去的 20 年中我对以下问题的理解与再思考：在试图开发一种统整的课程与资历体系，以替代传统的学术与职业分轨体系时，将有可能涉及哪些因素？

　　我是 1990 年出版的英国公共政策研究所的报告《英国学士学位》（Finegold et al. 1990）的作者之一。值得注意的是，根据此报告的主要观点，其副标题确定为"终结教育与培训之间的分野"。在报告中，我们基于经济学、社会学、政治学、教育学背景，提出要逐步淘汰基于学术与职业分轨的课程与资历体系，并给出了以统整的后 16 岁课程与资历体系取而代之的提议。此报告勾勒了一个更为平等的教育体系，17 年后，我以一种广阔的政治视角来继续我的论证。然而，我认为，如果要朝着报告中所展现的愿景不断推进的话，需要拷问在短期内引入这一统整体系的立论基础。本章开篇将对这场"统整化之辩"背后的经济、政治与社会议题作简短讨论，接着将集中讨论在 20 世纪 90 年代较少被关注的特定教育议题。

我解决学术与职业分轨这一问题的方法有赖于本书第一部分讨论过的教育知识社会学的理论。在我为荷兰的某次会议形成本章的原稿之前，我个人的两条非常不同的工作主线——课程政策与教育社会学——一直是相互分离的。我将展现作为本书核心主题的社会建构主义与社会实在论之间的争论是如何同解决学术与职业分轨问题直接相关的。尽管社会实在论对统整化的主张持批判态度，我仍要指出它为同时提升普通（学术）教育与职业教育的水准，并在未来为实现报告所提出的宏伟目标提供了更可靠的基础。

在教育社会学与教育政策的论争之间建立起联系，其困难程度超出了我的预期。"理论"与"实践"（或政策）的关系从来都不是直接的。不仅在二者间建立简单的对应关系是不可能的，而且任何试图建立简单对应关系的尝试均会不可避免地使理论性研究过度工具化，从而削弱其批判性（第七章）。我在第四章中指出，有些研究者，如芬兰的社会文化理论家恩格斯托姆，认为理论与实践之间的隔阂在全球经济变革中已式微，我们必须改持一种整合的"基于理论的实践"观念（Engestrom 2004）。我在第七章提出了与之相反的观点：理论知识与实践知识之间区分的模糊不仅阻碍了理论的发展，也使得研究者的政策参与日益受制于政治、经济的急切需求。从长远来看，如果理论是为了指导实践与政策，那么它需要一片属于自己的空间。我在 20 世纪 70 年代无疑犯下了如下错误：在尚未形成一个适切的课程理论的情形下，就开始思考如何改变世界（尤其是我所关注的课程）。

本章其余部分将被分为若干小节。首先我将对 20 世纪 90 年代以来英格兰的后 16 岁教育政策作简短描述，随后对有关教育社会学中的知识问题的种种观点进行回顾。在对知识的社会实在论作具体陈述后，我将接着探讨后 16 岁课程与理论的相关性。随后我将批判地检视（或外显或隐含地）支持统整课程论调的基本原则——"联结"与"联结的专业化"的概念。随后我将本章的论点与第九章相联系，提出它对职业课程的启示。最后，我将对"统整化"论争可能产生的更为广泛的影响作评论，并给出我的回应。

20 世纪 90 年代以来英格兰的后 16 岁教育政策

20 世纪 80 年代末期以来，我与许多英国后义务教育的相关人员持同一观点：学术资历与职业资历之间的分轨既低效也不公平，并且将固化工作实践和教育与培训中的"低技能均衡"（Finegold and Soskice 1988）。这一观点在英国公共政策研究所的报告中，在我与苏格兰学者共同完成的一系列研究项目与出版物中（Raffe 2007），以及在我自己的著作《未来的课程》（Young 1998）中都有体现。《未来的课程》一书关注统整课程可能采取的形式，认为统整课程将不再基于普通教育中相互分离的学术科目或职业教育中的国家行业标准。我与一些同行提出一种观点：统整的"未来的课程"应建立在联结的专门化原则之上——本章后一部分将回到这一观点（Young 1998；Young and Spours 1998）。

英格兰后 16 岁（如今更多的是后 14 岁）课程改革自 20 世纪 90 年代以来呈现出令人惊奇的周期性特征。英国公共政策研究所的报告《英国学士学位》于 1990 年出版，虽然它是由当时还默默无闻的左翼智囊团所出版，但却出人意料地颇具影响力，这种影响力还不仅限于教育共同体内部。随之，在该报告出版一年之后临近大选之时，当时的保守党政府似乎感到了紧迫感，并出版了自己的白皮书《21 世纪的教育与培训》（HMSO 1991）。该白皮书坚决拒斥统整策略，并重申未来的教育供给将建立在学术（高中课程）与职业轨道显著区分的基础之上。十多年后，历史几乎重演，不同的是所牵涉的政治关系与关键行动者的地位。2004 年出现了建立统整课程并逐步取消学术与职业分轨的建议，但不是由左派提出的，而是由政府建立的某个委员会［由前首席中小学校督导员迈克·汤姆林森（Mike Tomlinson）领导］所提出的。汤姆林森工作小组于 2004 年发布报告（Tomlinson 2004），并提议：逐步取消已有 10 年之久的学术型证书与职业型证书，代之以单一的四等级文凭——在这一文凭体系内，14—19 岁年龄段的所有学生都能在一套包括核心模块与专门模块的单一体系中自由组合。2005 年，工党政府拒绝了这一提议，并发布了自己的白皮书，决定保持学术型证书与职业型证书之间的分隔；后者成为我们所熟知的"专业文凭"（specialist diplomas），尽管"专业"这一术语从那以后就不常用了。因此，我们事实上又回到了 1991 年（或许我们从来就没有改变过！），当时的保守党政府提出了与之非常相似的建议：继续维持后义务教育与培训的三轨体系。

本章的目的不是要表明我到底是支持政府还是汤姆林森。我想问的是：90 年代时我们中那些支持向统整体系转变的人是否仅是天真的理想主义者？如果不是，那么到底是哪里出错了？是我们所作的经济学分析——全新的全球化经济需要一个全新的国家教育体系——有缺陷吗？是我们的政治学分析——假设逐步取消高中课程并转向一个统整的后中等教育体系将会得到广泛、真诚的支持——是错误的吗？还是说，我们视这项改革为早期工党政府于 1965 年提出的中等教育的综合愿景的逻辑延伸是不对的吗？抑或是我们对教育在广阔社会中的角色及作用所作的社会学分析存在缺陷？……这些问题都很重要，我将在此作简短讨论。

统整的经济基础

如我在第七章中讨论后殖民主义时期的南非时所提到的，统整化以及消除学术与职业分轨的经济学基础是对全球资本主义经济中发生的变革的进步主义的理解。然而，20 世纪 80 年代的一些预期，如大规模生产将发生变革，以及旧有的脑力劳动与体力劳动之间、知识与技能之间的区隔将日渐减弱等，均被证明太过乐观了。大规模生产从欧洲移出，出现了新的工作类型，但它们并不全是"高技能"或"知识本位"的。因此，新的分轨仍在发生。此外，有证据表明：生产关系的显著变化需要一系列非常特殊的条件，而这些条件在英国并不典型（Payne 2000）。在《英国学士学位》这类出版物中，至少存在一个"统整者"们共同认可的隐含假设：经济变革于我们有利，或者至少经济变革由教育变革所主导。但反思过去 17 年的经验，我发现，很难证明进步主义的教育潜能与经济发展有切实联系。

统整的政治支持

尽管英格兰于 20 世纪 60 年代作出的建立综合性中等教育、取消文法中学及 11 岁后选拔考试的决议获得了广泛支持，但将它们拓展到中等教育的后义务教育阶段则面临大量更为复杂的问题。参加高中课程考试的学生比例由 1951 年刚刚开始时的 3% 上升至 50 年之后的 40% 多。我们中那些在 20 世纪 90 年代支持废除（或在《汤姆林森报告》出台后支持更缓和地逐渐取消）高中课程的人没有考虑到，考试人数的增长从来都不是某一明确政策的结果，扩张本身可能会导致人们对它的支持的增加。在英国公共政策研究所的报告《英国学士学位》出版 17 年之后，将高中课程继续视为精英主义已不太合适。由于它为每代人中将近一半的人提供了参与机会，它本身已成为大众化的，或者说成为在某种意义上精英主义色彩已不那么浓厚的体系的一部分。因此可以理解，不管内阁成员中的个人持何观点，工党政府一直拒绝取消高中课程。当政府于 2005 年决定拒绝汤姆林森的建议并保留高中课程时，教育共同体内出现很多反对的声音，却没人意识到它将涉及广大选民。自那时起，就没有什么观点再与之抵牾了。

统整课程的社会基础

20 世纪 90 年代早期，我们中的一些人似乎忘记了一条社会真理：和所有教育结构一样，学术与职业分轨源自社会中的劳动分工，而不仅仅源于教育体系本身。只有在没有劳动分工的社会中——这意味着要不就是乌托邦，要不就是原始共产主义——才会存在没有学术与职业分轨的教育体系。最好的例证来自苏格兰与瑞典。它们统一了后 16 岁教育——苏格兰改革了其资历体系，瑞典则建立了综合性高中。但是，尽管二者的统整分别取得了一些其他方面的收益，但作为课程特征之一的学术与职业分轨仍未受到大的挑战（Raffe et al. 2007）。

在本章中，我将集中讨论由统整课程的提议所引发的教育问题，特别是《英国学士学位》中所采纳的统整途径，这一途径由我的书（Young 1998）中所提出，并间接地反映在最近的《汤姆林森报告》中。我的观点是：这些提议以及其他一般化的统整策略，均忽略了知识的分化问题，而这一问题对任何一项真正的后义务教育改革而言都是基础性的。为了阐明这一观点，我将转向本书第一部分讨论过的知识问题。

教育社会学与知识问题

如果你了解本书前面章节所提出的各种观点，那么你会更清楚上述观点的来龙去脉。1971 年《知识与控制》的出版，为教育社会学开启了一种更为广阔的新取向：指向知识与课程问题，而不是之前所关注的教育机会分配问题。这种后来被称为"新教育社会学"的取向意识到，在现代社会中，文化传递是正规学校教育的特定作用的核心所在。由此，社会学家们面临的一个关键问题是：基于教育知识或学校知识的共同文化与学生们在家庭、同辈群体及社区中获取并带入学校的分化文化之间的"断裂"。解决这种断裂问题可以被看作教师的"教学难题"，而它同时又是教育社会学的中心问题。对英格兰的这种文化断裂的社会阶级基础的分析始于伯恩斯坦关于语言符码和可教育性的著作（Bernstein 1971），以及布迪厄及其文化资本概念（Bourdieu and Passeron 1977）。尽管大多数经验研究或多或少都采用了伯恩斯坦与布迪厄的观点，但它们都局限于探求导致不同社会阶级的儿童取得不同教育成就的社会影响因素。与之形成鲜明对比的是，同样由关注文化传递发展而来的"新教育社会学"则指向一条相反的道路，它关注学校课程效果的社会性分配。

尽管并不总是那么明显，20 世纪 70 年代兴起的对课程的社会学研究在很大程度上采取的是知识的社会建构主义理论路径。该理论将包括课程在内的所有知识都视为社会行动、利益及目的的表达。社会建构主义对课程的分析采用了意识形态批判的理论形式，旨在阐述课程中任何形式的知识的选择与组织如何代表不同的世界观、表达特定的权力关系与利益。这一取向认为批判性分析可能会成为现行课程的替代性课程，即反映更广泛群体而不仅仅是专家或当权者的利益的课程的基础。换句话来说，课程被视作政治利益的角斗场。自大众教育开始以来，有许多例子可以证明这一观点的正确性——从 19 世纪出于宗教原因将地质学从学校课程中排除出去，到如今争论能否将神创论纳入学校生物学课程，与达尔文进化论平起平坐。

正如有人曾指出的（Pring 1972），社会建构主义在哲学上存在的问题是它本质上是相对主义的，具有所有由这一定位所引发的矛盾。其中具有相当大的教育意义的一点是：社会建构主义的认识论基于的是未分化的知识概念。由于社会建构主义关注的是知识的社会基础，它从社会学的视角把所有知识——意见、信仰、科学以学校科目——视作本质上是相同的。既然所有知识都是社会利益的表达，那么它总是基于某种特定立场的。这样的话，社会建构主义不能解决如下问题：为何有些类型的知识应被纳入课程中，而其他类型却不行？在社会建构主义视角下，课程只不过是一种定位手段，为某些群体，可能是男性、白人或中产阶级，而不是其他人，提供利益与便利。

认识社会建构主义的局限性并不是要否认课程含有意识形态元素，

而是为了将社会建构主义对教育知识的批判同诸如涂尔干所持有的将知识分化作为其理论出发点的社会知识论区分开来。简单来讲，社会实在论认为社会建构主义拒绝了一项可被称为"教育常识"的基本假设。以我的理解，"教育常识"认为正规教育的主要目的是使学生获取如下知识：（1）对大多数人而言，这些知识无法通过其日常生活获得；（2）这些知识使知识获取者能够超越其日常经验，并增进他们对自己身处其中的社会与自然世界的理解。对正规教育的这些期待并不意味着正规教育总能成功，或所有学习者均能成功——现实与之相去甚远。但是，它们却是（也许并不总被明确表达出来）工业化国家的父母让孩子花越来越长的时间接受全日制教育、贫困国家的父母为了将其子女送进学校接受哪怕仅有几年的教育而作出巨大牺牲的基础。它们同样也是雇主雇用研究生以及研究生薪酬更高的原因之一。

　　以知识从经验中的分化为出发点的理论观点，其逻辑完全不同于视知识为"未分化"的社会建构主义。如果接受了知识分化的观点，课程就必须承认这种分化，即使政治或其他利益以及全球变革都将无可避免地形塑这种分化的表达形式。分化的观点并不否认所有知识均源于社会这一社会建构主义观点，但它作出了更进一步的论断：不同类型的知识间的差异及其不同的权力与能力也同样具有社会性或基础性。仅基于经验的知识只能为"普及"提供非常有限的基础，也很容易退化为"看法"或"偏见"。

　　正如本书其他部分所论，基于知识是分化的这一假设，有一种非常不同的知识社会学观点，我称之为社会实在论。与仅把知识的社会基础视为真实与客观的社会建构主义不同，社会实在论将知识的社会基础和知识本身都视为真实。因此，课程的社会实在论取向并不仅仅作意识形态批判分析，而是力图探求获取客观知识所必需的社会条件。这一取向之前一直被教育社会学及教育学家所忽视。下一节我将对先前讨论过的涂尔干的知识论作简要概括，并探讨它对本章主题——统整化的论争的启示。随后我将利用伯恩斯坦的更为成熟的课程理论来拓展我的观点。

课程的社会实在论取向

强调知识分化的社会实在论具有悠久的历史，可追溯到法国社会学家埃米尔·涂尔干一个世纪前的著作（我在第三章与第四章中讨论了他著作中的某些细节）。涂尔干是第一个试图研究以下问题的人：在社会（即使最原始的社会）中，造成人们能力分化、分类、分层的社会根源是什么。在他对宗教的著名研究中（Durkheim 1995；Durkheim and Mauss 1970），涂尔干发现，即使在最原始的社会中也存在着基础知识与实践知识的区分。基础知识（如逻辑、因果等观念）是整个社会的普遍性知识，相对固定；而实践知识则由社会成员在满足生存需求的过程中发展而来，并必然会经常变化。涂尔干将知识类型的这种社会分化视为现代社会中"理论"知识与"日常"知识之间区分的基础。而这也是他把早期社会的宗教称为"原科学"（proto-science）的原因。

在基于复杂的智力劳动分工与知识专门化的现代社会中，构成知识客观性的社会基础的群体不是涂尔干意义上的"社会"，而是"专家共同体"。不同知识共同体之间的边界在建立社会身份方面发挥着和原始社会中的部落之间的边界相似的作用。正是知识专门化的这种既矛盾但又具有潜在社会性的"分裂"效应创造出了"共同体"，同时也造成了涂尔干特别关注的普遍价值的缺失。伯恩斯坦在对"聚集型"课程与"统整型"课程的著名分析中阐释了这一过程的教育学内涵（Bernstein 1971）。

在涂尔干看来，情境独立性是区分知识（无论是其原始、神圣形式即宗教，还是其现代形式即科学）与其他通过日常经验获得的情境依赖性的"认识"的唯一真实标准。情境独立性知识的独特性在于：（1）它能为超越具体案例而进行归纳与解释提供基础（因此其范式是自然科学的）；（2）它能使知识获取者发展出想象替代方案的能力。

从涂尔干的视角出发，课程必须能提供获取情境独立性知识的途径。与后 16 岁课程相关的问题由此浮现：

- 获得情境独立性知识的条件是什么？
- 如果这些条件真的存在的话，那么如何在统整课程中实现它们？

伯恩斯坦与后 16 岁课程

英国教育社会学家巴兹尔·伯恩斯坦发展了涂尔干思想的教育内涵（Bernstein 1971，2000）。与涂尔干一样，伯恩斯坦强调知识与社会身份认同之间（即在我们所知与我们是谁之间）的关键性联系，也强调身份认同是由不同知识领域之间的边界以及知识与日常经验之间的边界所塑造的。他引入分类与架构的概念来描述两种不同类型的边界如何变化。如他所言，分类与架构可强可弱。他把学习者的身份认同与知识获取联系起来，并暗示：第一，知识获取与生产的首要条件是强分类与强架构；第二，不可回避的事实是，强分类与强架构的历史形式存在于大学学科以及中小学课程科目中，而它们所产生的社会分配效应也不容忽视。

如果伯恩斯坦的理论是正确的，它将可以解释对统整课程的拒斥以及所有社会中学术与职业分轨的持续存在。课程的统整总是会导致教师与学生身份认同的弱化——除非我们提出一种学习者身份认同的新基础。统整课程可能会提高参与率，但却不会相应地增加学生获取的知识。这个结论引出了一些与后 16 岁课程的统整相关的问题：

1. 强分类与强架构的原则在多大程度上与强调边界模糊、要求更大灵活性与开放性的全球经济变革形势相悖？
2. 若课程原则与经济压力相悖，课程政策是应该顶住要求知识边界模糊化的压力，还是应该顺应这种要求？
3. 我们应该认同强分类与强架构的"原则"不过是 19 世纪早期现代化的历史遗产，因此对 21 世纪的适应性在减弱，还是认同强分类与强架构所采取的"形式"——即现存的学科与科目——是历史遗产？

以上问题如果我们都认同后者，课程问题就将变为：

4. 21 世纪的强分类与强架构——它支撑着在伯恩斯坦看来非常重要的身份认同与知识获取之间的联系——究竟要采取什么样的具体形式？它对提高参与率这类政策而言，有什么启示与建议？

对上述问题的回答有时被认为是政治性的。本章的观点是，回答这些问题也有赖于对正规教育的专门性及作为知识获取条件的正规教育专门领域之间的边界的看法。

我将带着这些问题，回到本章前面所谈到的有关后 16 岁课程统整的争论。

社会实在论以及关于后 16 岁教育统整的争论

建立基于"联结的专门化"原则的统整课程的观点在芬戈尔德（Finegold 1990）、扬（Young 1998）以及汤姆林森〔Tomlinson 2004）的著作中都有论述，尽管各不相同，但大体遵从同样的逻辑。这些著作的一个共同看法是统整课程应该包含四个主要元素：

- 涵盖了所有模块的单一系列的水平等级；
- 能被表达为用不同方式组合的单一系列模块的科目与行业领域的详细标准；
- 引导学生选择以及模块分组的组合规则；
- 面向所有学生的强制性的"联结的"核心知识与技能。

后 16 岁统整课程中的这四个要素以每一个要素中都有体现的"联结"（或联结的专门化）原则为基础。依据前文观点，问题在于：（1）联结的专门化原则是否能成为联系知识与身份认同的基础——在伯恩斯坦看来，这种联系对学习以及知识获取具有关键作用；（2）模块、核心知识与技能以及组合规则之间的联系是否足以构成形塑传统上由科目及行业领域形塑的学习者身份认同的适切的基础。如果联结的专门化的观念无法提供这样的基础，统整课程则很有可能产生新的问题——学生向更高学习等级的进阶问题、学生学习与广泛参与的动力来源问题，等等。

我们可以从几个方面来追溯联结以及联结的专门化之概念的缘起。首先，它们可以被视为揭示数字技术如何创造同辈间新型的"水平化"或去层级化的关系（Castells 1998）的方式。一些新的用户自创的、基于网络的革新之举如 MySpace 和 YouTube，以及最近对"移动式学习"的热情都是极好的例子；问题是它们在何种意义上可以自诩"具有教学潜能"（Young 2007）。其次，联结的专门化可以被视为解决"分裂趋势"的一种创新的方式——很久之前涂尔干就把这种分裂趋势看作现代社会中专门化以及劳动的智力分工扩大的潜在后果。涂尔干将社团主义、专业及行业协会的一些新形式作为他那个时代的社会中"整合"的可能方式。但是，这些方式在 20 世纪 90 年代就显得有些太自上而下、太僵化了，不利于未来发展。联结似乎可以以一种更自下而上、更民主的方式解决整合的问题，并更具有时代性。在其"纯粹"形式上，模块化假定学生拥有从某种形式的模块库中建构属于自己的课程的能力（及权利）。"联结的专门化"理念展示了一种克服这种模块可能导致的潜在的"碎片化"的途径。它至少解决了（虽然不是特别具体）模块课程所忽略的对所有学习来说都非常重要的次序、融合问题。联结的专门化的相关论述可参见《未来的课程》（Young 1998）。

从本书所提出的社会实在论的观点来看，基于联结的专门化的课程生成身份认同的可能性并不大。为探索可能原因，必须深入探讨"联结"概念的社会基础，并思考它们是否可以为以下几方面提供基础：

1. 替代传统上与学科、科目、专门行业领域相关的将课程知识与师生身份认同联系起来的那些规则与实践。
2. 将学生选择的不同模块与组合这些模块的规则联系起来。
3. 被称为通识教育的 21 世纪版本的"核心"或"联结"的知识与技能。

伯恩斯坦并没有这样讨论"联结"概念，但这一概念与他讨论过的"可培训性"及"学会学习"的概念有很多相似之处。在他的分析中，后两个概念都可以被视为"一般化主义"的形式，而这种一般化主义具有"一种自我证明的虚空性"（见第十章）（Bernstein 2000）。和其他"一般化"形式如很时髦的"学会学习"一样，联结的概念并没有与任何具体知识体外显地发生联系，因其在知识内容方面是"虚空的"，如果从伯恩斯坦的观点来看，"学习者（或教师）将无法从中认知自我及他人"（Bernstein 2000，括号内为著者所加）；换句话说，它不能构成学习者身份认同的基础。因为缺少与之相联的具体内容，联结的专门化概念虽然可能有教育上的抱负，但却不能构成现代课程中替代学科、科目的基础。联结最多被视为一种松散但具有暗示性的组织隐喻，反映出罗伯特·赖克（Reich 1991）之类的作家所描绘的某种工商业发展图景。它无疑与电子学、神经科学的发展有联系，在这些领域中它具有更加理论性的精确含义。不将其定位在知识及其获取的社会理论中，它作为一种课程概念便只有非常有限的价值；作为某种形式的课程协调者的"联结的专门人员"，将只有组织与管理基础，没有用以组合来自不同领域的模块或发展出一个联结的核心的知识基础。基于相似的原因，联结的专门化概念也将只能指出学生在试图将理论与实践学习联系起来时面临的问题而已。此外，没有一些统合性概念，课程统整的结果将不可避免地导致影响所有人而不是一小部分人的"模块碎片化"，并将很可能造成新的、不那么外显的分轨。

从知识的社会实在论出发发展后义务教育阶段课程的替代方案，始于学术科目与行业领域（如工程、商业）的专家及他们拓展其专业知识的作用的范围。这可能涉及与其他专家合作，发展新的跨学科专门化形式。这种路径意味着"专门领域内由专家进行的创新"，而非模块化与新的一般化形式，更可能成为课程革新的可靠来源。

对职业课程的启示

在前几节我曾论述了认为"知识是分化的"的社会实在论观点可能带来的两个影响。第一，统整，至少基于联结的专门化的统整，不是适于后 16 岁课程的改革路径。第二，基于科目的革新将成为学术课程最可靠的改革之源。否定统整模式后，剩下的问题就是要重新思考职业课程。这在第九章中已有详述，但既然这一问题由统整化的讨论所引出，故我在此作简短讨论。

如第九章所论，职业课程经常有（或应该有）两个目的：提供获取可转化的（学科）知识的通道；获取与具体工作相关的知识与技能。前一个目的有赖于情境独立性的知识，后一个目的则是情境具体性的，与具体部门及工作岗位有关。因此，职业课程存在需要解决的具体的课程与教学问题，这些问题都被基于联结的专门化的统整模式回避了。这些问题被巴尼特（Barnett 2006）称为"双重再情境化"概念，指以下两个过程：一是为了行业具体目的对学科知识的"专业或职业的再情境化"，例如物理疗法或工程中的物理学；二是为了教学目的对专业知识的"教学的再情境化"，指的是考虑到学生已经掌握的知识及他们具体的工作岗位需求，将其分成不同的小组或层级，分别以不同的教学顺序及步骤传授专业知识。这两个过程与在普通教育或学术课程中为了教学目的而进行的学科知识的再情境化相比，非常缺乏研究。

结　论

在本章中，我用本书第一部分提出的社会实在论的知识观论证了我与其他学者于 20 世纪 90 年代在英国提出、并被 2004 年关于 14—19 岁教育的《汤姆林森报告》广泛接受的统整学术与职业项目的提议，被不恰当地当作了改革后 16 岁课程的基础。政府提出的保留高中课程并建立所谓的专门（职业）文凭的替代方案（这些方案我没有在本章中提及），只是在重复过去的错误，并将不可避免地使职业教育成为那些没有被高中课程项目接收的学生退而求其次的地位低、质量低的教育选择（Weelahan 2007）。政府提出的这些替代方案也都没有为改革普通课程或职业课程提供合适的基础。

自 20 世纪 90 年代早期开始，在英国教育界内一直有一股强烈的寻求统整的政治风潮。这是一种试图通过教育改革减弱或消灭不平等的"符码式"努力。但是，这场我曾在整个20世纪90年代都积极涉入的运动遗忘了两个重要的真理：一个来自社会学，一个来自本书提出的课程理论。在社会学上，这一运动忘记了伯恩斯坦曾指出的"教育不能补偿社会"。在本章讨论的案例中，根源于更广的脑力劳动和体力劳动之间的社会分轨的学术与职业分轨，不能通过某一统整课程或资历体系来克服。基于英国的情况，这一运动甚至可能会夸大这种分轨。从本书提出的课程观点来看，"统整者们"忘记了，没有任何一项忽略知识（包括可以使学生掌握什么知识以及使之可能的条件）的中心地位的改革（如模块化与联结化的组合）可以具备教育上的可行性。

至于促进更大的社会平等与教育平等，我的观点是，统整化的议程偏离了英国后16岁教育持续面临的两大主要任务。第一个是改革目前每代人中近半数参加的高中课程项目。尽管它最近扩展了（至少是一些）科目数量，它仍是世界上为此年龄段人群提供的最为狭隘的课程之一。第二个甚至更重要的任务是认真地改进基于知识的职业课程项目，以替代高中课程项目。当这些问题都取得切实的进展，特别是当职业课程项目的设计者们认真对待知识问题时，学术与职业的分轨将不再那么重要，而统整的问题则将更为简单。

第十二章　南非与英国继续教育与培训院校的教师——未来的知识本位的专业人员？

导　言

本章内容基于在由南非教育部和人文科学资源委员会主办、在比勒陀利亚召开的继续教育与培训院校校长大会上提交的一篇论文。然而，正如我希望本章可以阐明的，虽然南非的历史和实际情况在很多方面都有独特之处，但改革继续教育所面临的问题却并非如此（Young and Gamble 2006）。许多影响南非继续教育与培训院校的政策走向及其引发的问题与英国都有大量相似之处。此外，这些政策和问题也引出了许多前面章节曾在理论层面讨论过的职业教育中知识的角色问题。

我之所以收录此章，一是为了阐释比较研究的重要性，二是为了强调认识论问题不只是与课程相关的问题，也同样是那些课程设计者和传递者——在本章的案例中是学院教师——的专业发展问题。大部分文献，尤其是关于专业发展的文献，都很少讨论此类问题。

为何南非继续教育与培训院校及其教师的未来如此重要？答案不止一个，且这些答案与南非最近的《福斯特报告》和《利奇报告》有一些呼应之处。第一，在种族隔离时代有着种族间相互分隔历史的诸多院校已经被合并为少量的多校址、种族混合的大型机构。第二，对继续教育与培训院校的拨款大幅增加（体现在财政部的资产重组基金上）。第三，政府为这些院校设定了一系列雄心勃勃的新目标，包括：

- 扩大入学机会与提高参与率；
- 终身学习；
- 服务于国家人力资源发展目标，尤其是发展中级知识与技能①；
- 城乡革新；
- 培养新型公民。

最后一项目标无疑是其中最具雄心的。

第四，也是对这本章来说尤为重要的，是一项对这些院校有重要影响的发展趋势，且在英国并无直接对应的相似情况。新的国家（职业）资格证书的课程政策及指南规定，到 2008 年，新的国家（职业）资格证书将取代继续教育与培训院校发放的旧技术证书（NATED）而成为主要的资格证书。

新的继续教育与培训院校课程

新的国家（职业）资格证书的课程及指南的发布标志着教育部在政策上的重要转变。从 1994 年南非选举第一届民主政府以来，在新的继续教育与培训课程成为国家政策之前，人们普遍认为没有必要为职业院校设立新课程。就如英国 1987 年颁布国家职业资格认证框架时的情况，职业院校被认为有能力基于"单元标准"（或学习成果）形式的国家资格证书"向下设计"自己的课程。

新课程政策与根据南非资格证书管理局开发的框架而设计的结果本位的资格证书体系不同（参见第八章英国的类似改革），资格证书体系中知识的内容是内隐的，自主权留给了教师，而新课程政策则是外显的，具体规定了新证书涉及的每个行业领域相关的专业知识。新课程政策同时也明确规定，知识的掌握程度将会以各种外部考试为核心

---

① 扬（Young）本人的解释是指那些比不用学习即会的、复杂的、又够不上专业学习或工程学历水平的知识与技能。——译者注

方式进行评估。

在这里，需要指出教育部政策文件中所表达的"课程"这一概念的重要意义。在内容方面，"课程"指的是学习者获得13种行业领域中的任何一个国家（职业）资格证书所需要掌握的知识与技能的详细内容及次序安排。在南非，这象征着职业教育从结果本位取向转向了课程大纲本位取向，前者模糊了资格证书与课程的区别，后者则认识到了区分二者的重要性。无论是英国还是南非，诸多惨痛的教训和资源的浪费都已经证明，从结果或标准来倒推课程的"向下设计"的取向是不可行的。所有这些结果或标准本身只会引出一系列武断的主题，而不是课程［相关解释可参见扬和甘布尔（Young and Gamble 2006）2006年主编的书中巴尼特和阿莱所写的章节］。

发布与新的国家资格证书相关的课程项目的一个重要结果就是，重申并重新定义了继续教育与培训院校独特的职业角色，并超越了南非国内关于继续教育与培训院校的越来越具周期性的争论：它应该设置职业教育课程项目还是工作场所培训课程项目？抑或二者兼顾？这一争论回应了英国国内关于国家职业（岗位）资格和国家普通职业资格的相关价值与目的的讨论。

职业教育与工作场所培训的区分有几点值得关注。首先，重申第九章的观点，对于任何一个力求在新兴的知识经济中获得成功的国家来讲，所有的职业教育项目都必须"兼顾两面"——既面向实际工作，又为学科知识提供途径。这些教育项目必须是职业性的，可以发展学习者在特定职业领域就业所需的知识与技能；同时，这些项目也必须是教育性的，能向年轻人及成年工人提供获取在工作岗位上不能获取的知识的机会，这些知识也可以支持他们在继续教育或高等教育中继续深造和发展。

由于不需要学科本位知识的职业越来越少，可以在工作中获取的技能也越来越少，所以上述两项目标有必要成为继续教育和培训院校的所有课程项目的基础。事实上，这意味着，职业教育与工作场所培训的区分已经失去了意义。为什么它还存在呢？如下三种可能性值得审视。

第一个可能性是,有些人声称根据"工作相关的技能或能力"界定的岗位资格证书可以更直接地体现雇主的即时需求。然而,不同雇主的技能需求(狭义上指实践或手工技能)极为具体、多变,且大多数时候由雇主自己提供并评估(如果有必要的话)会更好。然而,如果技能的定义宽泛一些,包括知识与实践两个方面,那么职业教育与工作场所培训区分的基础就不复存在了。所有现代的职业培训项目,无论是目的松散的,还是为某种特定的行业进行准备的,都必须同时包含实践知识与理论知识,并且必须同时涉及在院校的学习与实地工作实践两个方面。

第二个可能性是,职业教育与工作场所培训的区分是上个时代的遗产。在那个时代,某些职业领域,尤其是手工业中,在工作场所获得特定的技能是可能的(尽管有时也会辅以院校本位的项目)。英国已经尝试重新创造一种不同的工作场所培训路径,方式有新型学徒制和两年制基础学位;二者都与南非的徒工训练有相似之处。但英国的新型学徒制的结果最多可用"多样"来形容,其质量在不同行业中差异巨大。

第三个可能性是,过于强调知识本位的职业课程项目 [正如新的国家(职业)资格证书的政策和指南那样],将会遇到师资短缺的问题。院校中并没有那么多拥有足够的专门职业知识的教师。这可能是南非许多院校的现实情况,英国也如此。然而,为此而在院校中提供更狭隘的、技能本位的、与具体行业相关的项目似乎并不是解决问题的办法。南非和其他国家的继续教育院校永远都没有能力提供适合特定工作场所的技能培训。这些技能,在需要它们的工作场所中才能得到更好的训练。南非面临的问题与英国一样,仍然是雇主缺乏对高素质雇员的需求。如基普和其他人反复强调的(Keep 2006),提升雇主需求需要改变职业教育政策及雇主对生产率的态度,而不仅仅是改变院校教育。我认为,在南非和英国的这些院校,必须专注于自身作为职业教育机构的独特角色。南非的新课程政策清晰地规划出了这一角色。

教育部出台的新国家（职业）资格证书的学科指南，同对继续教育与培训院校"主要为职业机构"的角色定位是相一致的。因此，从院校的角度看，职业教育与工作场所培训的区分并没有实际意义。

本章节接下来的部分将关注目前及未来的继续教育与培训院校教师在职前培养及后续专业发展中获取传授新课程所需的知识与技能的条件。

继续教育与培训院校教师的专业发展：一段被忽视的历史①

南非及英国继续教育与培训院校教师的专业教育与发展长期以来被忽视的原因很多，其中最重要的原因如下。

- 继续教育与培训院校普遍地位低下：这一点也许能部分解释为什么南非以及英国大学都不愿向未来的职业院校教师提供培训项目。
- 继续教育与培训院校与大学间缺乏联系：这也导致大学教师以及在更宽泛的意义上教育研究者对继续教育与培训院校缺乏知识与经验。
- 继续教育与培训院校的招聘政策：由于南非缺乏定义明确的未来继续教育与培训院校教师职前培养项目，继续教育与培训院校职工常常是从普通学校或直接从产业界招聘来的。
- 脱产进修项目的僵化：南非脱产进修的历史做法意味着，在继续教育与培训院校任课教师的基本任职资格方面，行业工作经验比专业教育知识更重要，尤其是在技术领域。
- 资格认证可以根据结果来确定的论断：在结果驱动的职业教育体系中，如英国的国家职业资格框架，以及由南非资格证书管理局认证的相似资格证书直到最近都在塑造着继续教育与培训

---

① 对于这段被忽视的历史，详见 Lucas 2004。

院校课程，其重点聚焦于教师的评估者角色，而非他们提高自身教学与课程知识的需求。

重申继续教育与培训院校的"职业教育"角色

本章的论点是，南非的新课程政策促进了对继续教育与培训院校的职业教育角色的重新重视。除去这些院校学生年龄分布差异巨大之外，正是职业角色将这些院校与南非的普通学校（除了为数很少的技术学校）区别开来，英国也同样如此。在学术与职业分轨较少为社会阶层差异所塑造的欧洲国家中，与南非继续教育与培训院校和英国继续教育院校相类似的机构也被认为是职业院校。

尽管这些院校的职业角色并不新鲜，但是职业教育的含义却已大大不同于早期很大程度上与工程学徒制相关的职业教育项目。第一，职业教育越来越职前化、全时化，而非仅仅是在职、业会学习。第二，职业教育的双重目的开始得到重视（见第九章）：一是获得与行业相关的知识与技能，二是掌握作为向高等教育或新行业进阶的基础知识。对第二个目的的日益重视源于全球化经济所带来的变革。传统行业在加速消失，新的知识本位的行业越来越常见，这些行业中知识与技能的有效期越来越短。第三，学院里的学生要准备的工作岗位范围显著拓宽。

这样重新定义职业教育意味着继续教育与培训院校的教师需要在下面一系列意义上成为专家：第一，他们必须是一些特定行业，诸如土木、金融服务、旅游、电子等知识领域的专家。所以，他们将越来越可能是相关技术或其他专业知识领域的大学毕业生。第二，他们不仅需要是某一特定领域如电子或金融领域的毕业生，也要具有在一些专业工作岗位上使用这些知识的工作经验。这就意味着在成为继续教育与培训院校教师之前，他们要有运用他们先前学识在工业或商业领域工作的经验。第三，他们也要成为特定课程领域的专家型职业教育教师。这就要求他们不仅要熟悉新课程的内容、理念、可能需要的变革，也需要熟悉新课程对其专业领域的教学、学习及评价有何影响。例如，市场营销或工商管理的教学与评估方法就与管道工程或电器安装的教学与评估方法有很大不同。这些专门的教学知识才是继续教育与培训院校教师需要掌握的，他们可以在入职前学习，或者至少在入职后数年内作为专业发展的一部分。

如果想实现新课程的目标，那么上面概述的这些继续教育与培训院校教师的专业需求将为教育政策制定者提出一系列深刻问题。本章的下一部分将探讨这些问题，并审视专业发展的一些可行模式。

继续教育与培训院校教师的专业教育模式

前文概括了继续教育与培训院校教师在实施新课程中需要结合科目知识与教学知识。本节主要探讨这两种知识应如何获得，在哪里获得，不管是在职前培养还是专业发展中培养。基于英国的经验，本节提出四种可能的模式，并将分别探讨其利弊。

国家级机构模式

一些欧洲国家及其他国家已经建立了一种同时负责职业课程开发和职业教育教师培训与专业发展的国家职业教育机构。这样的机构有利于联合国内专家，似乎更适合那些职业课程开发完备、职业教育专家水平较高的国家。而在南非建立这样的机构需要招募已有的院校或大学中的少量专家。在专家有限的情况下，很难让类似机构同继续教育与培训院校及其教师建立起专业化而非官僚化的联系。此外，这也会增大职业教育、职业教育教师与其他教育团体的隔离，不利于鼓励大学开展职业教育相关研究。

学院本位的模式

此模式与由普通学校进行教师职前培训有很多相似之处。此模式鼓励单个及一组继续教育与培训院校去发展职业教育项目，通过这些项目，学院现在及未来的教职工可以获得专业发展。这种模式的优势在于（很多专业的案例已经证明），它赋予院校及其员工进行自我专业提升的责任。然而，这种模式有两个重大缺陷。第一，在大量的新课程面前，继续教育与培训院校缺乏完全胜任的专家，即使有，也可能仅限于部分领域。第二，这种模式意味着，和大量应用了此模式的英国一样，那些被训练成为继续教育与培训教师的人往往持续地与其他教育团体相隔离，并将鲜有机会进行更高水平的专业学习。此外，与国家级机构模式一样，此模式不会促进大学对职业教育进行研究，也不能加强大学和继续教育与培训院校之间的联系。

大学本位的模式

大学本位的模式在过去的 10 年间在英国有了相当程度的扩张。它建立在现有的大学本位的教师专业发展模式的基础上，其优势是能够接触到大学教育学系的教育学专家。此种模式认为，未来的继续教育与培训院校教师既需要获得某一专业或职业领域的专门资格证书，同时也需要进一步在大学中获得一个文凭——此文凭应能发展其完成新职业课程的教学所需要的教学知识与技能。

此模式的问题在于，南非大学的教育系中（一定程度上英国也一样），很少有学者具备职业教育的专业知识或继续教育与培训院校的相关经验。大学教育系的学者或者是教育研究的专家，或者是某一普通学校课程科目的专家。在英国，那些为继续教育院校教师设计的职前准备课程大多是普适性的，而非针对某一具体职业，因此这种课程所培养的学生在面对其全新的社会角色时，并没有做好充分的准备。此外，继续教育与培训院校教师也很少有机会在其专业领域继续深造以获得更高学位。

大学与学院合作的模式

此模式是在考虑了前文讨论的大学本位模式的优势及劣势后，对它进行修正的结果。英国广泛采用大学与学院合作的模式，某一大学的教育系常与几个继续教育院校建立合作关系。一种典型的分工形式是，大学的教育学系专攻教师养成的宽泛的专业教育问题，学院则负责培养教师在某一专门领域的职业教学法。

在英国，此模式发展面临的主要问题是继续教育院校鲜有职业教育方面的资源与专家来完成为学生"量身定制未来"的任务。因此，学生们实际并没有机会发展自己在专门领域的职业教学法。此外，这种大学与学院之间的分工形式无法激励研究与发展职业教育学的专门领域。①

最近，一份来自英国教育标准局的督查报告指出，如果英国所有继续教育教师培训项目都存在的主要缺陷在南非重演，将会严重损害继续教育与培训院校教授新课程的能力。教育标准局指出的一项关键缺陷是，即使在最好的大学与学院合作项目中，也缺乏获得专门领域职业教学法的系统途径。在英国，培养未来职业院校教师的专门职业知识与技能很少受到关注。教育标准局的督查报告质疑的是大学与学院合作项目的一项假设：继续教育院校的教师可以结合在大学掌握的教育学普适知识以及在院校教学实践中获得的特定的具体职业技能来发展自己的专门领域的职业教学法。

南非继续教育与培训院校教师专业发展的选择

从对四种模式的审视中我得出结论：尽管大学与学院合作的模式最能为继续教育与培训院校教师的专业发展提供可能，但要使教师们为南非新职业课程做好准备，必须对此模式的英国版本进行重大调整。在这一部分，我会提出两种改造大学与学院合作模式的可能途径，它们考虑了未来继续教育与培训院校教师发展自己的专门领域职业教学法知识与技能的重要性。我认为，引进它们的意义与困难在英国和南

---

① 详细报告见：http：// image. guardian. co. uk/sys-files/Education/documents/2006/02/06/teachertrain. pdf（accessed 28 February 2007）.

非是同样的。

　　第一个可能途径是让工程、信息技术、农业、法律或教育等专业领域实力强大的研究型大学参与。继续教育与培训院校教师的培训项目不仅要将大学教育系与院校的教职工包含在内，也要纳入其他专业院系的教师。至少在理论上，这些项目不仅可以加强继续教育与培训教师教育课程的专业知识基础，也有助于将职业教育建设成拥有应用教育研究和研究生教育的研究型大学中的一个交叉学科领域。我们面临的主要问题是，南非或英国几乎都没有大学的工程、技术或商业等专业院系参与继续教育与培训院校教师培养的经验与历史。这种院系之间合作传统的缺失会因大学教学和研究资金的拨付方式而加剧。几个院系间的首创式合作在很大程度上需要一个来自大学外部的可靠资金来源。教师教育中缺乏其他专业院系参与的另一个可能原因是大学中学科边界的力量过强，以及毫无疑问在两个国家中继续教育与培训课程作为研究与教学的领域之一一直地位低下。

　　另一个略微不同但也许更为可行的途径是建立起继续教育与培训院校同英国的"新型"大学①、南非的技术大学和综合性大学之间的合作关系。南非的技术大学和综合性大学中有一些是由先前的技术学院合并而来的，拥有教育系及一些应用专业领域的院系，如管理、信息技术、农业、工程等，其专业即使没有涵盖国家新设职业资格的所有13个课程专业领域，也覆盖了其中的大部分。相比研究型大学，这些大学更愿意进行跨院系合作。

结　论

　　在本章中我阐述了如下观点：第一，如果院校要实施新的国家职业资格的课程，就必须既要熟悉新课程及其教学需求，又要清楚院校

---

　　①　据我所知，继续教育院校教师的专业发展项目在英国的新型大学中都是完全基于其教育系开展的。

"职业"角色的新意义。第二，要让新课程成功实施，必须系统关注继续教育与培训院校教师的专业发展。第三，通过比较几种模式的利弊，我提出了两种使继续教育与培训院校教师成为如本章标题所述"知识本位的专业人员"的可能途径。我知道这些提议意味着要有相当大的资源投入，而这方面我仅提到了一点点。它们还需要态度的转变，尤其是大学、学院内部。如果说英国有什么可供南非借鉴的积极经验的话，那就是当有了新的资金来源时，大学对于继续教育的偏见就会变小。

本章为英国及南非的继续教育与培训院校教师培训改革提出了中肯建议。对实施这些提案可能遇到的巨大障碍进行反思，可以引出一个更具理论性的问题。这些改革提议可能面临的困难突显出英国、南非与德国等国家的差异。德国最具威望的一些大学拥有历史悠久的职业教育学系，它们承担着某些专门领域如电子、制造技术和工商管理等的职业教育学研究工作，也提供职业教育学的学位项目（最高可授予博士学位）。对英国传统的通识大学的"特质"（南非在很多方面继承了英国的这些传统）进行历史与比较研究也许可以在某种程度上解释为何在其他方面处于相近发展阶段的国家之间（在职业教育方面）会有如此巨大的差异。

第十三章 经验即知识？
—— 先前学习认可的案例

导　言

本章将涉及本书的核心问题——日常、经验式学习与正规教育之间的界限。本章的早期版本是为一本题为《先前学习认可的再理论化》（*Re-theorising the Recognition of Prior Learning*）（Andersson and Harris 2006）的书而作的。作为一个不从事成人教育研究且仅仅是边缘性地涉足先前学习认可的社会学家，我发现该书收录的文章颇具话题性，让人耳目一新，尽管我并不同意其中的一些论调。其中许多文章对与摆在各国先前学习认可实践者面前的问题和困境给予了深入的洞察和思考。同时，这些文章也为提出本书其他章节试图阐述的学习、知识和教育权威等问题以及更为宽广的教育学议题提供了清晰、具体的方法。

安德森与哈里斯（Andersson and Harris）的书和我读过的大多数先前学习认可和成人教育方面的典型著作很不同。第一，这本书把对先前学习认可的讨论建立在对占据成人教育研究主流的经验主义、建构主义和进步主义的批判之上，因此，这本书提醒读者，成人教育者曾经身处的知识世界是多么狭隘、孤立，且他们还不自知。第二，这本书说明，先前学习认可就像大多数具体的教育实践一样，能够成为一个透镜，更准确地说是一个具体案例，通过它可以透视更一般的教育实践和教育目的问题。第三，这本书认为，与进步主义及学生中心主

225

义等教育学思潮一样，先前学习认可没有获得政策制定者青睐的主要原因是它的教育目标。尽管先前学习认可曾与争取社会公平与资源再分配的政治运动联系在一起（尤其在美国和南非），但是导致政府支持认可或认证这种非正式学习方式的主要原因还是经济因素和将人力资本最大化的需求，认证非正式学习被视为一条相对低成本的使成年人进入高等教育的快车道。第四，虽然该书认识到了先前学习认可和成人教育在提升社会公平上的潜力，但是它并没有把先前学习认可当作一种基本不会被批评的道德或政治商品来对待（除非在非常有限的条件内）。第五，大部分先前学习认可实践都假定经验式学习与正规教育是对等的；那么接下来的唯一问题就是如何证明和认证这种对等。该书认为这种对等是有问题的，是把先前学习认可视为处在正规教育与个体日常经验的交界处的复杂的、时常矛盾的一种教育实践。先前学习认可提醒我们，正规教育与人们日常经验中都存在着不平等及分配效应，并促使我们思考正规教育在何时、在何种情况下能够帮助人们克服日常经验的不平等，或者至少承认这种不平等。

先前学习认可挑战了正式知识与非正式知识之间的等级差别，在这个意义上，它绝对是第二章中讨论过的立场论的一个代表。换句话说，它宣称知识根基于拥有者的经验，而非知识本身。对那些无法接触到学术知识的人来说，接纳这一立场是可以理解的。但不那么容易理解的是，那些自身依托于大学、拥有大学学位的先前学习认可的实践者们，却在努力揭露正规教育的弊端，并关注着那些被排除在大学之外的人。

先前学习认可也是对我在前面章节所提到的"教育常识"的挑战。教育常识认为，正规教育在向人们提供从日常经验中不能获得的有权力的知识方面，具有某种垄断性的地位。

安德森和哈里斯的著作中展示了先前学习认可项目的一个核心矛盾。首先，在"认可"一个人从经验中学到了什么，与是否对此进行"评价"和"认证"之间存在着张力。如果先前学习认可的主要目标是使人们认识到有价值的学习也可以是基于经验的，那么此目标可能会因以下做法而削弱：（1）寻求对这种学习进行认证；（2）寻求通过认证来阐释经验式学习（或者有可能是）与正规学术学习有同等价值。这些做法实际上将否定经验式学习的本质价值。其次，有研究表明认证程序本身会破坏经验式学习的独特性，或削弱学习者对自己从经验中学习到的内容的信心（Grugulis 2003）。最后，如果对正规教育和经验式学习"同等尊重"是先前学习认可的基本假定，那么为什么先前学习认可实践者想让经验式学习成为通往高等教育的途径呢？

对此，该书提出了相反观点，一方面，认为"同等尊重"是一个不恰当的目标，因为它涉及不同学习方式之间的真正区别，可能会导致同时贬低这两种学习方式；另一方面，认为正规学习和经验式学习之间存在不同，以及在两种方式下都能学到知识，并不是一种学习方式绝对比另一种好。由此可以得出两个结论，第一，它们有着不同的、不可通约的目标；第二，它们可彼此作为对方的来源，但不会被对方所替代。这个"不同而非同等"的论调可引出一个有用的区分：在通往资格证书方面，先前学习认可是提供通路，还是提供学分？一些国家的案例表明，基于经验的提供通路的课程为成年人进入高等教育提供了重要的新途径（Gallagher 2006）；与此同时，却很少有证据证明基于先前学习认可的学分（RPL for credit）可以带来柜似的收益，甚至，也很少有证据显示基于先前学习认可的资格证书获得了与通过课程学习取得的资格证书相同的地位。

关注一系列具体的教育实践如先前学习认可的一个重要优点是，一些在教育理论界常常讨论的问题，如成年人的日常经验与专家/学术知识之间的对立，将被置于所涉群体身处的特定实践背景之下。这与许多教育研究中倾向于以一种高度抽象的、难以与具体教育实践关联的方式提出问题的论点有显著不同。它同样也与深奥难懂的后现代主义教育研究以及一些更明显地带有政治色彩的论点不同。哈罗德·恩特威斯尔（Harold Entwistle）曾说："为了成为一个政治上的激进者，是否必须要像葛兰西一样做教育上的保守派？"（Entwistle 1979）无论是否接受恩特威斯尔将葛兰西视为教育上的保守派的看法，先前学习认可迫使人们思考"激进派"和"保守派"这样的分类究竟在教育中意味着什么。先前学习认可是开辟了还是阻塞了通往学术知识的路径，这二者之中哪一个更激进？它是否能让更多的人接触到高等教育？如果是的话，人们还愿意接受继续高等教育吗？它还怎么体现自己的"高等"性质？或者更激进地说，先前学习认可究竟是将开启一种整合了理论（或专业知识）与经验的变革性的教学与课程，还是将开启专门化学习机构的终结进程？本章剩余部分将（虽然不太直接）通过探讨一系列先前学习认可的话题来尝试回答上述问题，这些话题涉及知识、专门化、政治、权威和资格证书的作用。

先前学习认可与知识

先前学习认可的实践者面临的一个至今仍在很大程度上被忽略的核心问题是，从正规教育中获取的符码知识与先前学习认可实践者寻求认证的经验知识之间存在的分歧。将先前的经验式学习认可为一种教学策略并不能成为一项教育目标；它只能作为提供给学习者获取超出其自身经验的知识的道路中的一个步骤。知识和经验的关系问题与教育本身一样古老。它既是一个认识论问题（"真实"知识来自哪里?），也是一个教育学问题（我们如何使学习者获取超出他们经验的知识?）。先前学习认可使这些问题变得引人注目，但它并不是解决问题的捷径。我把解决这种问题的取向称为社会实在论，它强调知识的外部性，这种外部性将"知道"及"学习"这两个过程分离开来。但是，实在论路径倾向于将知识等同于自然科学，接受知识和真实世界的二元对立，进而也接受理论和实践的对立。所以，尽管这样的实在论可以为将理论知识和日常经验知识隔离开来的课程提供某种基础，但它却不能为寻求克服这种隔离的教育教学提供坚实的基础。因此，基于社会实在论的课程政策与那种基于非社会性的、根本上是保守的认识论的课程政策将有些许不同。本书第三章和第四章试图通过认识外部世界的前概念本质，用维果斯基的术语来说即认识日常生活中理论概念的嵌入来解决思想与世界的二元对立问题。但是，维果斯基的阐释并没有论述理论概念及日常概念的嵌入与剥离，因此极易陷入某种掩饰性的相对主义中。未来对先前学习认可实践中"认识"和认证关系的研究将为解决这些难题作出有价值的贡献，并增强先前学习认可作为一种教学策略的可行性。

先前学习认可与专门化

许多先前学习认可的实践者试图挑战专门（或学术）知识的权威地位，进而挑战专门教育机构的权威。至于先前学习认可是应该提供更多通往专门教育机构的机会，还是应该提供削弱专门教育机构权威的机会，他们似乎举棋不定，自相矛盾。从本书的观点来看，先前学习认可的实践者面临的问题是显而易见的。教育的专门化与其他行业的专门化一样，是社会现代化以及人们生活品质提升的一个重要因素。但是，专门化的过程也在建立障碍、划分边界，固化不平等和特权。先前学习认可策略的一个积极结果是，它可以迫使教育守门人更加明确其教育实践的基础，以及他们力图维护边界的目的。一方面，维护边界有可能是因为课程项目的超额，而这是一个关于资源配置的政治话题，而非教育学话题。另一方面，守卫学术的边界可能是一种惰性、一种行业保守主义，这是需要被挑战的。但是，也有可能是因为一些学生缺少先前的专门知识基础，无法从某一课程项目中获益，因而被排除在外，在这种情况下，排除掉这些学生或许对他们的未来学习是有积极作用的，也可以为其他人提供真正的机会。在这种情况下，需要维护这种排他性。

先前学习认可与政治

大多数先前学习认可项目都源自对社会公平的关注，认为多数成年人都缺乏受教育机会（Harris 2006）。这将对所有教师尤其是先前学习认可实践者提出一个两难问题：宽泛的政治问题止于何处，具体的教育问题又应从哪里开始？不久以前，"个人即政治"的论调在左派中盛行，并在扩充"政治"定义的外延过程中发挥了重要作用，尤其是在性别关系方面。然而，真正将个人与政治融为一体的社会，都是高度集权化的，几乎没有给个人或政治留有空间。学习是一个社会过程，但这并不意味着它可以被视为只是一个政治过程。使学习具备政治性的是关于学习的公共政策以及它所重视的和所忽视的（群体、行动等）。先前学习认可的实践者不得不抗拒学习的过度政治化趋势，抗拒激进的政治语言遮蔽教与学的必要条件的趋势。

先前学习认可和资格证书

先前学习认可的政策是随着政府对扩大获得资格证书人群的兴趣不断增加而发展起来的（参见 Harris 2006 及本书第八章）。先前学习认可对政府很有吸引力，因为它是让有一定生活和工作经历的成年人不用进入中小学或学院即可获取资格证书的低成本途径。从成年人的角度来看，先前学习认可提供了一个让其既有技能和知识被正式认可的机会。需要谨记的是，一些人即便没有获得正式的资格证书，但从所具备的知识和能力的意义上仍可能是合格的。并不一定非要劝说人们对其经验进行正式的认证。有一种假定认为将人们在生活中获得的知识和技能认证为资格证书总是对其有利的，此假定忽略了个人学习和经验经先前学习认可过程转化为资格证书时可能发生的变化。一方面，在先前学习认可的过程中，个人学习和经验所具有的优势可能因未被认证（被定义为"未正式化"）而丧失。另一方面，在完成认证的过程中获得的知识可能与实践没有太大关系，尽管资格证书宣称与实践密切相关。

结　论

　　本章的总体观点是，先前学习认可不仅是像安德森和哈里斯的书中所论述的需要进行再理论化的一项实践，它更是一项可能生成新的理论的实践活动。知识、权威、资格证书和不同学习类型的问题重复在本书中出现，将它们视为正规教育的"既定"要素太过轻断了。如果先前学习认可能够从作为克服成人教育中的不公平现象的激进策略这种"修辞性角色"中解放出来，它也许能够为探寻日常生活经验和理论知识的本质区别以及发展出可能连接二者的教学策略提供一个独特、切实的背景。

第十四章 知识问题与南非教育的未来

导 言

本章始于对伊莲娜·米切尔森（Elana Michelson 2004）对约翰·穆勒的《重申知识》（*Reclaiming Knowledge*，2000）的批评所作的回应，原文特别回应了伊莲娜的知识观及其对南非教育的未来的启示。文章收入本书时作了修改，主要出于两个目的。第一，尽管放在了南非的背景中，穆勒的书仍提出了很多一般性的问题，并且如第三章、第五章和第七章所阐述的那样，对我的思考产生了影响。我已将我与穆勒为最近的世界社会学年会合作撰写的论文作为本书的最后一章。第二，南非教育改革的例子本身很有意思，同时也是一个处在"政治转型期"① 的国家的案例，它能够表明，关于知识的抽象且学术化的辩论不仅仅是许多有着高度发达的教育体系的国家的知识分子的奢侈品，也对成千上万的学校课堂中的实际事务有着真正的意义。

本章以简述南非知识辩论产生的政策和教育背景开始。如我在第十二章所述，对南非而言，这是知识问题成为教育辩论的中心议题的一个重要时期。教育部长刚刚上任两年，教育部中其他高级官员也大多刚刚履新，新成立的针对普通教育及继续教育的质量保障与资格证书管理局在中小学、学院及地方教育部门的影响也刚开始显露。这一

---

① 对此问题的详细论述见第十二章。

新的教育领导班子没有一个人熟悉南非自 1994 年以来急剧变化的课程及资历政策的历史（见第七章）。而且，政府与其他层面的教育工作者开始对以前被认为是理所当然的理念产生怀疑。三个最典型的例子都与 1994 年后被普遍接受的政策有关，它们是：（1）课程可以建立在结果或标准之上；（2）教育政策应当由资格证书引导；（3）教育与培训可以无缝"整合"。①

随着离种族隔离时代越来越远，虽然还有不平等的残留意识，但（人们）越来越理性地认识到种族主义的罪恶并不代表着那个时期的所有教育形态都是不可救药的，也并非都必须废除。有三个例子能够证明这一点。第一，1990 年，原本是为白人工人保留的学徒制体系，开始向南非民众敞开。第二，大学入学考试虽然将多数（但绝不是全部）南非民众拒之门外，但它仍不失为一个可靠的、值得信赖的系统，与其他国家的考试系统并无太大区别。第三，新选出的民主政府继承了优质的学院技术教育传统，并在接手之后使它变得更加多元。一些地区的政策结果开始显示出：建立一个更加公平的系统并不一定意味着必须完全推翻原来的系统。

在这样的背景下，教育研究与理论有了新的角色，不仅仅是在迈向民主的那段时间（1990—1994 年）里提供新的政策建议，而且如我在第七章所述，也要提供对不同政策及其可能结果进行评估与讨论的知识空间。本章主题即为米切尔森和穆勒之间的分歧，它很好地阐释了提供这样的空间的必要性。

南非在 1994 年之后一直试图建立一个完全摒弃种族隔离遗毒的全新体系，不仅是用词的改变——学生变成学习者，教师变成教育者——而且原来体系中的那些元素，诸如在种族隔离制度下实施带有明显的权威和压迫色彩的指定内容和督查系统的课程原则上都被视为确凿的种族主义，因而都被拒斥。与此同时，政策制定者面临着这样一个问题：建立一个怎样的新体系才能为广大民众而非少数人提供真

---

①　对此问题的详细论述见第十二章。

正的机会。显而易见的第一步措施便是废除原来的基于种族政策的 18 个部门，建立一个单一的系统。然而，为制定原则供新的地方部门决策参考，政策制定者们迈出了更大的步伐，他们不仅要根除种族歧视，还要杜绝各种形式的学习者及学习类型的分化。在逻辑上，紧跟其后的便是对早年曾被正规教育拒之门外的民众（大多数但不是全部为非洲人）拥有的所有技能及经验给予认证。同样显而易见的是，想要建立一个更为平等的体系，一个单一的资历框架和结果本位的课程将是最高效的途径。

毫不意外，寻找解决办法的政策制定者们将目光转向了一系列海外的非种族隔离模式。他们从英国和新西兰吸取资历体系的经验，向美国学习结果本位的学校课程。① 这些政策在南非被越来越广泛地接受，其结果是（Jansen and Christie 1999）教师们在努力设计结果本位的课程时疑惑重重，而资历体系则充斥着官僚气息与晦涩行话（Allais 2003）。新政策持有一种普遍的怀疑论态度，怀疑与过去有关的任何形式的教育传统与权威，如学校的学科专家，以及不立足于实践或无法直接产生实践成果的学科或系统知识。它们也对以下观念怀有一种不加批判的迷恋：（1）从外部束缚解放出来后，个体学习者具有无限潜能（Muller 2000）；（2）存在可靠地描述（以及评估）个体表现的各种正式标准的可能性；（3）任何教育目标都可以被分解为学习活动"单元"，也可以被学习者再次"拼接"起来。

穆勒结集出版《重申知识》一书的部分原因就是为了挑战这种不加批判的正统性。在我看来，正是他和其他人的理论工作及重要的实证研究，还有许多教师的实践证明了建立在上述假设上的课程与资历体系不具可行性，进而促使政策制定者进行反思。米切尔森的论文至少一部分可以被视为是对 1994 年后改革的辩护。这就是我讨论米切尔森和穆勒的分歧的理论及实践背景。

穆勒的书和米切尔森的批评都主要是理论争辩，并不涉及特定的

---

① 此问题的详细论述可参见第七章。

政策。穆勒确实讨论过诸如国家资历框架和扫盲政策等重要问题，更主要是为了阐明其理论的适切性。米切尔森的主要批判目标是穆勒将正式知识与非正式知识的边界作为课程的一个必然基础这一观点。她认为，为边界辩护将阻碍解决更重要的问题——如何跨越这个边界。穆勒的批判目标是"社会建构主义"，其观点不同于米切尔森对社会建构主义的看法。米切尔森有着纽约大学的背景，她视社会建构主义为"将自己持续与那类认识论上的相对主义（认为对世界的所有解释都是平等有效的）区分开来的……广博的学术类文献"（Michelson 2004）。穆勒将之视为在南非产生了鲜活的现实后果的一种意识形态（尽管在其他地区通常没有如此剧烈的结果）。因此，在某种意义上，米切尔森的批评并不切题，与穆勒的观点也毫不沾边。米切尔森认为，许多社会建构主义者可能对知识的社会建构性本质的看法（知识在多大程度上是社会建构性的）有细微差别，但这并不重要。同样不重要的是，并非所有的建构主义者都会赞同哈里·柯林斯的"自然世界在科学知识的建构中贡献甚微，或根本不起作用"的观点（Collins 1981）。

涂尔干对实用主义的看法（前面已有论述，本书最后一章将进一步讨论）与此非常相关。作为一种意识形态，甚至是一系列观念，社会建构主义从本源上无疑是进步主义的。然而，又有大量证据表明，它在实践中会产生极其保守的结果（Muller 2000），如葛兰西在解释"一战"后意大利的真蒂莱改革时所揭示出来的那样（Gramsci 1971）。如米切尔森所引述的，虽然唐娜·哈拉维（Donna Haraway）可以在一句话中将"所有知识宣称的激进的历史偶然性"与"严肃投身于对'真实'世界的如实解释"结合起来，但是，如果她是一位课程设计者、教师或者政策制定者，这样的结合将完全不可能。此外，一些知识宣称，如欧几里得定理中的"平行线不相交"，并不是"历史性或社会性的偶然"，它只有在外太空极特殊的条件下才不成立，而物理学家对这些特殊条件也有着非常精确的知识。

联系到南非的教育政策，我所关心的是，社会建构主义的意识形态正在陷入（过分考虑）"政治正确性"的危险，部分由于它表面上的激进主义，部分因为它与进步主义政治运动的联合。例如，新的国家资历体系就被一些人作为民主运动创造出的"社会建构"而盲目地加以维护。在学校科学课程说明中增加本土知识内容也可以将类似理由正当化。但说到底，这种"政治正确性"对于在新南非突显本土知识的文化重要性毫无益处，更不能让学生学习到科学是什么以及为什么重要等问题。

米切尔森几乎用了其文章的一半篇幅质疑穆勒使用沃克丁（Valerie Walkerdine）的研究支持自己拒绝将经验知识或非正式知识作为课程基础的观点。此处并不具体呈现他们对沃克丁的文本的不同阐释。我个人的观点是沃克丁和穆勒在非正式知识的角色问题上并没有米切尔森所认为的有那么大的分歧。米切尔森摧毁了课程与教学的分类，而沃克丁关注的是教学，穆勒则关注课程。教学必须要以学习者（及其日常知识）和课程为基础。然而，（穆勒所关心的）课程与教育目的密切相关，必须以要获得的知识为基础。穆勒和米切尔森都发现，沃克丁是接受这一点的，她曾经写道："所涉活动宽泛的排他性领域（如数学）的存在是（课程的）一个必要条件。"（沃克丁引自Michelson 2004，括号内内容为著者所加）如果没有关于学校知识的前提假设，学生或教师将没有清晰的目标指引，也将无法知道要学习或者教授什么。结果本位课程（在南非被称为结果本位教育）的主要问题是它认为教学大纲等理念是需要被废除的种族隔离糟粕。但实际上，结果本位教育却因此清除掉了所有关于课程的理念。

米切尔森批评穆勒的另一条主线是她认为穆勒过分强调知识边界理论。她特别聚焦在穆勒对伯恩斯坦的框架与分类的解释上。首先，她认为，伯恩斯坦是以进步主义的目的来使用边界的概念的，但穆勒却由它引出了"更为保守的结论"。伯恩斯坦一向以晦涩难懂著称，但我并没有发现米切尔森所指出的（穆勒与伯恩斯坦之间）区别的文本基础。例如，在其早期的文献中，伯恩斯坦就警告人们提防以促进平等为幌子的进步主义教育学与统整课程的诱惑（Bernstein 1971，1990）。不清楚米切尔森是否真的阅读了伯恩斯坦的大部分著作。我的结论是，她没有认识到伯恩斯坦和穆勒的分类的分析性本质。例如，对于伯恩斯坦来讲，垂直知识结构和水平知识结构并不是在描述不同类型的知识，垂直指的是在所有知识中都能发现但表现为不同程度的特征，也就是马克斯·韦伯的"理想型"。米切尔森忽略的重要一点就是伯恩斯坦理论的实证探究的范围（讽刺的是，其中一些实证研究已经被她引用并用以处理她自己的经验式学习这一专业领域内的问题了，见 Andersson and Harris 2006）。

米切尔森批评穆勒的最后一个方面是认为他的书可被视为"南非特例论"。她不仅认为南非的历史是独特的，而且认为：

> 经验式学习的研究文献大量关注二元认识论，以及将"守门"视为当务之急，这些都是南非的特有现象。它们并不存在于大量的国际文献中，不管是美国，还是加拿大、英国、澳大利亚、新西兰，……（此种）对守门的强烈关注以及对知识领域纯洁性的坚持，可能也折射出一种防御心理，这种防御心理是南非学术界在找到自我的某一历史时刻产生出来的：大部分学者出于荣誉都参加了吁求公正南非的历史运动，这项历史运动也因此得以由政府大厅推进到了他们并不能完全掌控的课堂之中。
>
> （引自米切尔森2004年一篇未发表的文章）

这段话最后一句的含义十分含糊。它让我想到，可能会很容易找到证据来回答为什么一些南非研究者转向对社会建构主义的认识论的批评。举一个例子，如穆勒在他的书中所阐述的，他们非常理解结果本位课程中教师因丧失教学大纲的相关资源而产生的困惑。

另一个对米切尔森的南非特例论观点的评论与穆勒理论的实质有关。她认为，南非之外并不存在关于经验式学习的认知论基础的争论。这一点完全错误，或者至少反映出她阅读的文献极其狭隘：她关注的文献谈的多是她自己偏囿的北美成人教育领域，而不是关于边界与认识论问题的。马丁·杰伊（Martin Jay）论证美国文化一直是"经验式文化"时，对这种狭隘性提出了一个合理的解释（见 Eagleton 2005）。

那么，我们应该怎么认识米切尔森对穆勒的批评呢？它给我们带来了什么？很明显，穆勒的书刺激了她，并给她带来了问题。穆勒的论断与米切尔森关于在南非做一名激进的知识分子意味着什么的观点相左。此外他对强知识边界的教育的辩护引发了对那些将认可经验式学习作为为促进平等而提供的一系列长期策略的政策的严重质疑，而这些政策正是米切尔森在南非的工作的一个主要关注点。在一个更宽泛的政策层面，米切尔森仅提供了一番苍白无力的批评，这也有助于证实本书第二章的论断，即知识的社会建构主义取向原则上无法"超出批判"。

米切尔森和穆勒谁是正确的重要吗？或者米切尔森的论文仅仅是北美大范围"文化战争"的一个事件，只是恰巧发表在一个南非期刊上？但或许对于米切尔森来说，她的论文最好被这样看待，她似乎认为同样的"文化战争"也需要在南非打响。人们无论如何也不会觉得她的批评中隐含着某些可导致知识本位课程模式的东西。本章最后的部分将着手阐述米切尔森和穆勒之间分歧的重要性，以及为什么这种分歧不仅仅是另一场"文化战争"（Sokal 2003）。我认为，它们不仅对那些身处教育知识辩论中的学者具有理论意义，同时在实践方面，对于南非及其他地方的教育政策也有很重要的意涵。

从一些在英国工作的人的视角来看，米切尔森将政治激进主义和社会建构主义认识论结合起来至少不那么陌生。在英国，如在第十五章中讨论的那样，这种做法总是导致政治和科学（广义的科学）走入死胡同。此外，至少在英国，它很大程度上与教育政策并没有关系，仅仅导致政策制定者对教育研究的怀疑态度。我在第七章讨论过，南非的情况与英国大为不同，南非的学者与行政管理者有着更加紧密的联系，学者们萌生的很多想法，无论多幼稚，都更有可能被作为政策实施。

在她文章的开始，米切尔森提到但没有讨论南非在教育、培训和资格证书领域的政策发展情况。人们可以轻松找到这些政策发展的例子，如"素养"（而不是读写）的理念、学习者中心的教学、本土知识等。这些政策无一根源于南非，都源自一种广为人知但在我看来本质上极具误导性的理念：如果教育是解放性的，是全民皆可得的，那么教育就必须是学习者中心的。以此观点来看，学习被视为仅仅是一种"意义的建构"或者"一种对话"——不论这些意义是什么、这些对话是关于什么的，或者它们是否给予了学习者对世界的可靠认识、赋予了学习者掌控世界的力量。种族隔离的一个不幸后果就是许多课程制定者痴迷于社会建构主义可能具有的解放性。这使得他们无视任何专家预定的课程内容，并认为大纲本质上代表着权威，而不是进行切实的智力发展所必需的框架。

不论米切尔森所认为的社会建构主义"广博学派"在其学术论文中有怎样的"细微差别"，上述理念作为口号被课程设计者不断阐发，尤其是（但不仅限于）在后种族隔离时期的南非这样一个具有潜在的流动性与开放性的背景中。正式知识与非正式知识的边界在穆勒的论证中十分重要，不是因为它们是固定不变的、是用以区分世界的，而是因为它们提供了一个超越地域、个体、情境等大多数人的非学校经历的基础。分不清两种知识界线的结果之一就是，"正式－非正式"二元论中的"非正式"一面在南非教育政策中充当了一个不成比例（虽然很大程度上是修辞性的）的角色。社会建构主义思想为这样的政策提供了学术上的合法性。但真相是，尽管政策制定者的初衷是好的，越来越多的证据（包括统计数据和坊间传言）却表明新政策并不奏效；学业成功率并没有提高，而且教师常常困惑，不知道要教什么。本书提出的关于知识的论点认为这种失败不仅仅是因为新课程没有被很好地实施或缺乏资源——尽管这两种原因都是存在的——真正的原因是，新课程所依赖的关于知识与教育的基本前提假设就是错误的。正是这些关于知识的可建构性和边界的易变性的假设将穆勒和米切尔森区分开来。尽管我强烈反对米切尔森的观点，但其价值在于，它将这些认识论问题及其政策意涵带到了对课程进行公开讨论的公众舞台上。

米切尔森所质疑的，在最广泛的意义上，类似于本书第一章和第二章所讨论的后现代主义的目标，是启蒙运动的遗产——包括牛顿及18世纪法国哲学家们的思想，这些思想为现代化与工业化进程，科学与技术发展，欧洲、北美及近来东南亚学校教育扩张提供了支撑。问题是，不管加入什么反映南非独特历史的变量，它也会同样成为南非的未来。如果不是，那么又能想象出另一种什么样的未来呢？当然，如米切尔森指出的那样，启蒙运动产生的历史背景是新的精英统治阶级的出现——白人、中产阶级，大部分为男性。同样正确的是对"理性"的应用的另一种看法：表现为技术理性形式的"理性"在各种不同情形下导致了20世纪的欧洲发生了大屠杀。然而，我在前面章节中说过，可从学校教育获得的并因此成为任何国家的课程基础的"正式知识"的独特之处在于：（1）它赋予掌握它的人想象备选方案的概念化能力；（2）知识具有脱离其"产地"的自主性（例如，中国学生也要学习玻意耳定律，尽管玻意耳本身是一位精英主义者、典型英式贵族文化的代表）；（3）它与学习者带至学校的日常知识在概念及组织上都形成了鲜明对比。这些独特性，即需要成为课程基础的知识与人们在自己的生活中获得的日常性、地方性、实践性知识之间的差异，并不意味着前者具有任何绝对的优越性。它只在某些特定目的上具有突出优势，如严谨批判、阐释、探索备选方案、假设未来情形等课程目标。没有正式知识或理论知识，这样的目标将不可能实现。同样，也有许多事情是正式知识无法做到的。

　　知识是社会性的，并且在某种琐碎而又不那么琐碎的意义上，我们都是社会建构主义者。大多数但并非全部的超越日常经验的理论知识都是由西欧人、白人、男性群体生产出来的。当然，并不是一直如此。随着中国及其他东南亚国家的崛起，这种知识生产的分布格局将发生改变。然而，只要课程是基于这样的知识基础，就必然会优先对待特定类别的民众、特定类别的权力关系，而非仅仅优先对待特定种类的知识。社会理论的任务之一便是使知识与公民权之间的此类关系外显化，并且探寻一方是怎样制约另一方的。

　　我支持米切尔森还是支持穆勒并没有太大意义，尽管这个问题的答案显而易见。我们中的一些人才刚刚开始探索社会实在论的课程理论，因此它无疑是存在问题的。指出米切尔森和穆勒之间分歧的意义在于他们引出的问题对于未来的教育而言是根本性的问题，并不仅仅适用于南非，而是具有普遍性。米切尔森正确地提醒了我们（穆勒也一样），所有的知识从本源上都是社会性的，就其产生的背景而言并不是中立或自由的。我们不能避开理论知识的本源问题，不能回避承认以下观点的重要意义：理论知识既不存在于"头脑中"，也不存在于"世界中"，它是人类历史活动的必然产物。它可被视为波珀（Popper）所指的"第三世界"的某种形态，即既不与具体情境完全绑定，也不像很多人宣称的那样情境无涉。知识的社会性表现在它总是在某种意义上"身处情境之中"。将理论知识从日常知识中区分开来的是：（1）情境的本质；（2）允许（知识）在情境之间转移的程度；（3）（知识）及它的那些保证其可靠性与普适性的符码、规则在专业团体中的位置。边界及强调边界所带来的二元论的重要意义在于，对于受教育者而言，它是起点，而非终点。如伯恩斯坦所言，"必须强化边界，并强化将边界作为过去与可能的未来之间的张力点"（Bernstern 2000，Preface），学习者要学习、知识要进步，就必须经历艰难的由非正式到正式（知识）再由正式到非正式的教育之路。我对二元论如伯恩斯坦的二元论的质疑是，虽然它们无疑是具有启发性的，但它们过于关注知识类别之间的区分，却忽略了（知识类别）彼此之间的互嵌性。如果它们之间没有某种程度的互嵌，我们可能永远无法脱离日常经验而进行理性思考，也可能永远无法使用我们所获得的"理论"概念。此外，互嵌与隔离的结合对教育研究及教育政策都提出了极其困难的问题。如何解决课程政策中的这些问题，决定着南非及其他发展中国家的大多数人是否可获得教育机会。

最后，我要回到南非"特例论"这一问题上。之前我批评了米切尔森关于此问题的观点。从我个人在过去 15 年来访问南非的经验来看，它确实有其独特性，但并不是在米切尔森所认为的意义上。在教育政策的背景下，南非是独特的，尤其是作为一个发展中国家，有如此多的研究者正在提出认识论与教育政策的关系等基本问题，这些问题甚至很少被英国等发达国家的研究者和政策制定者所认识。我们有许多研究认识论问题的教育哲学家和教育社会学家，很不同的是，大多数教育学家都倾力于传达、评估和批评最新的政府政策（不管是关于个体学习、工作本位学习还是扩大参与等），却都很少关心认识论问题。与南非不同，在英国认识论与政策讨论几乎绝缘。我认为这一差异至少部分反映出南非迫切要求改变的现实情况，以及南非国内想要成功实现最大程度的民主的集体意志。这是反抗种族隔离斗争流传下来的宝贵财富。身处前殖民国家的我们有太多东西需要向南非学习。

结　论

本书认为，改进教育依赖于一种明确建立在学校知识和非学校知识的分化基础之上的课程。本章意在展示这种关于学校知识的社会学的一般性论题与南非课程政策制定者直接面对的问题之间的相关性。通过质疑美国教育学家米切尔森对穆勒颇具影响力的论著《重申知识》（Muller 2000）的批评（Michelson 2006），本章对穆勒的观点给予了支持。本章充分证明，只有新课程的知识基础充分表达在课程大纲（其产生与大学或专业机构的专门知识生产团体紧密相关）之中时，才有可能实现真正的教育进步。

南非自1995年开始的教育改革带有明显的进步主义意图，一直致力于纠正过去的不平等。然而，如果规定一门课程的大致结果（在南非被称为结果本位教育）是将遴选知识、安排教学进度的责任留给教师个体，那么南非目前虽然在扩大入学机会方面取得了一定的成功，却无法在学生学业成就层面取得相匹配的类似成就。

第三部分　展　望

第十五章　教育知识社会学中的真理与真实性

（合作作者：约翰·穆勒）

> ……无数最美丽与最奇异的类型。
>
> ——达尔文《物种起源》的最后一句话

> 只有知识确信无疑。它被人们认知，不是因其神圣气氛或者其情感吸引力，而是因其可以通过那些之前并没有投入努力要证实它的最博学者最苛刻的审查。且不同的政治派别，无论左翼或右翼，都必须遵从这种看法。如果知识只通过同行评议就可以被认证，我们就应该尽一切努力，培植不妥协的专家共同体。这意味着积极反对权威主义、学术小集团、对待过失的双重标准以及对客观性概念的蔑视。

——（Crewes 2006：5）

导　言

在其 2002 年的著作《真理与真实性》①　中，伯纳德·威廉斯（Bernard Williams）指出，在当今社会学思潮中，"对真实性的坚守"是一种核心趋势，它可以追溯到启蒙运动时期，目前已从哲学与人文领域延伸到了"历史理解、社会科学，甚至自然科学对探索和研究的阐释中"（Williams 2002：1）。他将这种趋势描述为"一种极想透过表象看到其背后的真实结构与动机的渴望"（同上）。然而，他认为这种"对真实性的坚守"越来越与一种并不少见的普遍现象并行："对真理

---

①　上海译文出版社出版的中文版书名译为《真理与真诚》。——译者注

本身的怀疑"，"是否存在这样一种叫作（真理）的事物……，它是否能比相对的、主观的或此类事物更多"（同上）。他认为，后者（相对的、主观的事物）正在很无情地侵蚀前者（真实性）。

在威廉斯看来，这两种趋势，即朝向真实性的趋势与反抗真理观念的趋势，并不像许多人认为的那样只是社会学家或哲学家必须与之共处的一个矛盾或张力。相反，他将接受真理观念视为严肃坚守真实性的一个条件。本章将以威廉斯的观点作为论证起点，重新检视知识社会学（以及更宽泛的教育研究）正在从事何种活动。请记住，知识社会学在大部分形式下都是一种对真理持怀疑论的范式化案例。

威廉斯比较了知识社会学与新闻界的丑闻揭发，二者有相似之处。它们都寻求真实性，但常常只是揭穿内幕。新闻界的丑闻揭发和知识社会学的一些分支几乎从不怀疑真理是什么、真理蕴于何处——它就位于对掌权者不端行为的揭示中。这是道德自律与绝对确定性趋势产生的基础，我们可以在一些新闻业者身上发现它们。一些教育社会学家试图以同样的方式解决真理与真实性之间的张力，通常是假定识别出了无权者或特定弱势群体就意味着自动向真理靠近了一步。这些看法通常被当作"立场论"①，尽管认为某种立场可以作为理论基础的宣称其根基还远不牢固。威廉斯认为，这类解决方式虽然表面上非常吸引人，却只能使我们偏离有关知识与真理的真正难题——我们不能避免这些难题，如果社会学并不只是一些后现代主义者宣称的"讲述一系列故事"的话。

威廉斯也指出，"科学战争"与"文化战争"的终结，后现代主义作为一种社会理论所导致的所有可信性的逐渐崩塌（Benson and Stang-room 2006），都没有产生出一种新的探索真理与真实性之间必然联系的努力。更为普遍的结果是，已经出现"一种毫无生气的愤慨批判，……它有从专业主义滑向一种终将祛魅的职业主义（careerism）……的风险"（Williams 2002：3）。

本章我们将主要聚焦于在教育研究中发展起来的知识社会学。部

---

① 更多对立场论问题的讨论可参见 Nozaki 2006；Moore and Muller 1999。

分原因是我们工作的情境；此外，将知识问题定位于教育论争中将引出更多社会理论方面的基础性问题——这些问题并不经常为人所知。如涂尔干和维果斯基（以及最近的伯恩斯坦）所揭示的，正如教育中的每个理论都暗含着某一社会理论，教育学理论也通常隐含着某种知识论（见第二章和第三章）。

如弗拉德和哈尔西（Floud and Halsey 1958）很久之前指出的那样，我们教育社会学家是随着大众教育崛起，为了解决大众教育的特定矛盾而进行的一系列努力的产物。作为现代化的一个方面，大众教育过去面临且目前依然面临着可称之为教育学根本问题的难题：克服学生试图掌握、教师试图传递的正式的、编码的、理论的、至少潜在地具有普遍性的课程知识，与非正式的、地方化的、经验性的和学生带到学校的日常知识之间的断裂（有时被描述为冲突）。

当每一代人中能够进入学校的只有一小部分人，这群人大都具有正式课程设计与传递的潜在文化假设时，这种断裂很少被承认，更不会被视为问题，至少不会被工业化早期阶段的政策制定者视为问题：在那时，学校是为大多数人从事非技术性工作做准备，而知识获取被视为只对少数人重要。然而，目前在大多数国家中，大众教育的民主化、普遍化的目标，与学校教育使大多数人经历的筛选、失败、辍学之间的冲突已经不能被无视了。大众学校教育没有达成新兴民主运动赋予它的促进社会公平、正义的目标，也没有很好地满足全球化劳动力市场对高层次知识与技能的不断增长的需求。

这是 20 世纪 60 年代的背景，时值英国教育社会学被"重塑"① 为社会学的一个分支学科，而不再只是社会流动与分层研究的一个方面。那时，教育社会学的核心问题变成了（且在很大程度上至今仍是）学校文化、课程与进入学校的学生文化之间的断裂。布迪厄与伯恩斯坦

---

① 当然，自涂尔干为教育社会学研究作出理论探索已经过去半个多世纪了。在英国，1946年，卡尔·曼海姆被聘为首位教育社会学讲席教授。然而，他一年之内就去世了，此后尽管有 20 世纪 50 年代弗拉德以及哈尔西等人的努力，但直到 20 世纪 60 年代末，教育社会学在英国才成为教育研究中一个独特的研究与教学领域。

开展了对文化资本、语言编码、可教育性的早期研究（Bourdieu and Passeron 1977；Bernstein 1971），部分地是对现存的入学机会与公平体系的批判，部分地是为了聚焦深层的支撑着教育不公平的文化与政治问题。他们的观点产生的结果之一便是对课程社会学的关注逐步发展成为"新教育社会学"的核心要素。

尽管一开始的理论目标是将教育社会学引向知识问题，但20世纪70年代的课程社会学具有很多威廉斯称之为"揭发丑闻的新闻主义"的特征，而非社会科学的特征。它通晓真理——权力与知识之间的联系——并试图揭示这种真理在学校课程中的表现形式。①

我们不是要无视新教育社会学对真实性的坚守，或其"深掘"课程组织与权力分配之间联系的努力。② 当时及目前的一项重要任务是提醒教育学家，课程及知识本身不是某种外部既定物，而是历史性的人类活动的产物——是我们自己的历史的一部分。然而，不可否认的是，当时的很多课程社会学家以盛行的怀疑主义态度，识别出了真理与知识（虽然并不总那么明显）（Jenks 1977）。这导致很多人对如下观点产生怀疑：致力于真理理念的课程可以"真实地"成为教育知识社会学的目标。结果，"新"教育社会学，用威廉斯的话说，始于一种对真实性的激进坚守，却因拒斥任何真理观念而走上了自掘坟墓之路。

本章的目的是在教育社会学的特殊情境中反思并探索威廉斯提出的问题。接下来的部分将讨论两个问题。第一，教育研究中的知识社会学及与其相关的社会建构主义取向哪里出了问题？第二，替代社会建构主义、同时保持对真实性及对真理观念本身的坚守的基础在哪里？我们接着将吸收法国社会学家、教育学家埃米尔·涂尔干的观点，提出开发一种替代方案的建议。涂尔干提出的与"一战"前实用主义崛起有关的问题（Durkheim 1983）非同寻常地呼应了20世纪70年代"新

---

① 此类研究中可能最细致、最有影响力的例子就是美国批判课程理论学家迈克尔·阿普尔（Apple 1975）了。

② 本章的其中一位作者就卷入了教育社会学的这些发展之中（Young and Whitty 1977；Whitty and Young 1976）。

教育社会学"提出的两难问题。我们接着将重温巴兹尔·伯恩斯坦对涂尔干观点的发展。我们将看到，尽管涂尔干具有非凡洞见，伯恩斯坦也作出了高度原创性的概念建构，但他们二人都仍囿于以下信念中，即认为自然科学仍是客观知识及知识增长的唯一模式。这些讨论将为下一部分铺平道路：借鉴恩斯特·卡西尔的观点，参照其"符号形式"，我们将提出知识的社会学取向。最后，我们将回到原点：在教育研究中，借鉴卡西尔的"符号客观性"理念提出的知识的社会实在论取向可以在多大程度上解决真理与真实性之间的张力？——这种张力被伯纳德·威廉斯如此清晰地论述过，但20世纪70年代的"新"教育社会学未能将其解决，甚至压根未能认识到。

伯纳德·威廉斯开篇就提示我们，如果对真理的坚守与对真理的怀疑并行，那么后者必将侵蚀前者。结尾我们将论证，教育社会学必须与实在主义再度联合，或者与那种自然主义的实在主义类型联合（Durkheim 1983；Moore 2004），依靠自然科学的客观性模式，或者与那种形式主义的实在主义类型联合（追随卡西尔及伯恩斯坦）。或许也没有必要作出这种选择，首要的选择应该发生在客观性与反客观性之间。曾有一段时间，社会科学中的客观性观念似乎与压迫联合了起来，通往可接受的客观性的道路被政治化地阻断了。我们认为，现在时机已经成熟了，可以巩固与发展由当前教育社会学的发展而带来的在阐发其潜在客观性方面的巨大进步了（Nash 2005）。

教育社会学中的社会建构主义：哪里出了问题？

对"哪里出了问题"的回答首先要接受如下前提，即尽管"新教育社会学"与其社会建构主义假设确实有缺陷，却是为课程的相关论辩建立社会学基础的一种重要尝试。较之英国对博雅教育毫无批判的接受（Hirst and Peters 1970），以及同期美国盛行的课程理论的技术主义传统（Apple 1975），它毫无疑问代表了一种进步。它在教育研究领域引起了相当多人的兴趣，也引起了相当多的非议；然而，它并没有为开发某种替代课程提供一个可靠基础，也没有提供有关在实践中课程如何变革的切实理论。为何会这样呢？

首先必须认识到，20世纪70年代出现的知识与课程的社会学取向，以及背后支撑它的社会建构主义理念，都不是全新的或孤立的。这体现在两个方面。第一，尽管当时它宣称自己是新事物，但认为所有知识在某种意义上都是人类活动的产物的激进观点，以及它会导致隐含的或直接的对客观知识的怀疑主义的看法，并不是新的。它可被追溯到古希腊时期的智者学派与怀疑论者，并在18世纪早期维科（Vico）对日渐浮现的自然科学霸权的挑战中重获新生（Berlin 2000），今日仍存在于理查德·罗蒂（Richard Rorty）等那些伯纳德·威廉斯所称的"否认真理者"之中（Williams 2002）。非常相似的一些理念也可以在当时人文与社会科学的每门科目中找到。换句话说，我们一边面临着与当时同样的背景，一边在处理这种理应属于"新"教育社会学的内容。

如果"新教育社会学"有什么可称为"新"的东西的话，那就是"社会建构主义"理念被用于教育背景，以及从下述假定中生成的特定结论：课程及教学等教育实在是被社会性地建构的，可以被教师——几乎任由教师——所改变（Gorbutt 1972）。这种"决定论"在所有同源的建构主义中都很典型。

对社会建构主义者来说，我们对世界的看法、我们的经验以及任何有关"世界是什么"的观念，都不存在差异。由此，"实在本身是社会性地建构的"这一理念在教育社会学的阐释中有两个紧密相关的意涵。第一，它提供了挑战任何"既定"或"固定"形式（不管是政治的、社会的、制度的还是文化的）的基础。它假定，与挑战传统上社会学家研究的社会规则、惯例、制度的既定性一样，挑战既定性同样适用于一般的科学或知识。[1] 第二，它可将任何形式的既定都视为专制

---

① 当时的一个例子是我编辑的一份文摘，由约翰·贝克及其同事所撰写，其章节主题有作为社会建构的教育、理性、能力、儿童。我们在此不是要否认这些类别是或可以是社会建构，而是否定教育社会学中的社会建构主义对于在特定的背景、时段内，什么可以、什么不可以被建构，未加丝毫限制。

的，并认为在不同的社会配置下，这些既定是可变的。至于某种持续下
来的既定形式，则传达着某些群体而非另一些群体的政治的、文化的或
经济的利益。这场知识战争的双方分别是社会建构主义者和反对社会建
构主义者。社会建构主义者视自己的任务为揭露现实的明显既定性并展
现"它（现实）真正的样子"。这种既定性是遮蔽深层的专制及利益现
实的面具；反对社会建构主义者则认为自己被强加给了某种"事实上"
是真正随意的东西。对建构主义者与实在论者的区分不可避免地陷入过
分简单化的僵局。① 他们之间的主要不同在于，建构主义者声称唯一的
实在就是除了我们的感知以外不存在任何实在。回头夹看，令人困惑的
是这种争辩导致的自由意志论（认为所有事物都是随意的）与决定论
（认为所有事物都是可变的）的联合。

在教育研究中，社会建构主义的"百家争鸣"吸收了多种差异巨
大甚至有时直接对立的观点。不同时期常出现不同的理论家与理论传
统。在教育社会学中，至少从 20 世纪 70 年代开始，社会建构主义所
吸收的主流观点是舒茨、梅洛·庞蒂（Merleau Ponty）与加芬克尔
（Garfinkel）的社会现象学与民族志方法论，米德与布鲁默（Blumer）
的符号互动论，伯杰与勒克曼的折中社会建构主义，罗宾·霍顿［及后
来的克利福德·格尔茨（Clifford Geertz）］的文化人类学，皮埃尔·布
迪厄的新韦伯主义社会学，以及尽管不那么情愿但也吸收了法兰克福学
派观点的批判理论。如，布迪厄就视揭露专制为社会学的核心问题意
识。这些学者们的共同之处（或者被阐释的共同之处）在于都呈现出
某种形式的社会化约论。（他们认为）因为任何事物都是社会性的存
在，社会学分析可以用于并解释所有事物——尽管社会学家对"什么
是社会性的"往往不能达成共识。在 20 世纪 80 年代，这些理论传统
开始扩展，囊括了话语及文学理论（或者说很多理论传统开始被话语
及文学理论所替代）。后者吸收了如德里达、福柯、利奥塔等学者将社

---

① "激进的社会建构主义""温和的社会建构主义"等术语常可在文献中见到。但是，从本章
的观点来看，这种划分没有看到，即使是社会建构主义的温和形式，对"什么可被建构"也几乎没
有（或只是隐晦地）加以限制。

会性仅仅视为另一种文本、另一种话语或另一种语言游戏的看法。然而，化约论的逻辑却依然如故。

    教育在某种意义上是社会建构主义理念的一个特殊的甚至是理想的范例。这部分反映出教育研究在理论上的相对弱势，对任何新理论都来者不拒（或没有能力抵拒）。此外，课程社会学以及教育实在是社会性地建构的这一理念对通常专制化的、官僚化的、等级制的学校教育世界来说，也确实具有非凡的特定吸引力。这很容易导致对现有的学校知识、科目、学科等形式及其实体化后的课程大纲的挑战（Keddie 1971；Young and Whitty 1977）。更根本的是，社会建构主义挑战并揭露了它视为专制的正规教育的大多数基本分类，如智力、能力、成就等方面（Keddie 1971，1973），甚至学校制度本身。尽管社会建构主义不能说出怎样变革、变革什么，但如果社会建构主义能够表明所有这些分类、规则、制度都是专制的，它就潜在地将它们推向了变革。社会建构主义理念与（至少部分的）左翼政党的联系并不令人吃惊，尽管这种联系常常并不是权宜之计。

    为何这些理念在教育研究中受到了这样的束缚？为何它们后来如此轻易地被批判和抵制？这种一开始被支持后来被抵制的模式是否暗示着，将实在视为"社会性地建构的"这一基本观点存在着某种缺陷？或者暗示着，如马克思指责黑格尔的那样，这些观点在某种程度上丢失了某种"理性内核"？为何这些观点对教育研究及课程社会学具有特别的诱惑力，以及事后来看又特别具有破坏性？

    对这些问题的回答可以有两种类型。一是外部的或背景的论证。它为人所熟知，相对少有争议，可以被一笔带过。它只能提醒我们特定知识领域并不存在独特之处，教育社会学也不例外。有两类值得一提的塑造教育社会学理念的外部或背景因素——一是社会的，一是文化的。前者主要包括高等教育的大众化扩张与民主化进程，相应的人文与社会科学的扩张及分化，以及（至少在教育研究中）认为这些新知识类型可以改变被广泛诟病的低效、不平等的教育体系的假想。自20世纪80年代起，这些发展被无所不在的全球化、市场化浪潮放大了，在教育中创造出了一种全新的知识工作的背景，这种新的知识工作与新的、相对主义的以及理应更民主的知识理念有着相当亲密的关系。这种教育研究的全新背景产生了新的、有时原本就激进的学生与教师，并为一系列在形塑教育社会学中扮演着某种角色的文化变革提供了肥沃土壤。这些文化变革包括更具批判性且一度高度政治性的学术气氛，对民粹主义理念的亲近，对边缘及少数群体、非西方族群文化的不加批判的尊重，以及相应的对学术界及所有形式的权威（包括科学以及其他专门知识形态）的怀疑。所有这些发展都吸收了并潜在或直接地支持社会建构主义思想（Benson and Stangroom 2006）。

二是内部因素——教育研究的知识领域的发展，这才是本章力图关注的。从 20 世纪 70 年代早期开始，社会建构主义理念就受到了通常来自哲学家（如 Pring 1972）、但有时也来自其他社会学家（Gould 1977；Demaine 1981）的批评。然而，"新社会学家"很容易就给这些批评贴上保守主义[①]、改良主义或社会民主主义[②]的标签，从而无视这些批评（Whitty and Young 1976）。

要对这种批评作出不那么肤浅的回应，教育研究中的社会建构主义者只有两条路可走（至少在它将自己设定为一种激进理论的条件下）。一个方向是将建构主义理念同对边缘知识（与统治阶层或官方相对）的赋权联系起来。边缘地位可以指代妇女并与女权主义相联系，也可指代非白人群体并与后来的后殖民主义或底层研究相联系。具体到教育社会学中，识别边缘地位指的是颂扬那些被学校拒绝、在学校中失败的群体的文化。这些群体的语言与他们对正式学习的抵制，被视为（至少潜在地）是在支持一种新的更激进的劳工阶层意识[③]（Willis 1977）。社会建构主义的另一个方向是尼采虚无主义的后现代版

---

①　哲学家们很容易就被视为仅仅是在维护自己的专业利益。后来被统统视为立场论！

②　"非改良主义的改良"概念从来没有太多实质内涵，但在当时却在左翼教育学家中很流行。

③　"抵制"（resistance）概念最初源自威利斯（Willis）的研究，后来逐渐远离他并有了自己的生命，上升至一种"理论"的地位（Giroux 1983）。

本，否定任何进步、真理及知识的可能性。这类对尼采的阐释不仅在某种程度上是不可靠的，正如伯纳德·威廉斯所阐述的（Williams 2002），而且也没有为教育研究超越持续的、空虚的理论（或理论化）角色提供实质内容。①

总结上述论点就是：社会建构主义对教育学专业的教师与学生具有某种表面上的吸引力，但它却为他们提供了一套从根本上自相矛盾的知识工具。一方面，它提供了智力解放与通过教育获得自由的可能性——作为教师、学生或工人的我们，有发展理论和批判与挑战科学家、哲学家及其他被称为专家的人的认识论权利。此外，这种所谓的自由被视为以某种不确定的方式有助于改变世界。这种脱离知识的所有权威形式的解放，被许多人认为与达到更平等、更公正的世界的可能性相关。另一方面，通过瓦解任何有关客观知识或真理的说法，社会建构主义至少在它的一些阐释方式（可能是正当方式）中，否定了任何更好的认识出现的可能性，更别说更好的世界了。然而，出于很明显的理由，教育研究者们倾向于忽视这种否定，至少大部分时间是这样的。

这种联合了解放与其不可能性的"双重捆绑"在教育中有很大问题。如果不只是课程对知识的选择，甚至教师对学生作出的排名、报告与日常判断都被认为是专制的，那么当一名教师（更别说教育研究者了）就太成问题了，除非"不敬业"。况且，这些理念已经在今日的如"引导""小组合作""教育是对话"等时髦话语中留下了印记。所有这些教学策略都可被视为压制等级化（或至少使其不那么明显）的尝试（Muller 2006）。教育研究中的这种新的实践语言或活动，与在线学习、手机与互联网等"承诺"日益结合，目前已经与我们、与市场语言都有密切关系。当然，很多人支持这种实践语言，却对教育权威的社会学批判知之甚少。

---

① 在北美，这种"理论化"采用的是一种公然的"批判教育学"的政治形式，与彼得·麦克拉伦（Peter McLaren）及亨利·吉鲁（Henry Giroux）等学者有密切关系；而在英国，它则是一种模糊定义的"教育理论"形态，从厄舍及爱德华兹等人可看出。

这些理念为何会延续下来？为何会一遍又一遍地复活，每次都仿佛新事物一样？这并不是因为它们是真的，除非其根本的矛盾性与随之而来的知识的不可能性成为真理。同样，实在是社会性地建构的这一观点也不像物理及化学中产生的新观点那样强有力，以至于能以一种无人能否认的方式来改变世界。最好的情况是，社会建构主义能提醒我们，不论某种观点或制度看起来多么既定、固定，它们通常也只是人类实际活动的历史产物罢了。它们并不起源于外在于我们的物质世界，也非如笛卡尔认为的那样源于我们的头脑。用卡西尔的话说（本章后面部分将可以看到），理念与制度是"表现性的"，即它们是社会行动的一部分，既是关于客观社会世界的，也充满着主观意义（通常推动着客观的边界）。最差的情况是，社会建构主义提供了批判与挑战任何制度、任何等级、任何权威形式、任何专制知识的合法性。表面上的"政治正确性"与这种立场有时导致的愚蠢，已经成为博取"解放"这一小小"时刻"的沉重代价——这种解放表现在如下真理中：实在是被社会性地建构的。对后一种看法（最差的情况）的一种反应是（如果说不总是被明确承认的话，至少也是被广泛承认的），拒斥教育社会学事业，尤其是拒斥应用于课程的社会学。这是政治右派的反应，即将它打上"左翼意识形态"的标签（Gould 1977）。这种立场的更实用主义、技术主义的版本被今日英国的大部分教师培训项目以及越来越多的教育研究学位项目所采纳。体系化地学习教育社会学的教师职前教育或专业发展项目越来越少见了。这种对知识社会学的拒斥，也是那些发动了科学战争（Sokal 2003）[1]并在 20 世纪 90 年代对建构主义的开放性循环极度不耐烦的自然科学家们所采取的立场。后者（自然科学家的立场）不可能为前者（教师教育项目）的政策后果提供知识上的合法性。

在我们看来，一个更积极的替代方案是，重拾在 20 世纪 70 年代那段令人振奋的时间里甚至直到今日都被人遗忘的东西。即社会学本

---

① 对此问题的更多评判性评论参见：Haack 1998。

身，如同所有的社会生活、制度、知识甚至科学一样，都有其历史。我们不仅需要历史性地看待社会与教育，也要忆起社会学与教育社会学的历史，并认识到某一代社会学家的争论常常需要回溯到前一代的争论中去。

我们已经指出，社会建构主义者是错误的。然而，我们应该看到，20 世纪早期的实用主义者如詹姆士（James）和杜威，以及那些与他们有大量共同点的人，并不是一无是处的。他们在强调知识（因此也在强调课程）的社会－历史特性、反对盛行的知识既定性方面是正确的。其缺陷回头来看主要为：（1）没有说清楚其理论的局限性；（2）将一种理论宣称实质化了。社会建构主义理论很大程度上仍是修辞性的。举个例子，宣称"通识教育是一种社会建构并因此不过是一种统治手段"是一回事，但"用档案证明通识教育是一种历史性地变化的现象"就是另一回事了——艾略特（Eliot）、李维斯（Leavis）与斯诺（C. P. Snow）就很不同于曾经的阿诺德（Arnorld）和纽曼（Newman）。

社会建构主义关于知识及课程的结论从根本上是错误的。知识的社会属性并不能成为质疑其真实性与客观性的理由，也不是将课程视为其他类型的政治的理由。知识的社会属性是知识可被宣称为真理（及客观实在）（Collins 2000）并因此优待某些课程原则的唯一理由。要看这种观点如何发展，我们将回到涂尔干收录在《实用主义与社会学》（*Pragmatism and Sociology*）（Durkheim 1983）一书中的那些至今还少为人知的演讲。

涂尔干的演讲中最值得注意的一点是，在对詹姆士（以及在较小程度上对杜威）的实用主义的阐述中，涂尔干遇到了与 20 世纪 70 年代的教育社会学所面临的几乎完全一致的问题。他认为实用主义是对当时理性主义及经验主义的发展，正如社会建构主义是对将课程与知识视为"非社会性的既定"这一观点的发展一样。与此同时，他也看到，实用主义的人性化或社会化形式的知识与真理，如果不受限制，将导致比它宣称要解决的问题更严重的问题。本章接下来的部分将大量吸收涂尔干（Durkheim 1983）的观点，展示应该怎样建立一种替代教育社会学中的社会建构主义的方案。

从社会建构主义到社会实在论：涂尔干带给我们的启示

　　我们在本章中对 20 世纪 70 年代成为教育社会学一部分的社会建构主义思想的论述，与涂尔干对 60 年前席卷法国学界的实用主义思潮的论述有明显的相似之处，但不是完全一样。我们大图找到一种替代社会建构主义的方案，这在某种程度上不同于涂尔干对实用主义的兴趣。正如许多学者评论的 ［最有名的是卢克斯（Lukes 1972)］，涂尔干所处的时代是法国社会剧变的一段时期，而这种剧变很大一部分由对天主教会的武力反抗而引发。他将实用主义及它对所有客观理性概念的敌意、将真理与其后果联系起来的做法，视为对这种混乱局势的推波助澜，对他而言，实用主义没有提供任何可以支撑起社会公正秩序的共识的基础。因此，他主要关心的是为构成一种全新共识的道德价值发展一种客观基础。真理与知识的观念对于涂尔干来说之所以重要，主要不是因其自身重要，而是由于它们的道德作用：它们将个人联结为社会成员。我们并不否认知识与真理的道德角色，但我们的关注点与涂尔干非常不同。我们关心的是课程的知识基础和知识的本质，以及社会建构主义隐藏的相对主义意蕴如何削弱课程的知识基础和回避知识的本质。

　　知识的实用主义取向与社会建构主义取向都是对现存认识论——理性主义以及经验主义的弱点的回应。理性主义与经验主义都导致对知识及其与世界的关系的静止与二元假设。涂尔干认为，在试图克服这种二元论，并试图通过将知识定位于"世界中"而将之"人性化"时，实用主义（以及潜在地，社会建构主义）将概念与经验世界视为无缝存在的一部分。换句话说，它们假定知识与人类经验是一致的。相反，涂尔干则认为，知识的人性只能位于社会之中，位于如下必要性之中，即概念既要是"关于世界的"（包含社会及物质世界），又要是区分于我们的经验的。对于涂尔干而言，社会是"客观的"，至少是因为它排除了自我的主观性以及个体行动与经验等世俗世界。

涂尔干同意实用主义者不将知识或真理视为在某种程度上独立于人类社会与历史的观点。但正如詹姆士所论，这并不意味着真理就是主观的——或者说与人们的感觉、情感无异。真理与知识有既定性，但它是历史与社会的既定性。涂尔干认为，我们创造知识，正如我们创造制度，以一种与自身历史有关的方式在前代人的发现与创造的基础上创造知识。

可能让那些非常关心共识的人吃惊的是，是涂尔干为社会创新理论打下了基础，而非那些痴迷于问题解决，并认识到在"知识作为一种社会既定"与"这种既定性是历史性形成的"之间存在着张力的实用主义者们。由罗伯特·默顿（Merton 1973）开创的科学社会学对此作了清晰阐释。此外，正是在对"神圣"（概念的内部一致世界）与"世俗"（程序与实践的模糊矛盾的连续体）的区分中，涂尔干发现了科学的社会基础，以及思辨思维的根源（Muller 2000）。

另一个被涂尔干举例论证的实用主义与社会建构主义的相似之处是，实用主义诉诸一种有关真理的工具主义理论，即他所指的逻辑功利主义。对于实用主义者而言，知识是真的，只是因为它满足了某种需求。相似地，尽管社会建构主义并没有直接关心需求的满足，但也强调所有知识的情境性，因此将知识定位在实践之中（这就是社会理论中"实践转向"的来源）。更进一步地，社会建构主义也非常强调知识与社会相关的重要性——而知识与社会相关即是一种勉强隐藏在道德正当性之下的功利主义。正如涂尔干所指出的，满足某种需求永远不能解释真理本质上的非人格性，即它不与任何特定的个人、立场、利益或需求相关的特性。

对涂尔干来说，与实用主义相关的一个问题是，如果真理只能被其结果所证实——即后验论——它将只能依赖于可能（或不可能）发生的事。如他所指出的，一些事情不能基于可能发生什么而被逻辑判断为"真"。认为因为某件事发生了它便是真实的，是试图混淆（或模糊）两个不同的东西——真理与有用性。如果某一事物因为"发生了"而成为真实的，或者它依赖于一种潜在的主观看法，一种对"发生了"的先验标准；或者它需要如下一种审慎思考："发生了"意味着什么、是对谁而言的；它本身并不能告诉我们什么。涂尔干指出，真理必须是先验的——不是康德意义上的那种严格而抽象于人类生活的先验，而是一种社会性意义上的先验——先于、依赖于被证实是真实的社会。而社会建构主义与之类似，认为知识与真理位于知者及其利益之中。[①] 正如实用主义留给我们的是后果，社会建构主义只给我们带来了利益。在这两种情况下，知识与真理都不复存在。

涂尔干对实用主义的强烈反对是由于实用主义忽视了他视之为真理的独有特性：外在的、有约束的、强制性的，以及对他而言，具有道德力量的特征。用于社会建构主义时，涂尔干强调了社会强加于我们建构社会性的能力的局限。正是这种局限——伯恩斯坦称之为"边界"——解放了我们，使我们得以探寻真理。涂尔干认为，我们时常感觉到真理施予我们的压力；即使不喜欢，我们也不能否认它。满足某种需求，或与某种利益相关，从根本上说都是主观标准，永远不足以作为真理的标准。有时真理与满足需求截然相反，或者它并不符合哪一群体的利益；但这并不阻碍其真实性。

总结本部分，我们已经指出，在涂尔干对实用主义的批评中，他提供了一种替代社会建构主义的方案（至少是端倪），即保留知识具有社会基础这一理念，但并不将"社会性"的理念化约为利益群体、活动或权力关系。同时，在他对作为区分客观概念与实践性主观实在的神圣世界/世俗世界的区分中，以及在他对现代社会神话真理与科学真理的连续性的体认中，其理论都看到了知识的社会分化的重要性。

最后，先前的讨论仍存在一些问题。对涂尔干而言，社会是道德性的，是有关价值的。由于知识（以及课程）是社会性的，它们对涂尔干来说也首要是道德议题。这使得其框架很难用于探讨知识内容与

---

① 当然，这是前述立场"理论"的前提。野崎（Nozaki 2006）很好地描述了（如果说他没能解决的话）这种知识取向面临的困境。

结构问题，这些问题被社会建构主义的化约论规避掉了。涂尔干将社会甚至是知识问题都等同于道德是正确的吗？或者，我们可以想象出一种非道德性的社会概念吗？我们认为后一个问题的答案是肯定的；更进一步地讲，如果我们想要发展出一种替代社会建构主义的知识社会学的话，一种兼具认知性与道德性的有关社会的概念是非常必要的（Moore and Young 2001；Schmaus 1994）。

涂尔干似乎更多聚焦在知识客观性所依赖的共同价值上，而非知识本身的性质。这一点可从他对先验主义的康德传统的继承上看出。在他与其侄子马塞尔·莫斯的短著中（Durkheim and Mauss 1970），涂尔干明确指出，他所关注的并不是"我们对这个世界知道些什么"意义上的知识，而是这些知识的基础——知识如何可能。换句话说，他感兴趣的是如逻辑、因果等概念的社会基础，没有这些概念知识将无从谈起。对涂尔干而言，道德与逻辑有着同样的客观性基础——社会。

保罗·福克纳（Paul Fauconnet）在介绍涂尔干的《教育与社会》（Durkheim 1956）时，对涂尔干的教育社会学进行了阐释，尤其注意他对智力（或认知）的关注。在评论涂尔干对实用主义的功利性教育概念的抵制时，他写道：

> 从教师到学生的（知识）传递，儿童对一门学科的吸收，似乎对他（涂尔干）而言是真正智力形成的条件……（着重号为扬所加）。一个人不能通过自己的个人经验重新创造科学，因为（科学）是社会性的，不是个体性的；他只能学习科学。

类似"学生即科学家（或理论家）"等流行于社会建构主义者（Driver 1983）中的观念可以终止了。福克纳又论道："（心智的）形式不能经由空白来传递。涂尔干和孔德一样，认为有必要学习事物、掌握知识。"

因此，对我们来说，尽管涂尔干强调社会的道德基础，课程社会学的核心仍必须是知识的结构与内容问题。尽管福克纳提出涂尔干准备了一些学科教育学方面的演讲，如数学、物理、地理及历史等，但并没有文本资料留存下来。涂尔干留给我们的只是一些非常一般性的对于知识及其分化的社会基础的论述。然而，正是"分化"这一对于课程社会学至关重要的主题，使英国社会学家巴兹尔·伯恩斯坦做了大量研究，不仅体现在其早期有关分类与架构的文章中，甚至在其生命即将结束时出版的一篇论文中，他仍在介绍垂直知识结构与水平知识结构的区别。因此，下面我们将转入伯恩斯坦的观点。

伯恩斯坦的垂直知识与水平知识的分类法

本节首先简要介绍伯恩斯坦对知识分化的观点。他在讨论符号系统（或知识）的形式时果断插入了对它们的建构及其社会基础的内部原则的描绘（Bernstein 2000：155）。现已广为人知的是，他区分了两种形式的话语：垂直话语与水平话语；在垂直话语里又区分了两种知识结构：等级化知识结构与水平化结识结构。

对伯恩斯坦来说，知识结构有两种区分方式。第一种是垂直性。垂直性与理论发展方式有关。在等级化知识结构中，垂直性是通过将命题整合为更具普遍性的命题而进行的。正是这种发展轨迹使得等级化知识结构呈现单一的三角形形态。相反，水平化知识结构不是单一的，而是多元的，包含一系列平行的、不可通约的语言（或概念系列）。水平化知识结构中的垂直性不是通过整合进行的，而是通过介绍一种新的语言（或概念系列），这种新语言或概念系列可以建构一种"全新的视角、一套新问题、一套新概念，以及明显地，一种新的问题意识，还有最重要的，一系列新的发言人"（Bernstein 2000：162）。因为这些"语言"是不可通约的，它们不肯并入一种更具普遍性的理论中。① 因此，在水平化知识结构中，整合的层次、在具有更广的普遍性

---

① 这并不是说，水平化知识结构（如社会学）并没有尝试过这种合并。从马克斯·韦伯、塔尔科特·帕森斯(Talcott Parsons)起，社会学理论中就遍布着大量不成功地将各种概念整合进一个独立整体概念中的努力。

意义上的知识进步的可能性以及由此而来的更宽的解释范围，都受到了严格限制。

在我们讨论语法性——第二种知识变化的形式之前，有必要再谈一谈垂直性问题。首先，它巧妙地吸收并概括了哲学与科学社会学界有关逻辑实证主义与非实在论之间的激烈争论。伯恩斯坦隐含地认为逻辑实证主义者（或实在论者）是正确的，但只在等级化知识结构中是正确的；而非实在论者（库恩及其追随者）同样也正确，但只在水平化知识结构中正确。换句话说，编码到伯恩斯坦的垂直性原则中是这场科学哲学争辩的条件。

其次，我们注意到水平化知识结构覆盖的范围令人吃惊地广泛，不仅包括社会学、人文科学，也包括逻辑及数学。异常的是，在后一种水平化知识结构的例子中，有一种垂直性形式，几乎等同于等级化知识结构中的形式。于是，适合性问题就不再是什么在阻碍所有水平化知识结构的进步了，而变为是什么内在特征区分出了这些水平化知识结构——如使语言不断增殖的社会科学与使语言增殖受阻的数学？正是在寻找这一问题的社会学答案并试图提供一种替代布迪厄的社会化约论的解释时（Bernstein 1996），伯恩斯坦开始了对垂直知识结构与水平知识结构的区分。

我们现在转入第二种知识变化的形式——语法性。我们已经指出，垂直性与理论如何在内部发展有关（伯恩斯坦后来称之为理论描述的内部语言）。与之相反，语法性则涉及理论如何与世界相关、理论性论述如何与其经验预测物相关（他后来称之为理论描述的外部语言，Bernstein 2000）。一门语言的语法性越强，它就越能稳定地与经验相关，也越清晰，因为它更有限定性，它本身就是它所指的领域。语法性越弱，理论稳定指向某种经验对应物的能力就越弱，也越模糊，因为它更加宽泛，它成了它所指的领域。因此弱语法的知识结构失去了产生进步（或新知识）的首要方式，被称为"经验性失证"。如伯恩斯坦所说："经验描述的弱力量移除了对于发展或拒绝一种特定语言来说都很关键的资源，因而加强了其作为一种冻结形式的稳定性"

（Bernstein 2000：167 −168）。

总结来看，语法性决定了理论通过与世界的相互确证而进步的能力，而垂直性决定着理论通过解释性思辨而进步的能力。结合二者，我们可以说，这两个标准决定着某一特定知识结构的进步能力。

然而，可以说，因其刻板性、暗喻性，这种分析只是一个开端。它提供了对各种变体的研究，但我们必须承认，两极远比中间区域清晰得多。这部分是因为，垂直性与语法性的精确内涵尚不清晰，且二者的关系也不清晰。我们可作出如下猜测：垂直性秉承分类原则，它将知识结构归入理论整合类型或理论增殖类型；而语法性是一个定序原则，在（上述）每个类型中，或在整个谱系内，建构出了一个连续体。虽然伯恩斯坦有时将语法性描述为一种只针对水平化知识结构的特征（Bernstein 2000：168），但在另一场合他又称物理（垂直性的范式）拥有"强语法"（Bernstein 2000：163）。这意味着，伯恩斯坦有时也使用"语法性"隐喻来指涉内部语言，尽管大多数时候它指的是外部语言。

然而，即使我们认可这一猜测，异常仍存在，尤其是在数学中。在伯恩斯坦看来，数学是一种强语法的水平化知识结构，但是，强语法的首要标准——理论如何与世界相关——并不适合数学。伯恩斯坦（Bernstein 2000：163）也作出了让步，认为数学并不像物理那样依靠经验确证来进步。它是一个演绎系统，其语法性似乎是纯粹内部的。这将数学描述为一种有着强的内部描述语言、弱的外部描述语言的知识结构——后者在分类时与社会科学相近。然而，数学的历史则表明，这种描述很不恰当。如彭罗斯在其重要著作《通向实在之路》（*The Road to Reality*）（Penrose 2006）之中多次指出的，数学概念具有非比寻常的抽象水平（他举的一个例子是素数的结构），同时与物质世界没有明显关系，却是我们理解宇宙结构与物体结构不可或缺的（也可参见 Cassirer 1943）。这些例子并不是"弱的外部描述语言"的证据，但可能提示我们，需要以一种更具发展性的观念来看待"语法性"的内涵。可能如凯·奥哈洛伦（O'Halloran 2006）所论，数学是经验科学用来在自己的内部语言中生成垂直性的必备语言。如果是这样，那么它缺乏外部语言就不再奇怪了。

社会学与数学之间的区别突出体现在穆尔与梅顿（Moore and Maton 2001）所举的费马大定理的例子中。它展示出了认识论上的连续性：

> （费马大定理的）故事异常显著的是其波及的历史、地域、文化范围的规模。它使一个20世纪晚期的英国数学家高效地与路易十四时期里的一位法国法官对话，并通过他与三千年前的巴比伦人交流。它代表着一种认识论共同体超越时间与空间的延伸性的存在，在这个共同体中，过去即是现在，逝去的某位共同体成员将依序成为未来成员心心念的鲜活存在……
>
> （Moore and Maton 2001：172）

而社会学的情况则完全不一样。[①] 文学也与数学一样都具有这种现世特征。加里茨·马库斯（Markus 2003）评论说，艺术中的"传统"是"永远扩充的""极具时间纵深的"（2003：15），而科学的传统则是"短期的"，因为它永远在"进化"（同上）。哪种知识形式与哪种相近呢？某种意义上的数学与科学，以及另一种意义上的数学、文学与社会学？事实是，哪些形式包含着知识范围中的中间部分是根本不清楚的，比如，与生物学相比，地理学是与物理学更近吗？何以如此？我们可以将它们各自的语言算入内吗？实证研究无疑将帮助我们阐明这一理论，但也可能是，此理论本身有待更详尽的分析。

---

① 或者，它们可能一样吗？在"过去存在于现在"（the past is in the present）的社会学中，有一个认识论共同体不是假定处于21世纪第一个10年的我们正在直面涂尔干的"失范"、韦伯的"官僚主义"概念吗？

迈向社会科学与人文科学的逻辑

正如我们前面所看到的，伯恩斯坦发展出了一种描述知识结构的各类变体的语言，为我们提供了讨论社会科学的变体的工具，但可能除了兰德尔·柯林斯（Collins 2000），目前这种讨论还很少。伯恩斯坦的主要意图是发展一种路径以讨论不同的符号体系是怎么被社会性地分配的，只是在这么做的同时，不得不遇到知识是如何发展进步的这一古老问题。垂直性与语法性概念的极度简洁使得我们在朝着这些目标前进时走了相当长的一段路。此外，物理理想主义为我们的此项尝试投下了长长的阴影，正如它在哲学与社会思潮的历史中投下的其他所有阴影一样。每到紧急时刻，伯恩斯坦的知识进步模型不可避免地总是关于物理学的，或更精确地，如卡西尔所说，是关于与自然相关的数学科学的。于是，社会科学的周而复始的问题再次出现：只有一种客观性的理想形式，即物理学的形式吗？或者还有其他形式？

伯恩斯坦确实努力区分了等级化知识结构与水平化知识结构的进步形式，但后者的名字显然给他带来了困难。伯恩斯坦认为，后者的进步是通过发展平行的理论语言，即"水平化地"产生的。不难看出，这种描述虽然可以解释知识如何被阐述，却不能解释知识如何增长。当我们考虑到伯恩斯坦尝试为社会科学发展一种更垂直的、更有力的描述语言而艰苦努力时，这种描述就显得更加凄凉了。然而，根据他自己对社会科学知识是如何发展的论述，他的努力至多只是贡献了另一种平行语言而已。虽没有明确表述出来，但很难避免如下结论，即除非并且只有社会科学加强垂直性、发展更有力的"与世界的相互确证"——即变得更像物理学——社会科学知识才能进步。

我们不可避免地回到了前面引出的两难困境之中（Muller 2006）。我们认为伯恩斯坦对等级化知识增长的描绘与逻辑实证主义者的描述方式相近，而水平化知识的增长则遵循库恩及建构主义者的论述。这实际上排除了社会科学中的进步或增长的可能性。因此，我们被留在了一个接近实用主义与建构主义的相对主义的不舒服的位置上，而从伯恩斯坦的意图来看，他也并没有将自己摆在这种位置上。正如我们在本章开篇所提到的，对于伯纳德·威廉斯来说，这两种观点——一方面对垂直性或真实性的坚守，另一方面对其实现与否的怀疑——并不能和谐共存。后者必定侵蚀前者。

打破这种僵局的出路至少可以从另一位伯恩斯坦最爱引用的作者（第一位是涂尔干）——卡西尔那里看到一些轮廓。卡西尔的创作集中在两次世界大战之间，当时自然科学特别是物理学正处于创造力迸发的巅峰，人文科学有些没落，哲学则至少在德国"衰弱无力，并缓慢削弱了可能抵制现代政治迷思的力量"（卡西尔此处指的是海德格尔对纳粹的隐晦支持；Cassirer 1943）。一方面，数学提供着组织起勃勃萌生的自然知识的元语言（O'Halloran 2006）；而另一方面，从笛卡尔和康德起就扮演着类似的组织人文科学角色的哲学，则很大程度上在"生机论者"与柏格森、海德格尔、尼采及本章之前提到的实用主义者们的联合作用下，开始分崩离析。对"生机论者"而言，物理学与数学世界已与"生命"隔绝了，哲学也一直充斥着对"逻辑"的无机的抽象（逻辑实证主义），这种无机性正在威胁"生命"本身。

不仅人文科学内部不再受一个统一的哲学元语言约束而逐渐分裂（用伯恩斯坦的话说，增殖平行语言），而且它们也义无反顾地与自然科学分道扬镳了。卡西尔和在他之前的黑格尔、胡塞尔一样，感觉到了如下必要性：回归第一法则；重申人"既是自然的一部分，又独立于自然的其他部分"的整体性；因此，在给予每个知识分支独特性的同时重申所有知识的整体性。

卡西尔的基本态度是抵制生机论与实用主义，强调在所有文化中，知识从根本上看都是正式的，因其以符号为必要中介。为了理解某种知识形式，一个人必须理解构成它的符号的逻辑结构。卡西尔在其四卷本著作《符号形式的哲学》（ *The Philosophy of Symbolic Forms* ）（Cassirer 1996）中区分了三种主要知识形式。这种三分法令人联想到伯恩斯坦的水平话语、等级化知识结构、水平化知识结构。但伯恩斯坦主要是按照它们分配的潜在可能性来区分这些知识形式的内部结构的，卡西尔则更侧重它们的功能，即每种知识形式分布是怎样将符号与其客体联系起来的。在符号的表达功能（范例是神话）中，符号与其客体的关系是仿拟；符号与客体间有一种整体性，二者未区分。因此，只存在不同的神话，并不存在更好的神话。在符号的代表功能（范例是语言）中，该关系是类比；符号与客体间是绝对分离的，用隐喻的方式将符号范畴与个例世界远远疏离。在符号的概念功能（范例是科学）中，符号与客体之间是完全的符号（或概念）关系。客体被视为符号的一种建构物。它将符号范畴解放为普遍形态，不与任何单一个例或确定情境相连，符号因而可以作为整个个例群的能指（Verene 1969：38）。只有符号范畴与个例之间相脱离，我们才可能产出稳定的对世界（它并不依赖于其某个部分而存在）的概念性描述——这是任何客观描述的条件（Habermas 2001：18）。这种从个例中抽象出的符号系统是有代价的：失去了"生命体"，越来越依赖语义本质（Habermas 2001：24）。在卡西尔看来，只有第四种符号形式——艺术（前三种是神话、语言、科学）——成功地平衡了自由与抽象。其他都或多或少付出了"笛卡尔的代价"，失去了直接获得更大普及性的力量（O'Halloran 2006）。

在此，我们可以比伯恩斯坦的例子更清楚地看到，卡西尔怎样借鉴了对意识发展到其系统维度的历史的传统进化式解释（Verene 1969：44），在此基础上推演出了一套分类方式，从解释发展阶段外推为区分不同的逻辑结构。用另一种方式可表述为，卡西尔的文明理论认为，符号范畴与其客体领域之间的距离越来越繁复，而这种代价在艺术的再统整力量下有所缓和。[1] 二者对概念的推演是一样的。有意思的是，我们也可以在涂尔干那里看到一种相似论证，从神话或宗教思想那里推出科学思想的轮廓。不过卡西尔警觉地意识到了不能陷入"将科学（或至少是物理科学）作为所有知识的原型，将精确逻辑作为所有形式

---

① 这与韦伯更消极的"祛魅"（disenchantment）观点有共鸣之处。

的人类精神的互通的原型（如黑格尔那样）"的泥沼中。"卡西尔将其符号范畴的哲学视为开创一种超越黑格尔体系中内在的逻辑趋势的体系的尝试"（Verene 1969：35）。

卡西尔试图使用本章中呈现的那些术语，使自己的体系提供一种对垂直性（普遍/个例关系）的解释，不再将所有知识进步化约为物理学的垂直性要求。所以，涂尔干试图用一种纯粹概念性手段抨击实用主义的"向怀疑主义化约"的首要前提，卡西尔则试图避免陷入生机论的文化悲观主义的同源困境，避免哲学上将精神从属于逻辑，而这种做法在我们同时代的生机论者（建构主义者及实用主义者都是）所力图摆脱的逻辑实证主义那里达到了顶峰。卡西尔的努力是以不同知识形式的分化的内部结构为基础的，伯恩斯坦及涂尔干（在《宗教生活的基本形式》中）也同样如此。伯恩斯坦的分析是以结构性差异（金字塔与平行语言）的结果为基础的，接着再解释这些结构性差异的不同分配；而卡西尔的分析目标是建构这些差异的原则，为此他依据客体化的分化方式将不同的"概念－客体"关系进行了理论化。

卡西尔首先描绘了两大类科学概念。一种是对事物的概念组织化的感知，这种感知被组织成一系列有机形式，构成了自然科学；另一种是对情态的概念组织化的感知，这种感知被组织成一系列符号形式，即关于文化的科学。有机形式（或自然概念）与符号形式的不同之处在于其影响的客体化形式。在有机形式中，客体可通过数学化被自然概念完全解释（或完全代入自然概念）。这是一种可表达为正式数学术语的代入，自然概念被理想化地表达为一项法则，（在理论上）允许其对客体进行完整演绎。而相反，在符号形式（或文化概念）中，概念及其属性塑造但并不（不能精确地）决定客体。

卡西尔此处将两类概念的核心逻辑区别设定为个例代入某种结构法则的可能性："只有当我们澄清了一种科学将个例代入其中并达到普遍性的方式时，我们才能了解它的逻辑结构。"（Cassirer 2000：**XXXV**）自然科学的目标是完美代入，指向一种"存在的统一性"（概念与个例统一）；人文科学的目标则是不完美的代入，指向一种"方向的统一"，概念指示着特定个例的特征但并不穷尽其语义内涵。"不完美"此处不能理解为某种缺陷，相反，人文科学的主要客体——表达——展示了一种自然客体所不具有的自由，因为文化客体总是以自然客体所没有的方式被某种特定的自我意识或反思所介入。换句话说，自然科学产出了"事物的概念"，人文科学则产出了"概念的概念"。这使得人文科学中那些宣称普遍性的概念进行个例代入受到了严格限制。结果是，人文科学中的描述可以表达出包含所有真理轮廓的规律，但却不能体现在任何特定个例的完整细节中。个例按照普遍性来分类，但并不从属于普遍性。

卡西尔引用了布克哈特（Burkhardt）提出的"文艺复兴人"概念的例子，它是一种普遍化的描述，但不能在任何一个特定文艺复兴人物身上找到此描述的所有侧面。伯恩斯坦的垂直话语与水平话语及知识结构本身也是这种概念的例子，社会学中还有其他例子，尽管在教育社会学中很少。

我们可以看到，卡西尔此处最终承认了维科与生机论者提出的对科学自然主义的批评，即数学普遍主义（或数学化）解释不了文化客体。换句话说，对卡西尔而言，科学自然主义是一种特殊案例，不是普遍案例。但它是针对什么的特殊案例呢？卡西尔给出了令人吃惊的答案：它是形成客观性的一种特殊案例。完美代入是形成客观性的一种（只是其中一种）形式，不完美代入也是形成客观性的一种形式。它们指向同一目的——使概念最大限度地"吸收"客体（考虑到一些有问题的客体类型可能会以特定形式抵抗）。因此可得到两个结论：文化客体不像自然客体那样可分析；但这丝毫不意味着人文科学可被豁免获得真理的责任——真理的目的是在与研究客体的本质相一致的情境中获取最大限度的抽象或客观化可能。涂尔干应该不会如此这般妥协于实用主义者，但有意思的是，结果却是相同的：涂尔干与卡西尔都认为，关于社会的知识要成为知识，必须具有客观性。

卡西尔在我们的分析中的位置应该已经越来越清晰了。涂尔干宣告社会（社会事实）的客观性，但他并没有在其他方法论讨论中展示客观性在"社会事实"与在"自然事实"中的形成方式有何不同；对涂尔干而言二者主要的共同特征是其外在性。这个疏漏——其对实用主义的讨论清楚表明这是一个疏漏——导致他仍被视为一位实证主义者（在很小的圈子里）。伯恩斯坦则展示了卡西尔可能称为的"概念形式主义"，作为片面化而言并不是那么错误，只是他较迟才把这种片面性定位在更大的方法论框架中（以他对内部与外部描述语言的讨论）。因为这个无心之失，他也（在同样的较小圈子里）仍被视为一位"结构主义者"。

在其《人文科学的逻辑》（*The Logic of the Cultural Sciences*）的第四项研究中，卡西尔（Cassirer 2000）走出了可能是他最大胆的一步：他认为，形式解释与因果解释是被人为分开的，不仅在后牛顿科学摒除了亚里士多德形式主义之后的自然科学[①]中如此，在人文科学中也如此。两种科学分支都需要重新整合，但不回归自然主义又怎么能理解这种整合呢？卡西尔要做的正是这个。他区分了四种形式的分析，共同构成了走向人文科学的一般路径。第一种是"作品分析"（譬如文化作品），指的是对人文科学中待研究的客体类型的一种大概的经验分类。分离出客体类型——文化的不同实体类别，如艺术、宗教、教育学等——之后，可进行第二种分析，即形式分析，即对结构、功能等的不同形式的语态学分析。[②] 建立了某种文化形式的核心形式属性后，卡西尔认为我们需要接着探讨这些形式的内容是怎样在社会群体和某一时段中变化的，这就需要他所称的因果分析——对形式构成的社会及历史变化的因果分析。最后，这种分析模式只能归于一种行动分析，即对构成文化形式的主体经验的性情、惯习的分析。这展示了一种假定的分析次序，将描述的、概念的、因果的、阐释的分析步骤视为一个整体分析策略的不同部分。有两点值得强调，一是各个步骤共同组成了一种客观的分析行为；二是因果的与形式的步骤并不一一对应于

---

① 这种"摒除"指的是，有一些论点被"现代"量子物理学修正了。
② 卡西尔指出这类分析的例子是伯恩斯坦著名的关于符码定位与教学的语态学分析。

有机形式与符号形式。人文科学中的所有科学分析在原则上都可以包含所有这些分析方法。凭此，知识的统一性得以再次维系。

　　尽管上述路径可能比较粗糙，但却展示出了卡西尔的核心贡献，即通过提出打破科学自然主义（解释统一性的主导体系）创造的僵局的路径，他阐述了概念探究在本质上的统一性。同时，他以最文雅的方式展示了为何建构主义与生机论的替代方案是一种伪反击。事实上，自然科学不能适切地处理文化现象并不能成为拒绝人文科学或社会科学的理由。换句话说，卡西尔同时为自然科学及社会科学中的科学客观主义提供了哲学正当性的轮廓。

结论：教育研究中的知识社会学

　　本章从哲学家伯纳德·威廉斯提出的真理与真实性之间的张力出发，经过四步力图为教育研究中的知识社会学找到一种适切的基础。第一步，我们陈述了20世纪70年代出现且至今仍存在（很少改变，并很少受到挑战）的社会建构主义立场的缺陷（Weiss et al. 2006；Young 2006）。为此，我们借鉴了涂尔干对实用主义缺陷的诊断与20世纪70年代社会建构主义引发的问题的相似之处。第二步，我们拓展了对涂尔干的讨论，提出了他对知识社会学的两个基本洞见。一是知识的社会性并不损害其客观性及真理的可能性，反而是其客观性及真理的条件。二是他赋予分化（他区分了神圣知识与世俗知识）以核心角色，视其为思辨思维与知识增长的起源。尽管有这些洞见，但涂尔干还是更关心知识得以存在的条件——表达为社会学术语的康德主义问题——胜过关心知识本身的发展。因为康德的真理模式是欧几里得几何，所以对涂尔干而言（真理）是自然科学。这就限制了涂尔干的知识社会学提供某种可以充分替代实用主义与社会建构主义的方案的可能性。

　　第三步我们转向当代涂尔干主义的领袖巴兹尔·伯恩斯坦高度原创性的对知识结构及其变化的分析。伯恩斯坦将涂尔干的洞见发展到了无人能及的高度。然而，他如涂尔干一样，陷入了物理学代表所有知识增长模式的假定中。讽刺的是，这使得他也无法为自己的理论所作的（知识）进步提供（解释）基础。第四步我们讨论了少为社会学家所知的德国哲学家恩斯特·卡西尔。他没有区分不同的知识结构，而是根据知识形式的概念与其客体间的关系，区分了不同类型的客观性。这一点至关重要，它使得社会学得以从与数学科学的比较中脱身，同时又不因此放弃客观的社会科学知识存在的可能性。在卡西尔看来，自然科学只是客观化的一种独特案例，而不是客观性本身的模式。

我们认为，卡西尔超越了伯恩斯坦，将知识进步的源泉——客观化——根据两种不同的代入形式进行了理论化。简单地说，伯恩斯坦虽然尽了最大努力，但只给我们留下了一个对社会科学知识进步的不太令人满意的分析——解释为一种新话语的横向扩张，而卡西尔则按客体领域的被表达程度对社会学知识增长的不同前景进行了解释。可以认为，伯恩斯坦向怀疑论者妥协了太多，在对社会学进步的分析中，只涉及了水平增殖，没有垂直增殖；而卡西尔则允许我们在一种不同的垂直性层面上重新审视社会学的前景。另外，卡西尔的分析暗示了可以用他的四模式来检视社会科学："作品""形式""因果""行动"。他认为这些模式同样适用于所有知识形式。我们没有着手探讨本章这些分析对教育社会学的意涵，但可以说，它将带领我们远离社会建构主义的善意的天真。

应该清楚的是，（广义的）社会学在卡西尔的第四模式（主观胜客观的阐释模式）与第一模式（个例可勉强代入某个普遍概念框架，或者根本不能代入）方面太过丰裕了，而薄弱的部分是第二模式与第三模式，即概念分析与因果分析。这显然是我们最应该努力的方向。

再次回到威廉斯：他以最巧妙的方式，提出从对真理的坚守中"修剪下来"的对真实性的坚守最终带来了一种假意维持的真诚，这是最被形象工程看重的原则。为了设想这种真诚，可能我们这个时代的主要幻觉就是，即使没有相匹配的对外部的自然世界或社会世界的了解，我们对内在自我的了解也是可持续的。如哈里·法兰克福（Harry

Frankfurt）在其始料未及的振奋人心的短篇畅销书《论胡说》（*On Bullshit*）中谈到的：

> 当前，胡话的大量增殖也有其深层根源，即各种形式的否定任何我们可以获得客观实在的路径的怀疑主义……，（它们导致）一种替代性的对理想化的"真诚"的追求……。事实上，我们的本质是难以捉摸的非实体性的——众所周知比其他事物的本质更不稳定。在这样的情况下，"真诚"本身就是胡说八道。
>
> （Frankfurt 2005：64 -67）

超出"胡说八道"之外的世界才是值得探究的。而且，它也是（或应该是）与教育相关的世界。这个世界的本质及其形塑课程的条件，界定着教育知识的社会学。

结语　向巴兹尔·伯恩斯坦致谢

　　我第一次见到巴兹尔·伯恩斯坦是在1966年，当时我还是埃塞克斯大学（Essex University）的一名硕士研究生。他的研讨课引导并启发我及我的同学进入教育社会学领域。他的研讨课教给我们的东西超越了书本或旅行。我们满怀激情去上他的研讨课，学习我们觉得可能"应用于"教育的社会学理论（几乎全是美国的，1966年时可获得的社会学理论大部分是美国的）。但伯恩斯坦却有其他想法，他视教育本身为一种社会现象，是社会理论的一种来源，也是待解释问题的一种来源。在他看来，社会学家的任务不是将别处发展出来的理论应用于教育，而是揭示教育制度及类型是怎样例证它们身处其中的社会的特征的。由此，教育社会学不仅可以提供一种对教育问题的新鲜的、更客观的看法，而且可以解决关于社会本质的更基础性的问题。在伯恩斯坦眼中，我们是谁、我们成为谁、社会如何形成及变迁，都受到学校、课程等制度以及教学、评价等过程的重要影响。

　　埃塞克斯大学的研讨课结束后，我曾有一段时间常与伯恩斯坦一起前往伦敦，也有好几次他邀请我到他位于达利奇的家中。我们经常彻夜深谈，既是持续的对话，也是对我的进一步指导。正是在这些谈话中他向我提出了两个建议，塑造了我此后的专业生涯。第一，他鼓励我申请伦敦大学教育学院教育社会学的讲师席位；这是不久之前还只是一名中学教师的我做梦都不敢想象的。第二，他向我介绍了如下观点，教育中的特殊实体——课程——应该成为教育社会学的核心。

课程是我硕士论文的主题，此后也一直是我的核心研究兴趣。

我第一本书《知识与控制》的写作过程可以很好地说明伯恩斯坦对一个尚无学术声望的年轻同事的慷慨。他鼓励我在 1970 年英国社会学协会（British Sociological Association）年度会议上发表了一篇关于课程社会学的论文。当时官方的会议论文集明显并不打算指出教育社会学的这一他认为很重要的新方向，但他建议我编写一本书，来明确这一问题。此书的雏形是在会后与伯恩斯坦和布迪厄（他也在此次会议上发了言）在罗素饭店的酒吧里的一次交谈中形成的。伯恩斯坦不仅鼓励我编写此书，也帮我联系出版商，并同意将他自己的论文纳入。尽管他自己有很强硬的观点，尽管他也很不同意此书折中以及（事后来看）过于相对主义的知识与课程取向，但他都没有试图影响此书内容或插手我的编写工作。

20 世纪 70 年代的教育社会学被"旧""新"教育社会学之争所支配，这在当时很多人看来都非常重要。但巴兹尔·伯恩斯坦指出，这种争论不仅可以从其自身来理解，也可以从社会学角度，作为学术共同体中的代际冲突的一个案例。我当时不太愿意这么看，记得他论述此观点的论文在一份开放大学杂志发表时，我相当不安，感觉几乎像是受到了人身攻击。直到很久之后面对当代后现代主义者的极端相对主义时，我才认识到其远见的重要性。

没有巴兹尔·伯恩斯坦的贡献，教育社会学将极其贫乏，大家看重的事物将有所变化。对我个人来说，在遇到他 40 年后，我看重的是他对埃米尔·涂尔干的重要性的持续肯定，尤其是当很多人轻易将涂尔干归为保守的功能主义者时。正是从巴兹尔·伯恩斯坦那里（尽管当时并不总是如此），我学到了在新知识的发展中边界的创造性及限制性作用，以及涂尔干远在科学社会学家柯林斯"发现"之前，对"知识（以及因此，必然地，课程）的社会性特征并不损害其客观性，反而是客观性的条件"的确信。

巴兹尔·伯恩斯坦将继续对很多不同的知识领域产生影响。对于我们这些见过他、和他一起工作过的人来说，其本人与其作品将同样影响我们。我与他之间存在不同，且很遗憾后期我们很少一起发言了，但我将永远以曾是他的学生和同事为荣。我将铭记他向重要的教育学问题发问的持续能力，他对知识领域一时流行之物的怀疑，以及他对别人观点的发自内心的重视。最后，我坚信他的另一种精神将一直伴随我们：他甚至在退休 10 年之后，已经远远超越了"好"的标准之时，也从没有想过他的工作已经完成；他从来没有放弃过解决现代社会面对的最基础的教育问题。

最后我要说，伯恩斯坦是一位极其复杂的学者，但我认为，他本质上一直是一位激进主义者。只是他具备勇气以及洞见来指出：即使是激进主义者，也有一些东西必须要坚守。

参 考 文 献

Abbott, A. (2000) *Chaos of Disciplines*, Chicago and London: University of Chicago Press.

Alexander, J. C. (1995) *Fin de Siècle Social Theory: Relativism, Reduction and the Problem of Reason*, London: Verso.

Allais. S. (2003) 'The National Qualifications Framework in South Africa: a democratic project trapped in a neo-liberal paradigm?', *Journal of Education and Work* 16 (3): 305-324.

Allais. S. (2006) 'Problems with qualification reform in senior secondary schools in South Africa', in Young, M. and Gamble, J. (eds) (2006) *Knowledge, Curriculum and Qualifications for South African Further Education*, Pretoria: HSRC Press.

Andersson, P. and Harris, J. (eds) (2006) *Re-theorising the Recognition of Prior Learning*, Leicester: NIACE.

Apple, M. (1975) *Ideology and Curriculum*, London: Routledge and Kegan Paul.

Arnold, M. (1960) *Culture and Anarchy*, Cambridge: Cambridge University Press.

Bakhurst, D. (1995) 'Social being and human essence: an unresolved issue in Soviet philosophy', *Studies in Eastern European Thought* 47: 3-60.

Ballerin, M. (2007) 'What kind of truth? A conversation with Young and Muller's "Truth and Truthfulness'"' (unpublished; Department of Education) Bath: University of Bath.

Banks, O. (1954) *Parity and Prestige in English Secondary Education*, London: Routledge and Kegan Paul.

Barnett, M. (2006) 'Vocational knowledge and vocational pedagogy', in Young, M. and Gamble, J. (eds) *Knowledge Curriculum and Qualifications for South African Further*

Education, Pretoria: HSRC Press.

Beck, J. (1998) *Morality and Citizenship in Education*, London: Cassell.

Beck, J. and Young, M. (2005) 'The assault on the professions and the restructuring of academic and professional identities: a Bernsteinian analysis', *Bitish Journal of Sociology of Education* 26 (2): 183-198.

Beck, J., Jenks, C., Keddie, N. and Young, M. (eds) (1977) *Worlds Apart: Readings for a Sociology of Education*, London: Collier Macmillan.

Becker, H. S. (1967) 'Whose side are we on?', *Social Problems* 14 (Winter): 239-247.

Benson, O. and Stangroom, J. (2006) *Why Truth Matters*, London: Continuum Books.

Berlin, I. (2000) *Three Critics of the Enlightenment: Vico, Hammann, and Herder*, Princeton: Princeton University Press.

Bernstein, B. (1971) *Class, Codes and Control* (Volume 1), London: Routledge and Kegan Paul.

Bernstein, B. (1990) *Class, Codes and Control* (Volume 4), London: Routledge and Kegan Paul.

Bernstein, B. (1996) *Pedagogy, Symbolic Control and Identity: Theory, Research, Critique*, London: Taylor and Francis.

Bernstein, B. (2000) *Pedagogy, Symbolic Control and Identity: Theory, Research, Critique* (2nd edn), Oxford: Rowman and Littlefield.

Bhaskar, R. (1975) *A Realist Theory of Science*, Leeds: Leeds Books Ltd.

Billett, S. (1997) 'Dispositions, vocational knowledge and development sources and consequences', *Australian and New Zealand Journal of Vocational Education Research* 5 (1): 1-26.

Bloor, D. (1991) *Knowledge and Social Imagery*, Chicago: Chicago University Press.

Boreham, N. (2002) 'Work process knowledge, curriculum control and the work-based route to vocational qualifications', *British Journal of Educational Studies* 50(2): 225-237.

Bourdieu, P. (1975) 'The specificity of the scientific field and the social conditions of the progress of reason', in Lemert, C. (ed.) (1981) *French Sociology: Rupture and Renewal Since 1968*, New York: Columbia University Press.

Boutdicu, P. and Passeron, J. -C. (1977) *Reproduction in Education*, Society and Culture, London: Sage.

Bramall, S. (2000) *Why Learn Maths?* London: Institute of Education.

Braverman, H. (1976) *Labour and Monopoly Capital*, Monthly Review Press.

Bridges, D. (2000) 'Back to the Future: the higher education curriculum in the 21st century', *Cambridge Journal of Education*, 3(1):37-57.

Brier, M. (2002) 'Horizontal discourse in law and labour law', unpublished paper: South Africa: University of the Western Cape (Education Policy Unit).

Callinicos, A. (1998) *Social Theory: A Historical Introduction*, London and Cambridge: Polity.

Cassirer, E. (1943) 'Newton and Leibniz', *The Philosophical Review* 52(4):366-391.

Cassirer, E. (1996:1923) *The Philosophy of Symbolic Forms: Volume 4, The Metaphysics of Symbolic Forms* (Trans. J. M. Krois), New Haven: Yale University Press.

Cassirer, E. (2000) *The Logic of the Cultural Sciences: Five Studies* (Trans. S. G. Lofts), New Haven: Yale University Press.

Castells, M. (1998) *The Information Age: Economy, Society and Culture*, Oxford: Blackwell.

Christic, F. (2002) *Classroom Discourse Analysis: A Functional Perspective*, London and Svdnev: Continuum.

Coffield, F. (1999) 'Breaking the consensus: lifelong learning as social control', *British Educational Research Journal* 25(4):479-499.

Collins, H. (1981) 'Stages in the empirical programme of relativism', *Social Studies of Science* 11:3-10.

Collins, R. (1998) *The Sociology of Philosophies: A Global Theory of Intellectual Change*, Cambridge, MA: The Bellknap Press of Harvard University Press.

Crewes, F. (2006) 'Introducing follies of the wise', online. Available at: < http://www. butter fliesandwheels. corn/ > (accessed 14 June 2006).

Crouch, C. (2004) *Post-Democracy*, Cambridge: Polity.

Cuvillier, F. (1955) *French Introduction to Durkheim* 1983.

Daniels, H. (2001) *Vygotsky and Pedagogy*, London: RoutledgeFalmer.

Dearing, R. (1996) *Qualifications for 16 − 19 year olds*, Lonon: Qualifications and Curriculum Authority.

Demaine, J. (1981) *Contemporary Theories in the Sociology of Education*, London: Macmillan.

DfEE (1998) *The Learning Age*, London: Department for Education and Employment.

DfEE（1999）*Learning to Succeed*, London: Department for Education and Employment.

DfES（2003）*The Future of Higher Education*, London: The Stationery Office.

DfES（2005）*Higher Standards, Better Skills For All*, London: The Stationery Office.

Derry, J.（2003）'Vygotsky and his critics: philosophy and rationality', unpublished PhD thesis: University of London.

Derry, J.（2004）'The unity of intellect and will: Vygotsky and Spinoza', *Educational Review*, 56（2）: 113-120.

Donnelly, J.（1993）'The origins of the technical curriculum in England during the 19th and early 20th centuries', in Jenkins, E.（ed.）*School Science and Technology: Some Issues and Perspectives*, Leeds: University of Leeds（Centre for Studies in Science and Mathematics Education）.

Driver, R.（1983）*The Pupil as Scientist?*, Bletchley: Open University Press.

Durkheim, E.（1956）*Education and Sociology*, New York: Free Press.

Durkheim, E.（1964）*The Division of Labor in Society*, New York: Free Press of Glencoe.

Durkheim, E.（1977: 1938）*The Evolution of Educational Thought: Lectures on the Formation ond Development of Secondary Education in France*（Trans. P. Collins）, London: Routledge and Kegan Paul.

Durkheim, E.（1983）*Pragmatism and Sociology*（Trans. J. C. Whitehouse and J. B. Allcock with an Introduction by F. Cuvillier）, Cambridge: Cambridge University Press.

Durkheim, E.（1995: 1912）*The Elementary Forms of Religious Life*（Trans. K. Fields）, New York: The Free Press.

Durkheim, E. and Mauss, M.（1970）*Primitive Classification*, Chicago: University of Chicago Press.

Eagleton, T.（2005）'Lend me a Fiver', a review of Jay, M.（2005）*Songs of Experience: Modern American and European Variations on a Universal Theme*, in *London Review of Books*, 23 June.

Engestrom, Y.（1991）*Learning by Expanding*, online. Available at: < http: // lchc. ucsd. edu/ MCA/Paper/Engestrom/expanding/toc. htm > （accessed 28 February 2007）.

Engestrom, Y. (2004) 'The new generation of expertise: seven theses', in Fuller, A., Munro, A. and Rainbird, H. (eds) *Workplace Learning in Context*, London: Taylor and Francis.

Ensor, P. (2003) 'The national qualifications framework and higher education in South Africa: some epistemological issues', *Journal of Education and Work*, 16 (3): 325-347.

Entwistle, H. (1979) *Antonio Gramsci: Conservative Schooling for Radical Politics*, London: Routledge and Kegan Paul.

Ertl, H. (2002) 'The concept of modularisation in vocational education and training: The debate in Germany and its implications', *Oxford Review of Education*, 28 (1): 53-73.

Evans, K., Hodkinson, P. and Unwin, L. (eds) (2003) *Working to Learn*, London: Kogan Page.

Fay, B. (1996) *Contemporary Philosophy of Social Science*, Oxford: Blackwell.

Finegold, D. and Soskice D. (1988) 'The failure of training in Britiain: analysis and prescription', *Oxford Review of Economic Policy* 4: 21-53.

Finegold, D., Keep, E., Miliband, D., Raffe, D., Spours, K. and Young, M. (1990) *A British Baccalaureate: Ending the Division Between Education and Training*, London: Institute of Public Policy Research.

Floud, J., Halsey, A. H. and Martin, F. M. (1956) *Social Class and Educational Opportunity*, London: Heinemann.

Floud, J. and Halsey, A. H. (1958) 'The sociology of education: a trend report and bibliography', *Current Sociology* 3 (3): 66.

Foster, A. (2005) *Realising the Potential. A Review of the Future Role of Further Education Colleges*, London: DfES.

Frankfurt. H. G. (2005) *On Bullshit*, Princeton: Princeton University Press.

Freidson, E. (2001) *Professionalism; The Third Logic*, Cambridge: Polity.

Fuller, A., Munro, A. and Rainbird, H. (eds) (2004) *Workplace Learning in Context*, London: Taylor and Francis.

Gallagher, S. (2006) 'Blurring the boundaries or creating diversity? The contribution of further education to higher education in Scotland', *Journal of Further and Higher Education*, 30 (1): 43-59.

Gamble, J. (2006) 'What kind of knowledge for the vocational curriculum?', in Young, H. and Gamble, J. (eds) *Knowledge, Curriculum and Qualifications for South African Further Education*, Pretoria: HSRC Press.

Gamoran, A. (2002) 'The curriculum', in Levinson, D., Cookson, P. W. and Sadovnik, A. (eds) (2002) *Education and Sociology: An Encyclopedia*, New York/London: Routledge Falmer.

Garnham, N. (2000) *Emancipation, the Media and Modernity*, Oxford: Oxford University Press.

Gay, H. (2000) 'Association and practice: the City and Guilds of London Institute for the Advancement of Technical Education', *Annals of Science* 57: 369-98.

Gellner, E. (1974) 'The new idealism', in Giddens, A. (ed.) *Positivism and Sociology*, London: Heinemann.

Gellner, E. (1992) *Post Modernism, Reason and Religion*, London: Routledge.

Gibbons, M., Nowotny, H. and Scott, P. (2000) *Rethinking Science*, Cambridge: Polity.

Gibbons, M., Limoges, C., Nowotny, H., Schwartzman, S., Scott, P. and Trow, M. (1994) *The New Production of Knowledge*, London: Sage.

Giddens, A. (1979) *Central Problems in Social Theory*, London: Macmillan.

Giddens, A. (1993) *The Giddens Reader*, Basingstoke: MacMillan.

Giroux, H. (1983) *Theory and Resistance in Education: Towards a Pedagogy for the Opposition*, New York: Bergin and Garvey.

Gorbutt, D. (1972) 'Education as the control of knowledge: the new sociology of education', *Education for Teaching* 89: 3-12.

Gould, J. (1977) *The Attack on Higher Education: Marxist and Radical Penetration*, London: Institute for the Study of Conflict.

Gouldner, A. (1968) 'Sociologist as partisan', *The American Sociologist*, 3: 103-116.

Gramsci, A. (1971) *Selections from the Prison Notebooks* (ed. and trans. Q. Hoare and G. Nowell Smith), London: Lawrence and Wishart.

Green, A. (1990) *Education and State Formation*, Basingstoke: Macmillan.

Griffith, R. (2000) *National Curriculum: National Disastet*, London: Falmer.

Griffiths, T. and Guile, D. (2001) 'Learning through work experience', *Journal of Education and Work* 14 (1): 113-131.

Grugulis, I. (2003) *Skill and Qualification: The Contribution of NVQs to Raising Skill Levels*, SKOPE Research Paper 36. Cardiff: University of Cardiff.

Guile, D. (2008) 'What is distinctive about the knowledge economy? Implications for education', *Cadernos de Pesquisa.* 38: 611-636.

Haack, S. (1998) *Confessions of a Passionate Moderate*, Chicago: Chicago University Press.

Habermas, J. (1990) *The Philosophical Discourse of Modernity*, Cambridge: Polity Press.

Habermas, J. (2001) *The Liberating Power of symbols: Philasophical Essays* (Trans. P. Dews), Cambridge, MA: MIT Press.

Hacking, I. (2000) *The Social Construction of What?*, Cambridge, MA: Harvard University Press.

Hardt, M. and Negri, A. (2000) *Empire*, Cambridge, MA: Harvard University Press.

Harre, R. and Krausz, M. (1996) *Varieties of Relativism*, Oxford: Blackwell.

Harris, J. (2006) 'Questions of knowledge and the curriculum in the recognition of prior learning', in Andersson, P. and Harris, J. (eds) *Re-theorising the Recognition of Prior Learning*, Leicester, England: NIACE.

Hartley, D. (1997) *Re-Schooling Society*, London: Falmer.

Hatermas, J. (1990) *The Philosophical Discourse of Modernity*, Cambridge: Polity Press.

Hedegaard, M. (1999) 'The influence of societal knowledge traditions on children's thinking and development', in Lompscher, J. and Hedegaard, M. (1999) *Learning Activity and Development.* Aarrhus, Denmark: Aarhus University Press.

HMSO (1991) *Education and Training for the 21st Century*, London: HMSO.

Hirst, P. (1983) 'The foundations of the National Curriculum: why subjects?' in O'Hear, P. and White, J. (eds) *Assessing the National Curriculum*, London: Paul Chapman.

Hirst, P. and Peters, R. (1970) *The Logic of Education*, London: Routledge and Kegan Paul.

Hodkinson, P. (2000) Review of Young (1998), *Journal of Education and Work* 13 (1): 119-123.

Homans, G. (1964) 'Bringing men back in', *American Sociological Review* 29 (6):

809-818.

Horton, R. (1974) 'Levy-Bruhl, Durkheim and the scientific revolution', in Horton, R. and Finnegan, R. (eds) *Modes of Thought*, London: Faber.

Hoskyns, K. (1993) 'Education and the genesis of disciplinarity', in Messer-Davidow, E., Shumwy, D. and Sylvan, D (eds) *Knowledges: Historical and Critical Studies in Disciplinarity*, Charlottesville, VA: University of Virginia Press.

Howieson, C., Raffe, D., Spours, K. and Young, M. (1997) 'Unifying academic and vocational learning: the state of the debate in England and Scotland', *Journal of Education and Work*, 10 (1): 5-35.

Jansen, J. and Christie, P. (1999) *Changing Curriculum*, Johannesburg: Juta Academic.

Jenks, C. (ed.) (1977) *Rationality, Education and the Social Organization of Knowledge: Papers for a Reflexive Sociology of Education*, London: Routledge and Kegan Paul.

Jessup, G. (1991) *Outcomes: NVQs and the Emerging Model of Education and Training*, Brighton: Falmer Press.

John-Steiner, V., Scribner, S. Cole, M and Souberman, S. (eds) (1978). *Mind in society: the development of higher psychological processes.* Cambridge, MA: Harvard University Press.

Karabel, J. and Halsey, A. H. (eds) (1977) *Power, Ideology and Education*, Oxford: Oxford University Press.

Keddie, N. (1971) 'Classroom knowledge', in Young, M. (ed.) *Knowledge and Control: New Directions for the Sociology of Education*, London: Collier Macmillan.

Keddie, N. (ed.) (1973) *Tinker, Tailor...The Myth of Cultural Deprivation*, London: Penguin.

Keep, E. (1998) 'Changes in the economy and the labour market: we are all knowledge workers now', in *Work and Education*, London: University of London Institute of Education (Post 16 Education Centre).

Keep, E. (2006) 'State control of the English education and training system-playing with the biggest train set in the world', *Journal of Vocational Education and Training* 58 (1): 47-64.

Knorr-Cetina, K. (1999) *Epistemic Cultures: How the Sciences make Knowledge*, Cambridge, MA: Harvard University Press.

Kraak, A. and Young, M. (2001) (eds) *Education in Retrospect: Education Policy in South Africa 1990 −2000*, Pretoria: HSRC Press.

Kuhn, T. S. (1970) *The Structure of Scientific Revolutions* (2nd edn), Chicago: Chicago University Press.

Lasonen, J. (1996) *Strategies for Achieving Parity of Esteem in European Upper Secondary Education*, Finland: Institute of Educational Research, University of Jyvaskyla.

Lather, P. (1991) *Getting Smart: Feminist Research and Pedagogy: With/in the Post-modern*, London: Routledge.

Lauder, H., Brown, P., Dillabough, J-A. and Halsey, A. H. (2006) *Education, Globalisation and Social Change*, Oxford: Oxford University Press.

Lave, J. and Wenger, E. (1991) *Situated Learning: Legitimate Peripheral Participation*, Cambridge: Cambridge University Press.

Layton, D. (1984) *Interpreters of Science: A History of the Association of Science Education*, London: Murray.

Lecourt, D. (1977) *Proleterian Science? The Case of Lysenko*, London: New Left Books.

Leitch, S. (2006) *Prosperity for all in the Global Economy: World Class Skills: Final Report*, London: The Stationery Office.

Loft, S. G. (2000) *A 'Repetition of Modernity'*, New York: State University of New York Press.

Lompscher, J. and Hedegaard, M. (1999) *Learning Activity and Development*, Aarrhus, Denmark: Aarrhus University Press.

Lucas, N. (2004) *Teaching in Further Education*, London: Institute of Education.

Lukes, S. (1972) *Emile Durkheim: His Life and Work*, New York: Harper and Row.

Luria, A. R. and Vygotsky, L. S. (1992) *Ape, Primitive Man and Child*, Hemel Hempstead, England: Harvester Wheatsheaf.

Mansfield, B. and Mitchell, L. (1996) *Towards a Competent Workforce*, Aldershot, England: Gower.

Markus, G. (2003) 'The paradoxical unity of culture: the arts and the sciences', *Thesis Eleven* 75: 7-24.

Maton, K. (2000) 'Languages of legitimation: the structuring significance for intellectual fields of strategic knowledge claims', *British Journal of Sociology of Education* 21

（2）：147-167.

Mendick, H. （2006）'Review Symposium of Moore', *British Journal of Sociology of Education* 27 （1）：117-123.

Merton, R. K. （1957）*Social Theory and Social Structure*, New York：Free Press.

Merton, R. K. （1973）*The Sociology of Science：Theoretical and Empirical Investigations*, Chicago：University of Chicago Press.

Messer-Davidow, E. Shumway, D. and Sylan, D. （1993）*Knowledges：Historical and Critical Studies in Disciplinarity*, Charlottesville：University of Virginia Press.

Michelson, E. （2004）'On trust, desire and the sacred：a response to Johann Muller's "Reclaiming Knowledge"', *Journal of Education* 32：7-30.

Mills, C. （1998）'Alternative epistemologies', in Alcoff, L. A. （ed.）*Epistemology：the Big Questions*, Oxford：Blackwell.

Moll, L. （1990）（ed.）*Vygotsky and Education*, Cambridge：Cambridge University Press.

Moore, A. （2006）（ed.）*Schooling, Society and Curriculum*, London：Routledge.

Moore, R. （2000）'For knowledge：tradition, progressivism and progress in education—reconstructing the curriculum debate', *Cambridge Journal of Education* 30：17-36.

Moore, R. （2004）*Education and Society*, London：Polity.

Moore, R. and Muller, J. （1999）'The discourse of "voice" and the problem of knowledge and identity in the sociology of education', *British Journal of Sociology of Education* 20：189-206.

Moore, R. and Maton, K. （2001）'Founding the sociology of knowledge：Basil Bernstein, epistemic fields and the epistemic device', in Morais, A., Neves, I., Davies, B. and Daniels, H. （eds）, *Towards a Sociology of Pedagogy*, New York：Peter Lang.

Moore, R. and Young, M. （2001）'Knowledge and the curriculum in the sociology of education；towards a reconceptualisation', *British Journal of Sociology of Education* 22 （4）：445-461.

Moore, R. and Muller, J. （2002）'The growth of knowledge and the discursive gap', *British Journal of Sociology of Education* 23 （4）.

Muller, J. （2000）*Reclaiming Knowledge：Social Theory, Curriculum and Education*

Policy, London: Routledge Falmer.

Muller, J. (2006) 'On the shoulders of giants: verticality of knowledge and the school curriculum', in Moore. R *et al.* (ed.) *Knowledge Power and Reform*, London: Routledge.

Muller, J. (2007) 'On splitting hairs: hierarchy, knowledge and the school curriculum', in Christie, F. and Martin, J. R. (eds) *Language, Knowledge and Pedagogy: Functional and Sociological Perspectives*, Sydney: Continuum Press.

Nash, R. (2005) 'The cognitive habitus: its place in a realist account of inequality/difference', *British Journal of Sociology of Education* 26 (5): 599.

National Committee of Enquiry into Higher Education (1997) *Higher Education in a Learning Society*, London: Stationery Office.

Needham (1970) *Introduction to Durkheim and Mauss*.

Nozaki, Y. (2006) 'Riding the tensions critically: ideology, power/knowledge, and curriculum making, in Weiss, L., McCarthy, C. and Dimitriadis, G. (eds) *Ideology, Curriculum and the New Sociology of Education*, New York and London: Routledge.

O'Halloran, K. L. (2006) 'Mathematical and scientific knowledge: a systematic functional multimodal grammatical approach', in Christie, F. and Martin, J. R. (eds) *Language, Knowledge and Pedagogy: Functional and Sociological Perspectives*, Sydney: Continuum Press.

Ollman, B. (1976) *Alienation: Marx's Conception of Man in Capitalist Society*, Cambridge: Cambridge University Press.

Papineau, D. (ed.) (1996) *The Philosophy of Science*, Oxford: Oxford University Press.

Payne, J. (2000) 'Review of "The Curriculum of the Future"', *British Journal of Sociology of Education* 21 (3): 457-463.

Pelz, D. (1996) 'Ken Mannheim and the sociology of scientific knowledge: towards a new agenda', *Sociological Theory*, 14 (1): 30-48.

Penrose, R. (2005) *The Road to Reality*, London: Vintage Books.

Piore, M. and Sabel, C. (1984) *The Second Industrial Divide*, New York: Basic Books.

Polanyi, M. (1962) *The Republic of Science*, Chicago: Roosevelt University.

Power, S., Aggleton, P., Brannen, J., Brown, A., Chisholm, L. and Mace J. (eds) (2001) *A Tribute to Basil Bernstein 1924 –2000*, London: Institute of Education, University of London.

Pring, R. (1972) 'Knowledge out of control', *Education for Teaching* 89 (2): 19-28.

Qualifications and Curriculum Authority (1999) *Developing Provision for Curriculum 2000*, London: QCA.

Raffe, D. (1992) *Modularisation in Initial Vocational Training: Recent Developments in Six European Countries*, Edinburgh: Centre for Educational Sociology, University of Edinburgh.

Raffe, D., Howieson, C. and Tinklin, T. (2007 forthcoming) 'The impact of a unified curriculum and qualifications system: the Higher Still reform of post-16 Education in Scotland', *British Educational Research Journal* 33 (4).

Raggatt, P. and Williams, S. (1999) *Governments, Markets and Vocational Qualifications: an Anatomy of Policy*. Brighton: Falmer.

Reich, R. (1991) *The Work of Nations*, London: Heinemann.

Rowlands, S. (2000) 'Turning Vygotsky on His Head: Vygotsky' 'Scientifically Based Method' and the Socioculturalist's 'Social Other', *Science and Education* 9 (39): 553-575.

Royal Society of Arts (1998) *Redefining Work: An RSA Initiative*, London: RSA.

RSA (2003) *Opening Minds: Education for the 21st Century*, London: Royal Socicty of Arts.

Rytina, J. H. and Loomis, C. P. (1970) 'Marxist dialectic and pragmatism: power as knowledge', *Anterican Sociological Review* 35 (3): 308-318.

Sassoon, A. (1988) *Gramsci's Politics*, Minneapolis: University of Minnesota Press.

Schmaus, W. (1994) *Durkheim's Philosophy of Science and the Sociology of Knowledge*, Chicago: Chicago University Press.

Scott P. (2000) *Higher Education Reformed*, London: Falmer Press.

Scruton, R. (1991) 'The myth of cultural relativism', in Moore, R. and Ozga, J. (eds) *Curriculum Policy*, Oxford: Pergamon/Open University.

Selwyn, N. and Young, M. (2007) 'Rethinking schools and technology', London Knowledge Lab Seminar Series, Occasional Paper I.

Shapin, S. (1994) *A Social Histoty of Truth: Civility and Science in 17th Century England*, Chicago: University of Chicago Press.

Sokal, A. (2003) *Intellectual Impostures: Postmodern Philosophers' Abuse of Science*, London: Profile Books.

Tomlinson, M. (2004) *14 –19 Curriculum and Qualifications Reform*, London: DfES Publications.

Toulmin, S. (1996) 'Knowledge as shared procedures', in Engestrom, Y., Mietennen, R. and Punamaki, R. (ed.) *Perpsectives on Activity Theory*, Cambridge: Cambridge University Press.

Tuomi-Grohn, T. and Engestrom, Y. (2003) *Between School and Work: New Perspectives on Transfer and Boundary-crossing*, Oxford: Pergamon.

Usher, R. and Edwards, R. (1994) *Post Modernism and Education*, London: Routledge.

Valery, P. (1991 Letters to Gide, 72) *Selected Writings of Paul Valery*, Paris: New Directions.

Valery, P. (1941) *Selected Writings of Paul Valery*, Paris: New Directions.

Verene, D. P. (1969) 'Kant, Hegel, and Cassirer: the origins of the philosophy of symbolic forms', *Journal of the History of Ideas* 30 (1): 33-46.

Vygotsky, L. S. (1962) *Thought and Language*, Cambridge, MA: MIT Press.

Vygotsky, L. S. (1987) *The Collected Works of L. S. Vygotsky* (Volume 1), (eds R. Reiber and A. S. Carton), New York and London: Plenum Press.

Walkerdine, V. (1988) *The Mastery of Reason: Cognitive Development and the Production of Rationality*, London: Routledge.

Ward, S. (1996) *Reconfiguring Truth*, Lanham, MD: Rowman and Littlefield.

Ward, S. (1997) 'Being objective about objectivity: the ironies of standpoint epistemological critiques of science', *Sociology* 31: 773-791.

Wardekker, W. (1998) 'Scientific concepts and reflection', *Mind, Culture and Activity*, 5 (2): 143-153.

Weber, M. (1948) 'Science as a vocation' and 'Politics as a vocation', in Gerth, H. and Mills, C. W. (eds) *Max Weber: Essays in Sociology*, London: Routledge and Kegan Paul.

Weelahan, L. (2007 forthcoming) 'How competency-based training locks the working class out of powerful knowledge: a modified Bernsteinian analysis', *British Journal of Sociology of Education*.

Weiner, M. J. (1981) *English Culture and the Decline of the Industrial Spirit*, Cambridge: Cambridge University Press.

Weiss. L. *et al.* (2006) 'Ideology, critique and the new sociology of education: revisiting the work of Michael Apple', London and New York: Routledge.

Wellens, J. (1970) 'The anti-intellectual tradition in the west', in Musgrave, P. (ed.) *Sociology, History and Education*, London: Methuen.

Wertsch, J. V. (1990) 'The voice of rationality in a socio-cultural approach to the mind', in Moll, L. (ed) *Vygotsky and Education*, Cambridge: Cambridge University Press.

Whitty. G. (1985) *Sociology and School Knowledge: Curriculum Theory, Research and Politics*, London: Methuen.

Whitty, G. and Young, M. (eds) (1976) *Society, State and Schooling*, Brighton: Falmer Press.

Wilkinson, R. (1970) 'The gentleman ideal and the maintenance of a political elite', in Musgrave, P. (ed.) *Sociology, History and Education*, London: Methuen.

Williams, B. (2002) *Truth and Truthfulness: An Essay in Genealogy*, Princeton: Princeton University Press.

Williams, R. (1961) *The Long Revolution*, London: Chatto and Windus.

Williamson, J. (2002) 'Forward by degrees with higher education funding', *Observet*, 6 August.

Willis, P. (1977) *Learning to Labour*, England: Saxon House.

Wolf, A. (1995) *Competence-based Assessment*, London, Open University Press.

Woodhead, C. (2001) 'Cranks, claptrap and cowardice', *Telegraph online*, 1 March. <http: // www. telegraph. co. uk/arts/main. jhtml? xml =/arts/2001/03/02/tlwood02. xml > (accessed July 2007)

Woodhead, C. (2002) *Class War*, London: Little, Brown.

Woodhead, C. (2004) *How to Lower School Standards: Mike Tomlinson's Modest Proposal*, London: Politeia.

Worsley, P. (1956) 'Durkheim's social theory of knowledge', *Sociological Review* 4

(1): 47-62.

Young, M. (ed.) (1971) *Knowledge and Control: New Directions for the Sociology of Education*, London: Collier Macmillan.

Young, M. (1998) *The Curriculum of the Future*, London: Falmer Press.

Young, M. (1999) 'Knowledge, learning and the curriculum of the future', *British Educational Research Journal* 25 (4): 463-477.

Young, M. (2000) 'Bringing knowledge back in: a curriculum for lifelong learning', in Hodgson, A. (ed.) *Policies. Politics and the Future of Lifelong Learning*, London: Kogan Page.

Young, M. (2005) *National Qualifications Frameworks: Their Feasibility for Effective Implementation in Developing Countries*, Geneva: International Labour Office.

Young, M. and Whitty, G. (eds) (1977) *Explorations in the Politics of School Knowledge*, Driffield, Yorks: Nafferton Books.

Young, M. and Spours, K. (1998) '14 −19 education: legacy. opportunities and challenges', *Oxford Review of Education*, 24 (1): 83-99.

Young, M. and Gamble, J. (eds) (2006) *Knowledge, Curriculum and Qualifications for South African Further Education*, Pretoria: HSRC Press.

Young, M. and Muller, J. (2007) 'Truth and Truthfulness in the sociology of educational knowledge', *Theory and Research in Education* 5 (2): 173-203.

Ziman, J. (2000) *Real Science*, Cambridge: Cambridge University Press.

本书各章的原始出处

除了前言、第十章、第十一章、第十五章之外，本书其他章节均为以往发表论文的修订版。第二章修改自罗布·穆尔与我合写的文章（见下）。第十章使用了我和约翰·贝克合写文章中的段落。第十五章与穆尔合写，本书中收录的即为原稿。

我非常感谢我的三位合作者和编辑们。还要感谢书籍和期刊的出版社，感谢你们允许我再次使用已发表过的文章。本书修订过的章节来源于以下发表文章：

第一章：*British Journal of Sociology of Education* 21（2000）.

第二章：修订自：Moore, R. and Young, M.（2001）'Knowledge and the curriculum in the sociology of education; towards a reconceptualisation', *British Journal of Sociology of Education* 22（4）.

第三章：*London Education Review* 1（2）（2003）.

第四章：*Critical Education Studies* 1（1）（2007）.

第五章：Lauder, H., Brown. P., Dillabough, J-A. and Halsey, A. H.（eds）*Education*, *Globalization and Social Change*, Oxford：Oxford University Press.

第六章：Moore, Alex（ed.）, *Schooling*, *Society and Curriculum*, London：Routledge.

第七章：*International Studies in Sociology of Education* 14（1）（2004）.

第八章：Evans, K., Hodkinson, P. and Unwin, L.（eds）*Working to Learn*, London：Kogan Page.

第九章：Fuller, A. , Rainbird, H. and Munro, A. （eds）*Workplace Learning in Context*, London：Taylor and Francis.

第十章：未发表过，但引用一些贝克和扬（Bcek & Young 2005）所写一文中的材料。

第十一章：未以英文出版过。这一章节来源于 2005 年 11 月在荷兰教育社会学家会议上的讲话。

第十二章：*Perspectives in Education*, 24（3）（2006）.

第十三章：Andersson, P. and Harris, J. （eds）（2006）*Retheorising the Recognition of Prior Expersential Learning.* Leicester：NIACE.

第十四章：*Journal of Education*, 36（September 2005）.

第十五章：（with Johann Muller）*Theory and Research in Education*, 4 （2007）.

结语：Power, S. （ed. ）（2001）*A Tribute to Basil Bernstein 1924—2000*, London：University of London（Institute of Education）.

出版人　李　东

责任编辑　刘明堂

版式设计　郝晓红

责任校对　贾静芳

责任印制　叶小峰

图书在版编目（CIP）数据

把知识带回来：教育社会学从社会建构主义到社会实在论的转向/
（英）迈克尔·扬(Michael F. D. Young) 著；朱旭东等译. —北京：教育
科学出版社，2019.4（2023.9重印）

（世界教育思想文库）

书名原文：Bringing Knowledge Back In：From social constructivism to
social realism in the sociology of education

ISBN 978 - 7 - 5191 - 1872 - 3

Ⅰ. ①把…　Ⅱ. ①迈…　②朱…　Ⅲ. ①教育社会学—研究　Ⅳ. ①
G40 - 052

中国版本图书馆 CIP 数据核字（2019）第 069590 号

北京市版权局著作权合同登记 图字：01-2016-9143 号

世界教育思想文库

把知识带回来——教育社会学从社会建构主义到社会实在论的转向

BA ZHISHI DAI HUILAI——JIAOYU SHEHUIXUE CONG SHEHUI JIANGOU ZHUYI DAO SHEHUI
SHIZAILUN DE ZHUANXIANG

出版发行	教育科学出版社				
社　　址	北京·朝阳区安慧北里安园甲 9 号		市场部电话	010-64989009	
邮　　编	100101		编辑部电话	010-64981167	
传　　真	010-64891796		网　　址	http://www.esph.com.cn	
经　　销	各地新华书店				
制　　作	北京广联信达文化发展有限公司				
印　　刷	保定市中画美凯印刷有限公司				
开　　本	720 毫米×1020 毫米　1/16		版　　次	2019 年 4 月第 1 版	
印　　张	20.25		印　　次	2023 年 9 月第 4 次印刷	
字　　数	268 千		定　　价	65.00 元	

Bringing Knowledge Back In: From social constructivism to social realism in the sociology of education
By Michael F. D. Young
ISBN: 978-0-415-32121-1